Pe. Marlos Aurélio, C.Ss.R.

BISPOS
DO BRASIL

Promotores da participação dos leigos e leigas na Igreja e na sociedade

EDITORA
SANTUÁRIO

DIREÇÃO EDITORIAL:
Pe. Fábio Evaristo R. Silva, C.Ss.R.

CONSELHO EDITORIAL:
Ferdinando Mancilio, C.Ss.R.
Marlos Aurélio, C.Ss.R.
Mauro Vilela, C.Ss.R.
Ronaldo S. de Pádua, C.Ss.R.
Victor Hugo Lapenta, C.Ss.R.

COORDENAÇÃO EDITORIAL E REVISÃO:
Ana Lúcia de Castro Leite

DIAGRAMAÇÃO
Bruno Olivoto

CAPA:
Mauricio Pereira

Dados Internacionais de Catalogação na Publicação (CIP)
(Câmara Brasileira do Livro, SP, Brasil)

Aurélio, Marlos
  Bispos do Brasil: promotores da participação dos leigos e leigas na Igreja e na sociedade/ Pe. Marlos Aurélio. – Aparecida, SP : Editora Santuário, 2018.

  Bibliografia
  ISBN 978-85-369-0538-9

  1. Bispos – Brasil 2. Episcopado 3. Igreja Católica – Bispos 4. Ministério leigo – Igreja Católica I. Título.

18-14280   CDD-262.122

Índices para catálogo sistemático:
1. Bispos: Igreja Católica: Eclesiologia:
Cristianismo 262.122

1ª impressão

Todos os direitos reservados à **EDITORA SANTUÁRIO** – 2018

Rua Pe. Claro Monteiro, 342 – 12570-000 – Aparecida-SP
Tel.: 12 3104-2000 – Televendas: 0800 - 16 00 04
www.editorasantuario.com.br
vendas@editorasantuario.com.br

SUMÁRIO

PREFÁCIO 7

APRESENTAÇÃO 9

SIGLAS 13

OUTRAS SIGLAS E ABREVIATURAS 15

CAPÍTULO I
CNBB – Uma história de "participação" 19

1. A ação colegial do bispos 20
2. Uma moldura da pré-história da CNBB 24
   2.1. Um dom que fecundou a vida socioeclesial brasileira 36
3. O fruto maduro – a Conferência Nacional dos Bispos do Brasil 38
   3.1. Período pré-conciliar (1952 a 1962) 42
      3.1.1. "Movimento de Natal" 46
      3.1.2. Primeiro projeto pastoral – Plano de
         Emergência – PE (1962) 47

CAPÍTULO II
Período conciliar e pós-conciliar (1962 a 1985):
consolidação de um projeto eclesial moderno 53

1. O Concílio Vaticano II e a Igreja
   no Brasil – suas peculiaridades 53

1.1. A relação Igreja e Estado..57
1.2. Plano de Pastoral de Conjunto – PPC (1965).........................60
1.3. As Conferências Gerais do Episcopado
Latino-Americano..64
1.3.1. Em Medellín, Colômbia – 24/08 a 06/09 de 1968........65
1.3.2. Em Puebla, México – 27/01 a 13/02 de 1979...............66
1.4. Campanhas da Fraternidade...69
1.5. Comunidades Eclesiais de Base...71
2. Período de 1985 em diante...76
2.1. Enquadramentos ou tentativas de mudança de rota.............78
2.1.1. Sínodo Extraordinário dos Bispos de 1985..................81
2.1.2. Teologia da Libertação...83
2.1.3. Em Santo Domingo, República
Dominicana – 12/10 a 28/10 de 1992.....................85
3. O Planejamento Pastoral como distintivo da Igreja no Brasil........86

CAPÍTULO III
Características da participação na CNBB...95

1. A participação na construção formal da
própria entidade episcopal...96
2. A participação no múnus episcopal
às comunidades de fé e celebração..104
3. A participação no múnus episcopal – missão
e presença no mundo...108
3.1. Alguns documentos significativos e marcantes da CNBB..........110
3.2. As "Diretrizes" como projeto evangelizador
da Igreja no Brasil...117
4. A Conferência de Aparecida e a nova estação eclesial.................138
4.1. A "quintessência" de Aparecida ou sua "eclesiogênese"........138
4.2. O Documento da V Conferência...139
4.3. Sobre a "arquitetura" de Aparecida.......................................141
4.4. Duas novas imagens a partir de Aparecida.....................142
4.5. Consciência eclesial de *finis operis*, mas
não de *finis laboris*! 145

CONSIDERAÇÕES FINAIS...147

BIBLIOGRAFIA...153

PREFÁCIO

Alegro-me em apresentar a obra "Bispos do Brasil", na qual o autor, que há tempos tem se dedicado à pesquisa na linha da eclesiologia, oferece-nos uma riqueza de dados, conteúdos e ações, que ampliam nossa visão de coparticipação, serviço e testemunho.

Um olhar alargado, sobretudo da hierarquia, que tem buscado ao longo da história expressar a colegialidade, como forma de garantir a unidade Petrina e corresponder à sua missão de transmissora da verdade sobre Jesus Cristo.

A colegialidade episcopal é destacada na obra, sobretudo a partir do Concílio Vaticano II, como um dos mais importantes temas eclesiológicos desse Concílio, o que salvaguardou a imagem da Igreja-comunhão formada de ministérios os mais diversos.

No decorrer dos capítulos, observamos que, a forma colegial, entre os Bispos, expressada sobremaneira nas Conferências episcopais, longe de criar outra "forma de poder e governo", tem sido uma ajuda à missão do Bispo em sua diocese, garantido a comunhão entre os Pastores e, consequentemente, entre as Igrejas locais. Embora permaneça a tensão entre unidade e diversidade, percebemos que o diálogo e a caridade têm garantido sempre novos passos.

Bispos do Brasil

O destaque para a CNBB (Conferência Nacional dos Bispos do Brasil) acentua que o objetivo da entidade tem sido alcançado, desde sua criação no Rio de Janeiro, em 1952. E não seria exagero afirmar que, por sua desenvoltura e notoriedade, teria superado as expectativas de seu idealizador e primeiro secretário, Dom Hélder Câmara, quando buscou congregar, oficialmente, os Bispos da Igreja Católica do Brasil.

Nesses 66 anos de existência, a CNBB avançou em várias dimensões, como: na comunhão interna e externa, na valorização do múnus episcopal, na abertura às Conferências Gerais do Episcopado Latino-americano, nas Campanhas da Fraternidade, nos documentos e estudos, nas diretrizes, no aprofundamento de temas pertinentes na relação Igreja e Sociedade, na valorização do leigo e promoção de seu protagonismo etc. A colegialidade se fez notar em seu dinamismo evangelizador.

Ao encerrar a leitura da obra, o leitor poderá ter a sensação de não tê-la finalizado. Isso porque continua em aberto a missão da Igreja de se adaptar às condições do mundo, cumprindo sua missão até o fim dos tempos, a missão de Cristo, Mestre infalível da verdade que não passa. Bem como a busca de conversão de seus Pastores à comunhão, participação e entrega; e o apelo do Senhor "de sairmos da própria comodidade e ter a coragem de alcançarmos todas as periferias que precisam da luz do Evangelho" (EG 20).

Que a colegialidade episcopal, "ordenada" pelo Concílio Vaticano II e assumida pela CNBB, torne sempre visível o rosto da Igreja servidora, comprometida com a unidade e com a vida de todos.

Dom Amilton Manoel da Silva, CP
Bispo Auxiliar de Curitiba, PR

APRESENTAÇÃO

Depois do mundo, a Igreja pode ser considerada uma realidade maior e mais complexa do que imaginamos e, felizmente, não se reduz a uma categoria, dimensão ou segmento. Portanto, o resgate que fazemos da história da Conferência Nacional dos Bispos do Brasil não é para simplesmente projetar de maneira ufanista a função que este episcopado exerceu na vida socioeclesial brasileira[1]. Ao contrário, a Igreja Povo de Deus que o Concílio Vaticano II nos apresenta é a grande comunidade de fé, servidora da humanidade e organizada com base na diversidade de dons e carismas de seus membros. Sendo que cada qual tem seu lugar e sua importância. Por isso, sempre temos de considerar a pluriformidade eclesial, que inevitavelmente pressupõe a unidade, pois uma parte é sempre complementária e necessária à outra.

Destarte, se hodiernamente coloca-se como imperativo a valorização da grande maioria dos membros da Igreja, que no passado foi relegada a um plano mais submisso e passivo, isto é, os cristãos leigos e leigas, mas isso não pode ser feito desconhecendo a História e alguns dos caminhos que foram sendo delineados. A sabedoria exige que saibamos reconhecer e recolher os frutos alcançados.

---

[1] O próprio C9 (Conselho dos cardeais) que assessora o papa Francisco dedicou-se em sua última reunião (23ª) a tratar, entre outros assuntos, do status das Conferências episcopais. Isso corrobora quão atual e pertinente é voltar a esse assunto e relacioná-lo com outros âmbitos da vida eclesial, pois existe uma interdependência muito estreita entre eles. Além disso, a evangelização desponta como o ponto de convergência de todo esforço que fazemos e é ela que justifica a existência de nossas estruturas e meios, cf. http://www.vaticannews.va/pt/vaticano/news/2018-02/reuniao-conselho-dos-cardeais-c-9-reforma-curia-romana.html

Bispos do Brasil

Por isso julgamos que haja sentido e pertinência sim tratar do episcopado para se querer corroborar que também o laicato é importante para a vida eclesial (cf. LG 20). Aliás, foi gradativamente que a Igreja, mormente por meio de seus pastores, redescobriu e cresceu na consciência de que sua missão inclui a todos (cf. LG 37). No corpo eclesial cada membro tem seu valor e algo que pode oferecer para concretizar a comunhão e a fraternidade. Embora sempre garantindo e conservando aquilo que é próprio de cada pessoa e ministério. A diversidade corrobora a presença misteriosa e criativa do Espírito.

No passado, os Padres da Igreja insistiam muito na identificação da Igreja exclusivamente com o bispo[2]. Obviamente isso era compreensível e necessário dentro de um contexto socioeclesial marcado por tensões e dúvidas. Era importante que houvesse um ponto de unidade e um referencial seguro em meio a tantas propostas doutrinais.

No entanto, hoje com o advento do Concílio Vaticano II, podemos e devemos com toda propriedade e justiça considerar que, sem um laicato maduro e atuante que esteja junto dos ministros ordenados, torna-se quase impossível à Igreja cumprir e realizar sua missão no mundo (AA 1 e 33). Portanto, a Igreja é o Povo de Deus, como bem enfatizou o Vaticano II, comportando diversidades, sem perder sua unidade. Graças à sua rica eclesiologia de comunhão é capaz de reconhecer o valor e de articular organicamente o episcopado, o laicato e tantos outros ministérios da vida eclesial.

Nesse sentido, a Igreja do Brasil, por meio de seu episcopado, permite-nos entrar em contato com um rico patrimônio teológico-pastoral que remonta a anos de empenho e compromisso em vista da construção do Reino de Deus, a partir do nosso contexto e chão brasileiros. Ademais, nesse corte analítico torna-se quase imponderável, mas temos de arriscar a afirmar que, o resultado do que é a Igreja no Brasil nas últimas décadas é graças ao que foi realizado de parceria entre as autoridades hierárquicas (episcopado/clero) e as pedras-vivas do laicato (1Pd 2,5). Assim, é impossível prescindir dessa relação entre episcopado e laicato quando tratamos da Igreja de Jesus Cristo.

---

[2] Exemplo disso, encontramos em santo Inácio de Antioquia (bispo e mártir do século II), em carta endereçada a São Policarpo, bispo de Esmirna, afirmava: "Onde está o Bispo, aí está a comunidade, assim como onde está Cristo Jesus, aí está a Igreja Católica". E são Cipriano de Cartago que pregava: "Se alguém não está com o bispo, não está na Igreja" (*Epist. 66).*

Apresentação

Contudo, esse inventário que fazemos tem de ser também crítico e prospectivo, ou seja, deve perceber o que ainda não foi alcançado em termos de permitir e garantir uma participação mais efetiva dos leigos na vida eclesial e de vislumbrar auspiciosamente horizontes que façam justiça ao que são, ou seja, membros de direito (sujeitos) da Igreja. Pois o próprio episcopado reconhece que "Urge abrir espaços de participação, estimular a missão, refletir sobre avanços e retrocessos, para fazer crescer a participação e o protagonismo dos leigos na corresponsabilidade e na comunhão de todo o povo de Deus"[3].

Em suma, ancorados na convicção de que indubitavelmente não cabe nenhum tipo de contraposição entre episcopado e laicato, quisemos realçar o quanto houve, e pode ainda haver, de promoção deste por aquele. Esperamos com isso ter aberto alguma fresta para que luz e ares entrem na Igreja e nas mentes, mantendo-nos lúcidos e transparentes. Afinal, um legado tão precioso como esse não pode ser descartado. Juntos somos mais!

---

[3] CNBB, *Cristãos leigos e leigas na Igreja e na sociedade*, Doc 105, 16.

SIGLAS:
Revistas, Periódicos e Dicionários[1]

Atualiz	Atualização
CivCatt	*La Civiltà Cattolica*
CM	Comunicado Mensal (Boletim da CNBB)
ComISER	Comunicações do ISER (Inst. de Estudos da Religião)
Comm	*Communio*
Conc	Concilium
Conv	Convergência
CrSt	*Cristianesimo nella Storia*
CultTeo	*Cultura Teológica*
DEc	*Dizionario di Ecclesiologia*, ed., G. CALABRESE, P. GOYRET, O.F. PIAZZA, ROMA 2010.
DicRMP	*Diccionario Río, Medellín, Puebla*, G., DOIG KLINGE, Lima 1990
EncTeol	Encontros Teológicos
EspV	*Esprit et vie*

---

[1] Há revistas que não têm número de volume, por isso, elencamos seus respectivos números de fascículo (por exemplo *Convergência, Pastoral, Concilium* (P), *Grande Sinal, Pro Mundi Vita*); para a Revista *Atualização* tomamos o ano de sua publicação que corresponde ao volume.

EstEcl	Estudios Eclesiasticos
ESTEF	*Escola Sup. de Teol. e Esp.*
FamCris	*Família Cristã*
Greg	Gregorianum
GSin	Grande Sinal
LV.F	*Lumen Vitae (França)*
NRTh	Nouvelle Revue Théologique
PMVbesp	Pro Mundi Vita Boletín (Espanhol)
PMVEst	Pro Mundi Vita Estudios (Espanhol)
PerspTeol	Perspectiva Teológica
RAt	*Il Regno-Attualità*
RCRB	*Revista da Conferência dos Religiosos do Brasil*
REB	Revista Eclesiástica Brasileira
RelSoc	*Religião e Sociedade*
RevCultBib	*Revista de Cultura Bíblica*
RevSciPhilThéol	*Revue des sciences philosofique et théologique*
RThLouv	*Revue Théologique de Louvain*
Sedoc	Serviço de Documentação
SelTeol	Selecciones de teología
Sínt	*Síntese*
StCan	Studia Canonica
Teocom	Teocomunicação
TQ	Teologia em Questão
Vozes	Revista de Cultura Vozes
VPast	Vida Pastoral

OUTRAS SIGLAS E ABREVIATURAS

AA	Apostolicam Actuositatem
al.	alii (outros)
ACB	Ação Católica Brasileira
ACE	Ação Católica Especializada
ATI	Associazione Teologica Italiana
CAT	Catecismo da Igreja Católica
CD	Christus Dominus
CELAM	Conselho Episcopal Latino-americano/ Conferência Geral do Episcopado Latino-americano
cf.	confira
CRB	Conferência dos Religiosos/as
CERIS	Centro de Estatísticas Religiosas e Investigações Sociais
CDF	Congregacão para a Doutrina da Fé
CF	Campanha da Fraternidade
CIC	Codex Iuris Canonici

CNBB	Conferência Nacional dos Bispos do Brasil
CNL	Conselho Nacional dos Leigos
Coll.	Coleção
CTI	Comisión teológica internacional
DAP	Documento da V Conferência do Celam em Aparecida
DV	Dei Verbum
DGAE	Diretrizes Gerais da Ação Evangelizadora
Doc	Documento
Est	Estudos
EG	Evangelii Gaudium
GS	Gaudium et Spes
ID	o mesmo autor
IBID	mesmo autor e obra
INP	Instituto Nacional de Pastoral
ISER	Instituto de Estudos da Religião
LG	Lumen gentium
NEP	Nota Explicativa Prévia
pp.	páginas
PC	Perfectae Caritatis
PE	Plano de Emergência
PPC	Plano de Pastoral de Conjunto
SC	Sacrosanctum Concilium
ss.	seguintes
UR	Unitatis Redintegratio
Vat. II	Concílio Vaticano II

CAPÍTULO I

Capítulo I

CNBB – UMA HISTÓRIA DE "PARTICIPAÇÃO"

Entre as diversas instâncias eclesiais que ao longo da História possibilitaram a participação, gostaríamos de colocar em evidência uma dessas. Pois, tanto em seus princípios como em seu constituir-se, ela evoca maior participação na Igreja como expressão de comunhão e corresponsabilidade. Trata-se das Conferências Episcopais, que já existiam antes mesmo do Concílio Vaticano II, mas que, a partir dele, receberam um influxo que confirmou e alargou o horizonte eclesial de participação. Aliás, "elas deixaram de ser uma organização permitida, para ser um organismo obrigatório, após o Concílio Vaticano, porque sumamente correspondentes às necessidades do corpo episcopal"[1].

Imbuídos de tal propósito, descreveremos particularmente a Conferência Nacional dos Bispos do Brasil (CNBB) como entidade histórico-eclesial na qual podem ser individuadas algumas nuances significativas, sem sermos exaustivos, em relação ao tema da participação. Isso implicará tratar da própria configuração eclesial e pastoral do contexto brasileiro.

---

[1] G.F. DE QUEIROGA, *CNBB: comunhão e corresponsabilidade*, 135 e D. VALENTINI, *Revisitar o Concílio Vaticano II*, 33-34.

Então, veremos descortinar-se uma história rica e cheia de conquistas e promessas, mormente a partir do momento que a luz conciliar desbordou sobre seus projetos e ideais evangelizadores. Tal ensejo fez com que:

> Em íntima articulação com a base laical batismal e eucarística, lentamente se anuncia e se constitui uma Igreja de participação em todos os níveis, superando a rigidez tricêntrica: Roma, diocese, paróquia. A colegialidade em todas as esferas, a sinodalidade, os diversos tipos de conselhos exprimem a riqueza desse novo espírito eclesial nascido do Concílio. Todos somos Igreja e, quanto mais participamos, mais Igreja somos[2].

Por conseguinte, tornou-se imperiosa uma ação eclesial participativa, segundo as inspirações ecoadas nas Conferências do continente latino-americano e assumidas pela CNBB. Tanto que nos atuais Estatutos, se lê:

> A Conferência Nacional dos Bispos do Brasil (CNBB) [...] [visa] favorecer *a comunhão e participação na vida e nas atividades da Igreja*, das diversas parcelas do povo de Deus: ministros ordenados, membros de institutos de vida consagrada e leigos, discernindo e valorizando seus carismas e ministérios[3].

Assim, essa Igreja multifacetada, mas koinônica, pode escrever uma história na qual a participação não se constitui apenas um capítulo, senão o "fil rouge" de sua trajetória.

1. A ação colegial dos bispos

Referir-se ao relevante tema da colegialidade permite-nos compreender algo que "o exercício colegial do ministério dos Bispos na Igreja não se reduz a uma mera 'solução' organizacional [...] Praticada autenticamente, a colegialidade episcopal não deixará de dar frutos em prol da construção de uma sonhada *Igreja da participação e da comunhão* [...]"[4].

---

[2] J.B. LIBANIO, "Os 50 anos do Concílio Vaticano II: avanços e entraves", 14.
[3] CNBB, *Estatuto canônico da Conferência Nacional dos Bispos do Brasil*, Doc 70, 13-14 [destaque nosso].
[4] P.C. BARROS, "Colegialidade episcopal no Vaticano II", 222 [grifo nosso]. Além do mais, a Conferência dos Bispos possibilita a descentralização e evita que o bispo se transforme num pequeno papa plenipotenciário da Diocese, cf. B. KLOPPENBURG, "A perigosa arte de ser bispo hoje", 265-266.

Capítulo I

Ora, desde os primórdios da Igreja, mais precisamente quando o Cristianismo foi se estruturando em seus aspectos organizacionais, os bispos, como sucessores dos apóstolos, procuraram exercer suas funções pastorais colegialmente, ou seja, realizá-las dentro de um espírito de comunhão. Isso ocorreu pelo simples fato de ser histórico-teológico que "chaque évêque en effet, à l'exception de celui de Rome, ne succède pas à tel apôtre en particulier: l'Ordre des évêques succède au collège des apôtres. Cette responsabilité solidaire et commune s'exprimait par les nombreux échanges de la même communion [...]"[5]. Por isso, tornou-se uma constante ao longo da História a realização de Sínodos, Concílios provinciais, plenários e ecumênicos e outras formas de mútua colaboração entre os bispos.

Aliás, os concílios regionais pertencem a uma prática mais antiga da Igreja que os próprios Concílios ecumênicos. E as Conferências Episcopais, por sua vez, refletem a aplicação concreta do tradicional "afeto colegial" e estão em consonância com a "tradição de agrupar-se mais ou menos organicamente várias Igrejas particulares de um mesmo âmbito geográfico e cultural, analogamente às antigas Igrejas patriarcais"[6]. De modo que a colegialidade seria exercida parcialmente tanto nos Concílios particulares quanto nas Conferências episcopais. Substancialmente ambas as instituições eclesiais têm o mesmo fundamento eclesiológico, embora a natureza, a função e o modo de agir sejam diferentes entre elas. A existência de uma não exclui a outra[7].

Desse modo, as Conferências Episcopais, que foram reestruturadas e incentivadas pelo Concílio Vaticano II, representam o resultado de um desenvolvimento orgânico daquelas instituições existentes no passado. Antes da promulgação do CIC de 1917, não há Conferências de bispos,

---

[5] B. SESBOÜÉ, *De quelques aspects de l'Église*, 176-177. Nesse sentido, embora tratando de outra temática, é bastante ilustrativa a menção de que "dans l'ancienne liturgie de la consécration épiscopale en usage jusqu'à la récente réforme liturgique, l'évêque élu prononçait un serment dans lequel il promettait: 'Vocatus ad synodum, veniam' ('Si je suis appelé à un concile, je viendrai')". J. HAMER, "La responsabilité collégiale de chaque évêque", 652.

[6] R. MUÑOZ, "As Conferências Episcopais numa eclesiologia de comunhão e participação", 65.

[7] Para uma análise teológico-canônica dessa questão, cf. G. GHIRLANDA, "'Munus regendi et munus docendi' dei concili particolari e delle conferenze dei vescovi", 360-388. E sobre a tradição dos concílios regionais, cf. H. TEISSIER, "As Conferências Episcopais e sua função na Igreja", 772-774.

com exceção de algumas regiões da Itália que as tinham desde 1849[8]. Portanto, embora se devam fazer as devidas distinções entre as instituições do passado e as atuais conferências episcopais, inegavelmente, há uma ligação real que converge na colegialidade prática[9].

Posto isso, não se constitui nosso interesse primário aprofundar aqui o *status quaestionis* em torno da natureza teológica e da autoridade das Conferências Episcopais[10]. No entanto, seria negligente desconsiderar a ação colegial, embora não plena, que as caracteriza. Em outras palavras, trata-se de superar aquela concepção que as conferências episcopais "hanno soltanto una funzione pratica, concreta"[11]. Em vez disso, vemos que elas são realmente uma instituição da colegialidade episcopal[12].

Na realidade trata-se de um poder coletivo que é exercido nas e pelas Conferências. Nesse sentido o uso da categoria "participação" ou "ativação parcial" permite entender adequadamente a colegialidade episcopal. Pois revela os diferentes graus de operacionalização do poder colegial do episcopado, do mesmo modo como ocorre com o poder papal. Portanto, os bispos em assembleias menores, sempre em comunhão com Roma, formam uma instituição eclesial. E esta, por sua própria natureza, está dotada de um poder coletivo. Aliás, numerosos concílios particulares das Igrejas foram aceitos como autênticos testemunhos da

---

[8] Cf. J.A. FERNANDEZ ARRUTY, "La conferencia de los arzobispos metropolitanos en España", 391-395. Havia a expectativa que o Concílio Vaticano II revalorizasse as Conferências Episcopais a ponto de se tornarem quase como unidades eclesiais locais amplamente autônomas. Todavia, conforme atestam os documentos conciliares, elas são concebidas em outro modo, cf. P. Leisching, "Conferências Episcopais", 506-507.

[9] Cf. *CD* 36-38 e J.R. QUINN, *Reforma do Papado*, 113.

[10] A referência obrigatória para tratar desse assunto é JOÃO PAULO II, "Carta Apostólica sob forma de 'Motu Proprio' acerca da natureza teológica e jurídica das Conferências dos bispos", 178-194. Embora há quem pondere que essa carta apostólica seria mais um texto legislativo do que teológico-eclesiológico, cf. P.C. BARROS, "Colegialidade episcopal no Vaticano II", 212 [nota 36]. Ademais, outras referências a se ter em conta: cf. LG 23; CIC cân. 447-459; CTI, "Temas selectos de eclesiologia (1984)", 347-352; CONGREGAÇÃO PARA OS BISPOS, "Status teológico e jurídico das Conferências dos bispos. 'Instrumentum laboris' da Congregação para os Bispos", 463-476. Existe uma gama de estudos em torno desse objeto. Por isso, faremos apenas algumas indicações em vista de abordagens complementárias: cf. A. ANTÓN, "Fundamentación teológica de las Conferencias Episcopales", 205-232; Id., "¿Ejercen las Conferencias Episcopales un *Munus Magisterii*?", 439-494; Id., "El *Munus Magisterii* de las Conferencias Episcopales", 741-778; Id., "La carta apostólica MP 'Apostolos Suos' de Juan Pablo II", 263-297; Id., "Le conferenze episcopali: un aiuto ai vescovi", 332-344; H. TEISSIER, "As Conferências Episcopais e sua função na Igreja", 771-778; H. LEGRAND-J. MANZANARES-A. GARCÍA Y GARCÍA, ed., *Natura e futuro delle conferenze episcopali*; R. MUÑOZ, "As Conferências Episcopais numa eclesiologia de comunhão e participação", 61-75; B. MALVAUX, "Un débat toujours actuel: le statut théologique des conférences des évêques", 238-253; I. LORSCHEITER, "Jubileu de Ouro da CNBB", 97-108. E uma síntese clara, profunda e crítica, cf. B. SESBOÜÉ, *Le magistère à l'épreuve*, 223-242.

[11] J. RATZINGER, *Rapporto sulla fede*, 60.

[12] Cf. M.F. GUILLEMETTE, "Les conférences épiscopales sont-elles une institution de la collégialité épiscopale?", 39-76.

Capítulo I

Tradição. Por conseguinte, é inconcebível que neles tenha se deliberado e decidido sem a força de um poder coletivo[13]. A propósito vale recordar-se aqui em grandes linhas que:

> il apparaît paradoxal que des évêques, qui ont à titre personnel une autorité magistérielle, la perdent dès qu'ils se rencontrent pour se concerter au nom de la collégialité, ce qui contredirait toute la pratique ancienne des synodes régionaux. D'ailleurs, un canon du code de 1983 (can. 753), mentionne la confèrence des évêques comme exerçant un "magistère authentique"[14].

Além disso, se não existisse colegialidade entre os bispos reunidos em Conferência Episcopal, estando em perfeita comunhão com o papa, esta ocorreria na Igreja somente em longos intervalos da história[15]. Há de se considerar que outro instrumento de exercício da colegialidade dos bispos é o Sínodo. Mas, do modo como vinha sendo realizado, "tem promovido mais o fortalecimento da figura do Papa do que a comunhão entre as Igrejas diocesanas"[16]. Na realidade, o núcleo das críticas a essa instituição está no modo como é organizado e por não favorecer uma efetiva participação nas decisões[17].

No entanto, não foi sem razão que o papa João Paulo II, por ocasião de um encontro com a CNBB, admitiu o que estamos demonstrando, isto é, como sendo sinal de "colegialidade" os trabalhos realizados pelas Conferências episcopais. Tanto foi assim que o papa reconhecia que elas verdadeiramente são "expressão peculiar e órgão particularmente apropriado da colegialidade"[18].

---

[13] Cf. L. ÖRSY, "Power to the Bishops". E um bom exemplo, que é geralmente mencionado, de conferência episcopal exercendo seu magistério é aquele dos bispos alemães que deram uma autêntica interpretação de uma definição dogmática, ou seja, do sentido correto do primado papal, cf. J.R. Quinn, *Reforma do Papado*, 120.

[14] B. SÉSBOÜÉ, *De quelques aspects de l'Église*, 149.

[15] Cf. J. SÁNCHEZ Y SÁNCHEZ, "Conferências episcopais e cúria romana", 899-900.

[16] P.C. BARROS, "Colegialidade episcopal no Vaticano II", 213.

[17] Cf. J.R. QUINN, *Reforma do Papado*, 120-124. Ainda que haja o reconhecimento que "Les synodes des évêques, qui se sont tenus régulièrement à Rome, donnaient un certain contenu à la collégialité. Même si leur rôle n'était que consultatif, ils resserraient les contacts des évêques entre eux et favorisaient au moins le 'sentiment collégial' (*affectus collegialis*)". P. TIHON, "Être d'église à la fin du XXe siècle", 548. Na verdade o Sínodo pode ter também poder deliberativo, se assim o papa desejar, cf. CIC can. 343. Ainda sobre esse tema: cf. L. KAUFMANN, "Sínodo dos bispos: nem consilium, nem synodus", 494-505; A. LORSCHEIDER, "A instituição do Sínodo dos bispos", 85-91; B. SESBOÜÉ, *De quelques aspects de l'Église*, 150-151 e J. HAMER, "La responsabilité collégiale de chaque évêque", 641-654.

[18] JOÃO PAULO II, "Discurso ao episcopado brasileiro em Fortaleza – 10/07/1980", [4] 240. Por fim, tratando da participação como meta na CNBB, afirmou: "Em uma conferência episcopal numerosa haverá tanto maior participação quanto maior for a representatividade dos bispos membros, nos órgãos de decisão. Cresce a participação na prática [...]". Ibid., [14-15] 243.

Bispos do Brasil

Portanto, a proposição pertinente a ser sublinhada deste brevíssimo *excursus* é que "As Conferências Episcopais constituem uma forma concreta de atuação do espírito colegial"[19]. Para além de qualquer celeuma que o assunto possa causar, o essencial a ser percebido e assumido é que:

> Il n'y a pas deux collégialités épiscopales: celle qui s'exercerait à l'échelle universelle et celle qui se manifesterait à l'échelle d'une région quelconque. Il n'y en a qu'une seule, mais qui connaît des modalités infiniment variées. C'est l'unique collégialité du corps épiscopal avec le Pape au sommet [...] les conférences épiscopales, postulées par l'évolution du monde, ne constituent pas seulement un dispositif pratique, mais sont vraiment une expression possible et une manifestation appropriée de la solidarité du corps épiscopal, realité de droit divin dans l'Eglise du Christ[20].

De modo que se impõe como proposição conclusiva que "Une conférence épiscopale n'est pas le collège, mais elle est une forme d'exercice de la collégialité [...]"[21]. Nesse sentido elas representam um ganho para a vida eclesial e não podem ser minimizadas[22]. Embora seja sumamente importante a advertência de que: "A Conferência deve sempre estar atenta a não se afirmar como uma Igreja *Nacional* nem coarctar a legítima autonomia do Bispo Diocesano"[23]. Mesmo porque elas estão também em conformidade com a grande aspiração humana que anela pela concretização da unidade cristã[24].

2. Uma moldura da pré-história da CNBB

No que concerne à experiência da Igreja no Brasil em termos de tradição conciliar e sinodal, antes do Concílio Vaticano II, nota-se que foi bastante limitada[25]. Embora seja verossímil constatar que "faz parte da

---

[19] João Paulo II, "Carta Apostólica sob forma de 'Motu Proprio' acerca da natureza teológica e jurídica das Conferências dos bispos", 188.

[20] J. Hamer, "Les conférences épiscopales, exercice de la collégialité", 969.

[21] Y. Congar, "Collège, primauté... conférences épiscopales: quelques notes", 388.

[22] Cf. B. Kloppenburg, "Sobre o Magistério autêntico na Conferência Episcopal", 364-373. "Uma razão é que, quanto mais se coarctam as Conferências Episcopais, tanto mais se reforça a centralização". J.R. Quinn, *Reforma do Papado*, 112.

[23] A. Lorscheider, "A colegialidade episcopal no interior da CNBB", 53.

[24] Em uma perspectiva ecumênica as Conferências Episcopais representam uma instância colegial intermediária que contribue para realizar a comunhão articulada, segundo a prática das demais denominações cristãs, cf. S. Dianich – S. Noceti, *Trattato sulla Chiesa, 527-529.*

[25] Vamos pinçar e pontuar apenas alguns elementos históricos mais relevantes porque "é difícil pensar a CNBB sem as práticas colegiadas do episcopado que a precederam [...]". M.C. de Freitas, *Uma opção renovadora*, 39. Em vista de compreender melhor, e ao mesmo tempo concisamente, a história da Igreja Católica no Brasil, cf. O.F. Lustosa, *A presença da Igreja no Brasil.*

tradição da Igreja, no Brasil, a atitude e o afeto colegial dos seus bispos. Eclodindo com grande intensidade em momentos fortes de crise [...]"[26]. Isso é atestado, em grandes linhas, por sua trajetória marcada por ausências, carências e também tentativas incipientes na direção de alcançar uma ação eclesial conjunta que fosse expressão de sua colegialidade.

Algumas ocorrências permitem-nos entrever parte dos obstáculos enfrentados. Por exemplo, o fato de o único bispado brasileiro existente no período colonial, o da Bahia, não ter enviado nenhum participante ao Concílio de Trento (1545-1563)[27]. E também durante a realização do Concílio Vaticano I (1869-1870), dos onze bispos que havia no Brasil, apenas quatro deles puderam comparecer a Roma[28]. De sorte que esses eventos conciliares não imprimiram nem espelharam uma dinâmica conciliar para a Igreja do Brasil. Aliás, somente após trezentos anos é que as determinações do Concílio de Trento foram aplicadas no Brasil. Isso se deu por conta do projeto de reforma do catolicismo no país. Por conseguinte, no período imperial (séc. XIX), a Igreja tornou-se mais romana e mais independente dos laços políticos que a prendiam anteriormente. O positivo disso foi ter reforçado a comunhão e a solidariedade entre os bispos brasileiros[29].

Ademais, durante todo o período colonial (séc. XVI ao XVIII), houve apenas um Sínodo no Brasil. Este ocorreu na Bahia e contou com a presença do clero local e de seu respectivo arcebispo dom Sebastião Monteiro da Vide e do jovem bispo de Angola dom Luis Simões Brandão. Nele surgiram as "Constituições Primeiras do Arcebispado da Bahia", em 1707, que vigoraram como legislação eclesiástica brasileira até 1900[30]. Em 1839 houve a tentativa por parte do padre Feijó junto à Assembleia Geral Legislativa de convocar um "Concílio Nacional". No entanto, por

---

[26] R.C. DE BARROS, *Brasil: uma Igreja em renovação*, 9. Contudo, parece-nos que seja mais adequado afirmar isso tendo em conta os últimos cem anos da história.

[27] Como também não se fez presente nenhum dos mais de quarenta bispos já existentes na área hispana das Américas, cf. J.O. Beozzo, *A Igreja do Brasil de João XXIII a João Paulo II*, 72-73. Sobre a criação do primeiro bispado no Brasil e de seu primeiro bispo, cf. F. Odulfo, "Pedro Fernandes Sardinha, primeiro bispo do Brasil", 211-229; 556-570.

[28] Cf. A. Rubert, "Os bispos do Brasil no Concílio Vaticano I (1869-1870)", 103-120.

[29] Cf. H.C.J. MATOS, *Nossa história*, II, 73-79.

[30] Trata-se de um compêndio de normas eclesiásticas que refletiam as disposições do Concílio de Trento para a realidade brasileira, cf. S.M. DA VIDE, *Constituições primeiras do Arcebispado da Bahia*. Ainda sobre esse documento, cf. A. RUBERT, *A Igreja no Brasil*, III, 231-234.

Bispos do Brasil

ter sido considerado uma interferência do poder civil em assuntos da Igreja, o projeto foi rejeitado[31]. Todavia, em diversos momentos, sobretudo nas principais mudanças ocorridas no Brasil, envolvendo: Independência (1822), Império (séc. XIX), Padroado (durante mais de três séculos consecutivos), Maçonaria e Questão Religiosa (1874), República (1889), houve relativa manifestação de posições comuns dos bispos, por meio de cartas etc. Com isso, pode-se inferir que: se "durante o período colonial é marcante o isolamento dos bispos entre si", por outro lado, "durante o período imperial, a nova ideia de um colegiado dos bispos do Brasil vai tendo progressivamente uma aceitação sempre maior"[32].

Ao analisarmos mais acuradamente o contexto social de colônia, nota-se que era difícil imaginar que a configuração eclesial do Brasil pudesse ter uma fisionomia genuinamente independente[33]. A Igreja dependia das instâncias de governo a que estava subordinada e eram estas que cumpriam o papel de intermediar as relações com Roma. Vigorava o chamado sistema de padroado (contrato bilateral entre Estado e Igreja) dentro do regime de Cristandade[34].

Ao passo que na conjuntura da época imperial, "o episcopado brasileiro passa a unir as forças em torno do ideal tridentino, mediante o movimento dos bispos reformadores"[35]. No entanto, com a proclamação da República no Brasil, em 15 de novembro de 1889, e a separação entre Estado e Igreja, em 7 de janeiro de 1890, instaurou-se uma nova ordem nacional[36].

---

[31] Cf. A. RUBERT, *A Igreja no Brasil*, IV, 44.

[32] R. AZZI, "Dom Antônio de Macedo Costa e a reforma da Igreja do Brasil", 693. Para saber mais da atuação de dom Antônio de Macedo Costa, sobretudo em favor da unidade episcopal e da liberdade da Igreja dentro do contexto brasileiro, cf. Ibid, 683-701.

[33] Para entender o pano de fundo histórico, cf. J.C. ESQUIVEL, *Igreja, Estado e política*, 220-221.

[34] Cf. H.C.J. MATOS, *Nossa história*, I, 97-114;159-163. Para uma rápida compreensão disso, cf. M.C. DE LIMA, *Breve história da Igreja no Brasil*, 23-24. E para que nossa abordagem não se restrinja ao âmbito hierárquico da Igreja faz-se mister mencionar a vitalidade eclesial e a participação das Irmandades ou Confrarias e Ordens terceiras do catolicismo laical desse período colonial. Embora fossem também usadas ideologicamente, cf. H.C.J. MATOS, *Nossa história*, I, 221-231. No que tange ao clero é curioso que nessa fase "o movimento iluminista no Brasil não teve o caráter anticlerical que o marcou em vários países da Europa. Pelo contrário, na Colônia recebeu um colorido cristão, precisamente pela expressiva participação de clérigos". IBID., 297.

[35] R. AZZI, "Catolicismo popular e autoridade eclesiástica na evolução histórica do Brasil", 136. Outras informações, cf. IBID., 141-142. Para um lato conhecimento desse movimento, cf. R. AZZI, *Os bispos reformadores: a segunda evangelização no Brasil*.

[36] Em relação à posição católica, especificamente dos bispos, frente à crise do Império, da ameça de desvinculação entre Estado e Igreja e do surgimento da República, cf. H.C.J. MATOS, *Nossa história*, II, 241-258. Sobre a reação no novo contexto, cf. Id., *Nossa história*, III, 19-28. Enfim, só é possível entender a posição eclesial brasileira no período em tela se levarmos em consideração o quadro de influxo romano exercido sobre a Igreja no Brasil, cf. H.C.J. MATOS, *Nossa história*, II, 73-104.

Capítulo I

Por conseguinte, a primeira e mais significativa reação da Igreja em meio a essa nova configuração socioeclesial brasileira foi a iniciativa de realizar uma "primeira assembleia dos bispos". Esta se deu sob a presidência de dom Antônio de Macedo Costa que se reuniu em São Paulo com outros dez bispos e um vigário capitular para tratarem do novo contexto que se apresentava à ação da Igreja. Disso resultou a primeira "Carta Pastoral Coletiva de 19 de março de 1890" do episcopado brasileiro[37]. Sobre a qual afirma-se que: "É a primeira vez em toda a História do Brasil que o Episcopado Nacional lança um documento em comum. Temos diante de nós um verdadeiro *tratado* no qual é sintetizada a doutrina oficial da Igreja sobre a existência e a união dos dois poderes"[38].

Ora, o importante é que tal articulação do episcopado refletia a preocupação e sensibilidade em definir conjuntamente soluções para problemas que eram comuns no campo pastoral. É por isso que Dom Antônio de Macedo Costa, que fora um dos protagonistas da questão religiosa de 1874, liderou em 1890 a primeira reunião do episcopado brasileiro visando traçar diretrizes para a atuação da Igreja dentro do novo contexto. Em junho do mesmo ano, na qualidade de arcebispo de Salvador, Bahia, e primaz da Igreja no Brasil, ele presidiu uma segunda reunião em São Paulo. Esta contou com a participação de treze bispos e teve como objetivo delinear o plano de um futuro Concílio dos bispos brasileiros[39].

Portanto, o dado histórico de caráter inédito na vida eclesial brasileira desse período é que:

> os bispos se reúnem pela primeira vez e trabalham em conjunto – coisa que nunca fora possível durante o Império. O encontro de São Paulo em 1890 marcará para o Episcopado um ponto alto no início de uma visão comum da situação religiosa do país, de uma programação mais ampla dos problemas da Igreja, transcendendo mesmo as questões que o contexto do regime colocava e possibilitando uma unidade de ação

---

[37] Para conhecer o documento na íntegra, cf. EPISCOPADO BRASILEIRO, "Pastoral Coletiva de 1890", 17-58.
[38] H.C.J. MATOS, *Nossa história*, II, 259.
[39] Cf. R.C. DE BARROS, "Gênese e consolidação da CNBB no contexto de uma Igreja em plena renovação", 18. Por ocasião dessa segunda reunião, dom Macedo Costa apresentou aos bispos um documento intitulado: "Alguns pontos de Reforma da Igreja no Brasil". Tratava-se de um primeiro projeto que refletia o desejo de se realizar uma ação pastoral em conjunto, cf. H.C.J. MATOS, *Nossa história*, II, 262.

Bispos do Brasil

pastoral mais esclarecida e mais próxima da realidade. A unificação de atividades pastorais se estruturaria daí em diante com mais segurança na medida mesma em que as ligações e comunicações com a Santa Sé se tornaram possíveis num clima de liberdade que até então não existira[40].

De modo que, com o passar do tempo, a Igreja foi se recompaginando dentro do novo contexto republicano, sem deixar de manifestar seu desacordo e reprovação por algumas medidas do Estado, por meio de declarações coletivas dos bispos[41]. As dioceses se organizaram de tal modo que tinham um arcebispo metropolita responsável por coordenar as correspondentes dioceses sufragâneas. Portanto, no início do século XX, a Igreja no Brasil estava organizada em duas províncias eclesiásticas: a setentrional com sede na Bahia, englobando todos os bispados do Nordeste do País, e a meridional, sediada no Rio de Janeiro, congregando todas as dioceses do Sul.

Em 6 de janeiro de 1900, o Episcopado brasileiro publicou sua segunda "Carta Coletiva"[42]. Nesta reivindicava-se o reconhecimento oficial da Igreja Católica dentro da República e se apontavam os prejuízos da separação entre Igreja e Estado[43]. De 1901 a 1915 foram realizados pelo episcopado sulino cinco conferências episcopais com intervalo de três anos cada. Na última foi aprovada a "Pastoral Coletiva"[44]. E os bispos da Região Norte decidiram adotar esse mesmo projeto para suas dioceses. Por conseguinte, pensava-se que dessa maneira estava pronto o esquema de base para o "Concílio Nacional brasileiro". No entanto,

---

[40] O.F. LUSTOSA, "Separação da Igreja e do Estado no Brasil (1890)", 645.

[41] Tais como: "Reclamação", "Representação" e "Apelo", diante dos atentados cometidos pelo Estado aos seus interesses e direitos, cf. H.C.J. MATOS, *Nossa história*, II, 264-269. Uma análise pormenorizada e crítica sobre esse gênero de comunicação do episcopado brasileiro, cf. J.C.S. ARAÚJO, *Igreja Católica no Brasil: um estudo de mentalidade ideológica*.

[42] Cf. EPISCOPADO BRASILEIRO, *Pastoral Coletiva do Episcopado Brasileiro; ao clero e aos fiéis das duas províncias eclesiásticas do Brasil*.

[43] Cf. H.C.J. Matos, *Nossa história*, III, 28-30.

[44] Cf. Episcopado Brasileiro, *Pastoral Collectiva*. Este documento foi reeditado com acréscimos, em 1950, com o subtítulo de "Constituições Eclesiásticas do Brasil". Foi uma iniciativa das Províncias Eclesiásticas Meridionais do Brasil e serviu de orientação jurídica, pastoral, administrativa e espiritual nas paróquias, cf. I. LORSCHEITER, "Jubileu de Ouro da CNBB", 99-100. A bem da verdade "a decisão do Episcopado de reeditar, em 1950, a velha pastoral de 1915", ocorreu por conta da insuficiência dos resultados do Concílio Plenário Brasileiro (1939), cf. J.O. BEOZZO, "Igreja no Brasil – o planejamento pastoral em questão", 472. Para outros detalhes a respeito das "Pastorais Coletivas", cf. M.C. DE FREITAS, *Uma opção renovadora*, 37-38. É certo que a *Pastoral Coletiva* "representou sem dúvida uma grande vitória como expressão de unidade do episcopado". R. AZZI, "Dom Antônio de Macedo Costa e a reforma da Igreja do Brasil", 700.

Capítulo I

com a promulgação do novo Código de Direito Canônico, em 1917, que requeria ajustamentos jurídicos, tudo foi protelado[45]. Nesse ínterim os bispos se pronunciaram coletivamente apenas em duas ocasiões: em 1917 sobre a entrada do Brasil na guerra e, em 1922, pelo centenário de independência do Brasil[46].

Como balanço, ainda parcial, dessa estruturação eclesial-colegial da Igreja no Brasil, vista até agora, é mister perceber que:

> Tivemos duas grandes legislações eclesiásticas, as Constituições Primeiras do Arcebispado da Bahia e a Pastoral Coletiva de 1915, ambas marcadas por uma dupla qualidade: sua vontade de olhar em primeiro lugar a realidade brasileira, procurando adaptar a ela outras legislações elaboradas longe de seus problemas; e a segunda, sua vontade de responder aos problemas de maneira mais pastoral do que jurídica[47].

E agora temos de fazer dentro dessa descrição histórica uma rápida digressão para registrar dois eventos que poderiam ter sido enriquecedores na experiência de conciliaridade e sinodalidade da Igreja do Brasil, mas que, devido ao modo como ocorreram, pouco acrescentaram.

Primeiramente trata-se do "Concílio Plenário Latino-Americano", realizado de 27 de maio a 9 de julho de 1899 em Roma, no qual participaram treze membros do episcopado do Brasil[48]. Antes de tudo é importante considerar a respeito desse período que, "Com a morte de Dom Macedo, o centro desloca-se para Roma e a Igreja do Brasil perde toda iniciativa e o espaço para atuar autonomamente. Retorna, pois, a um regime de tutela não mais debaixo do Estado [...]"[49]. Destarte, com base nas conclusões desse Concílio, "[...] a tendência romanizante é evidente"[50]. De maneira que "Muito remotamente, podemos situar esse concílio como um primeiro passo do que será mais tarde uma real consciência colegial do episcopado latino-americano, que se efetiva nas

---

[45] Cf. R.C. DE BARROS, "Gênese e consolidação da CNBB no contexto de uma Igreja em plena renovação", 18.
[46] Cf. J.O. BEOZZO, "Igreja no Brasil – o planejamento pastoral em questão", 471.
[47] J.O. BEOZZO, "A evangelização na América Latina. Uma visão histórica com vistas a Puebla", 240.
[48] Quanto aos documentos produzidos, cf. CONCÍLIO PLENÁRIO LATINO-AMERICANO, *Acta et Decreta Concilii Americae Latinae*, 1999. Sobre este Concílio, cf. A. RABUSKE, "Notas abrangedoras a respeito do Concílio Plenário Latino-Americano", 159-176.
[49] J.O. BEOZZO, "Igreja no Brasil – o planejamento pastoral em questão", 469.
[50] H.C.J. MATOS, *Nossa história*, III, 31.

assembleias ou conferências gerais aqui realizadas e nos diversos trabalhos dos departamentos criados"[51].

E, por sua vez, houve também o chamado "Primeiro Concílio Plenário Brasileiro", que aconteceu de 2 a 20 de julho de 1939, no Rio de Janeiro[52]. Aquele Concílio almejado por Dom Macedo Costa para ser o instrumento que faria a reforma na Igreja Brasileira, por decisão de Roma teve de esperar quase cinquenta anos[53]. Aliás, desde o final do século XIX, havia o desejo de sua realização, ou seja,

> Ao término do Concílio da América Latina, em Roma, no ano de 1899, os bispos brasileiros participantes do evento expressaram a Leão XIII a conveniência de realizar uma assembleia análoga, mas específica, congregando todo o episcopado brasileiro. O Papa sugeriu-lhes que os metropolitas começassem a reunir seus bispos sufragâneos em conferências provinciais com o objetivo de encontrar soluções para as questões mais urgentes e preparar o material de base para um futuro Concílio nacional[54].

No entanto, somente em 1928 criou-se uma comissão episcopal para concretizar esse projeto. Porém, esta teve seus trabalhos interrompidos pela situação política do país. Em 1935, o papa Pio XI indicou o então secretário da Sagrada Congregação do Concílio, monsenhor Giuseppe Bruno, para assessorar a preparação do tal Concílio Brasileiro. Este partiu dos trabalhos feitos pela comissão anterior e fez as devidas reformulações do texto. Em 1937 o novo texto foi submetido a todo o episcopado brasileiro (100 prelados) para que pudesse fazer as suas ponderações. E no ano seguinte era entregue ao cardeal Leme o novo esquema definitivo que seria a base para os trabalhos conciliares[55].

---

[51] N. AGOSTINI, *As Conferências episcopais*, 18. Por fim, uma curiosidade: os assessores que os bispos latino-americanos haviam levado para Roma foram excluídos de participar do Concílio, cf. J.O. BEOZZO, "Igreja no Brasil – o planejamento pastoral em questão", 467.

[52] Cf. CONCÍLIO PLENÁRIO, *COR/REB* 1 (1939) 450-490.

[53] Cf. J.O. BEOZZO, "Igreja no Brasil – o planejamento pastoral em questão", 467. Para uma interessante matéria sobre esse Concílio como discursos, a carta final etc, cf. CONCÍLIO PLENÁRIO, 450-490; C. SANTINI, "O Concílio Plenário Brasileiro", 14-32.

[54] R.C. DE BARROS, "Gênese e consolidação da CNBB no contexto de uma Igreja em plena renovação", 18.

[55] Para saber da atuação e liderança de dom Sebastião Leme da Silveira Cintra (1916 a 1942) que contribuiu para o dinamismo e afirmação social do catolicismo no Brasil, cf. R.C. DE BARROS, "Gênese e consolidação da CNBB", 19-25; H.C.J. MATOS, *Nossa história*, III, 45-49.58-61; J.C. ESQUIVEL, *Igreja, Estado e política*, 150-158.

Capítulo I

Então, aos 11 de janeiro de 1939, por intermédio do Secretário de Estado, cardeal Pacelli, Pio XI autorizava a realização do Concílio e nomeava dom Leme como Legado Pontifício. Assim, em 1º de julho deu-se seu início, tendo como lugar de sua realização a arquidiocese do Rio de Janeiro na igreja da Candelária. Participaram 103 padres conciliares (quatorze por procuração), quatorze superiores religiosos (um por procuração) e quinze representantes de doze cabidos de cônegos. Além dos trabalhos previstos pelo esquema foram constituídas três Comissões para estudo e elaboração dos decretos sobre protestantismo, espiritismo e questão social[56].

Quanto à avaliação do resultado produzido por esse evento conciliar da Igreja no Brasil, pondera-se que ele representou a aliança entre um "Estado forte" e uma "Igreja forte". Seria sintoma da neocristandade que se instalara na realidade brasileira[57]. Em síntese, por meio do Concílio, ocorria "a implantação do modelo tridentino no país, com a sua consequente romanização clerical. Esse Concílio, desejado pelos bispos desde os primórdios do movimento reformador, só se realizou quando a reforma tridentina estava esgotando suas possibilidades de criação significativa"[58]. De sorte que, ainda que se possa assentir que o episcopado, mesmo naquelas condições, exercitou ou produziu uma pastoral coletiva, mas em relação aos decretos não cabe igual apreciação, pois:

> O documento final, elaborado rigidamente dentro das normas do Código de Direito Canônico de 1917, obteve pronta aprovação da Santa Sé. Seu caráter romanizador e clerical saltava aos olhos e pouco espaço se reservara à pastoral específica no Brasil. Aliás, é sintomático que a língua usada no Concílio Plenário tenha sido o latim, e o texto tenha sido igualmente versado nesse idioma[59].

Em se tratando ainda das incipientes iniciativas e articulações do episcopado brasileiro em vista daquela comunhão eclesial desejada,

---

[56] Cf. R.C. DE BARROS, "Gênese e consolidação da CNBB", 23-24.
[57] Cf. H.C.J. MATOS, *Nossa história*, III, 84-87.
[58] R. AZZI, *A neocristandade: um projeto restaurador*, 162.
[59] H.C.J. MATOS, *Nossa história*, III, 85. Em perspectiva histórica julga-se que esse concílio representou "o fim melancólico" do grande sonho que tinha dom Macedo Costa, cf. J.O. BEOZZO, "Igreja no Brasil – o planejamento pastoral em questão", 472.

encontramos acontecimentos que, mesmo sendo secundários, não deixaram de contribuir para a maior coesão do corpo episcopal em terras brasileiras, antes do surgimento da CNBB. Vemos isso em fatos como aquele, quando:

> em maio de 1931, o cardeal Leme em estreita articulação com dom Duarte Leopoldo, arcebispo de São Paulo, preparou uma grande manifestação pública a Nossa Senhora Aparecida na cidade do Rio de Janeiro, sendo a imagem trazida de seu santuário no Estado de São Paulo pelo próprio arcebispo da capital paulista. A visita foi precedida de um Congresso Arquidiocesano, com vasto programa de celebrações e conferências, tendo como oradores não apenas sacerdotes, mas um seleto grupo de leigos, legítimos representantes da intelectualidade católica [...] participaram mais de 30 bispos de várias regiões do País. Aos 12 de outubro desse mesmo ano procedeu-se à inauguração do monumento ao Cristo Redentor no Corcovado. Participaram deste evento 45 bispos, representando dioceses de todo o País [...] Devido à numerosa presença de bispos em ambos os eventos, a oportunidade foi aproveitada para um encontro do episcopado, com o objetivo de avaliar a situação nacional, a partir da revolução de outubro de 1930, e as novas perspectivas que se abriam para a ação da Igreja no Brasil [...] esses encontros de bispos, a exemplo do que acontecera no ano de 1931, passaram a se realizar trienalmente, por ocasião dos Congressos Eucarísticos Nacionais [...]"[60].

O significativo é que "Nas duas ocasiões, a Igreja mobilizou grandes massas populares em manifestações de caráter religioso, mas com repercussões também no âmbito político"[61]. Destarte foram muitos os acontecimentos no cenário político-social do Brasil que fomentaram a década de 1940 tornando-a decisiva para o processo de renovação da Igreja no país[62].

No que concerne mais especificamente à atuação e articulação dos movimentos eclesiais, é imprescindível mencionar a Ação Católica Brasileira (1935) – ACB, tendo sido a CCB (Coligação Católica Brasileira

---

[60] R.C. DE BARROS, "Gênese e consolidação da CNBB", 21-23.
[61] M.C. DE FREITAS, *Uma opção renovadora*, 34. Essas manifestações eram para reafirmar o catolicismo como força nacional regeneradora, cf. H.C.J. MATOS, *Nossa história*, III, 62-68.74-78 Há quem veja também na inauguração do Pontifício Colégio Pio Brasileiro em 1934, em Roma, uma maior consolidação institucional da Igreja brasileira e um elemento a mais para o surgimento da CNBB, cf. J.C. ESQUIVEL, *Igreja, Estado e política*, 157.
[62] Quanto à participação do episcopado brasileiro no processo de desenvolvimento do país, dos anos 40 a 60, cf. M.C. de FREITAS, *Uma opção renovadora*, 39-47. Todavia, houve recuo do profetismo da Igreja no período do "Estado Novo" (1937-1945), mormente do episcopado, cf. H.C.J. MATOS, *Nossa história*, III, 79-84.

Capítulo I

de 1933) "uma verdadeira e imediata precursora da ACB"[63]. Todavia, por sua vez, a Ação Católica foi a plataforma de lançamento da Conferência Episcopal[64]. Em um primeiro momento a Ação Brasileira seguia o modelo de Ação Católica Geral Italiana, mas gradativamente foram se abrindo novas perspectivas dentro do contexto nacional. Nesse sentido foi decisiva a Ação Católica Especializada que contribuiu por demais para o amadurecimento do laicato, bem como para uma eclesiologia mais participativa dentro daquele contexto. Assim, a ACB "em 1950 foi reorganizada de acordo com o modelo francês"[65]. Por conseguinte, surgiram os múltiplos movimentos renovadores da Igreja, tais como: Juventude Estudantil Católica – JEC, Juventude Operária Católica – JOC, Juventude Universitária Católica – JUC; e posteriormente, Ação Católica Operária – ACO, Ação Católica Independente – ACI e Ação Católica Rural – ACR[66].

Interessa-nos assinalar ainda sobre a ACB que, em 1946, realizou-se a I Semana Nacional de Ação Católica, seguida de outras cinco e que foram marcantes na vida do apostolado leigo e da Igreja no Brasil. Naquela ocasião da primeira semana, foi lançado um *Manifesto do Episcopado Brasileiro sobre Ação Social*, assinado pelos bispos integrantes da Comissão Episcopal da Ação Católica Brasileira, que esclareciam serem porta-voz de todo o episcopado nacional[67]. A importância desse fato é que tal Comissão Episcopal da ACB era o embrião do que se tornaria posteriormente a CNBB.

Na II Semana, realizada em Belo Horizonte em 1947, foi criado o Secretariado Nacional da Ação Católica, a fim de uma mais efetiva articulação entre os diversos órgãos. No ano seguinte, na III Semana em

---

[63] H.C.J. Matos, *Nossa história*, III, 106.

[64] Cf. D. Regan, *Igreja para a libertação. Retrato pastoral da Igreja no Brasil*, 184. Na Ação Católica Brasileira e com base na sua contribuição é possível individuar uma dinâmica-evolutiva da "participação" dos leigos na vida eclesial, cf. M.P. Carvalheira, "Momentos históricos e desdobramentos da Ação Católica Brasileira", 10-28. Para um breve percurso histórico sobre a Ação Católica, cf. A. Brighenti, "A Ação Católica e o novo lugar da Igreja na sociedade", 505-516. Sobre os documentos oficiais que retratam a atuação da Ação Católica no cenário eclesial no Brasil, cf. R. Dale, *A Ação Católica Brasileira*, 49-157.

[65] D. Regan, *Igreja para a libertação*, 184.

[66] Para uma visão sintética sobre o assunto, cf. M.C. de Freitas, *Uma opção renovadora*, 58-65; L.G.S. Lima, *Evolução política dos católicos e da Igreja do Brasil*, 35-43; J.O. Beozzo, "Igreja no Brasil – o planejamento pastoral em questão", 473-475; S. Mainwaring, "A JOC e o surgimento da Igreja na base (1958-1970)", 29-92; H.C.J. Matos, *Nossa história*, III, 104-112;138-148.

[67] Cf. J. Câmara – *al.*, "Manifesto do episcopado brasileiro sobre a ação social", 479-484.

33

Porto Alegre, decidiu-se que a Secretaria da Comissão Episcopal da ACB funcionaria em caráter permanente como Secretaria do Episcopado Nacional para manter os bispos bem informados e para coletar sugestões. Além disso, optou-se por convidar um bispo para ser o principal responsável de cada um dos Departamentos da Ação Católica. Em 1950, a Comissão Episcopal oficializou os movimentos da Ação Católica Especializada como o novo modelo de Ação Católica no Brasil. Por conseguinte, os departamentos vinculados à Ação Católica Geral (Vocações sacerdotais; Ensino de religião; Educação e cultura; Ação social; Imprensa, rádio e informações; Cinema e teatro; Defesa da fé e da moral; Liga eleitoral católica), passaram para a Ação Católica Especializada. E posteriormente, em 1952, foram absorvidos e reformulados pela CNBB.

Por último, como antecedentes da CNBB pode-se considerar também as reuniões das direções nacionais dos movimentos eclesiais, anteriormente mencionados, que aconteciam em vista de troca de experiências e de aprofundamento de suas bases comuns dentro de um território tão vasto e diversificado. Essas prenunciavam os futuros regionais da CNBB[68].

Destarte, a Ação Católica Especializada proporcionou as bases para o projeto de criação da CNBB. Pois esta "herdou: o quadro organizativo inicial, a metodologia (Ver-julgar-agir), que marca suas reuniões e documentos, as primeiras assessorias leigas, a figura profética de D. Hélder Câmara [...]"[69]. Por meio da supervisão de uma Comissão episcopal específica e com o apoio decisivo do núncio apostólico, surgia um órgão de articulação da Igreja em âmbito nacional. De modo que "a CNBB veio inteiramente calcada na experiência dos leigos, com suas

---

[68] Cf. R.C. de BARROS, "Gênese e consolidação da CNBB", 26-29. Para outros acontecimentos bosquejados em termos testemunhais e que marcaram a estrutura econômica, política, social e cultural do Brasil nos anos 30 e 40, cf. Id., *Para entender a Igreja do Brasil*, 52-54. E para ver, especificamente nesse contexto, os elementos que despertaram para uma maior participação eclesial, cf. Ibid, 54-70. A respeito dos esforços em vista da colegialidade entre os bispos e que estarão na gênese de organismos importantes posteriormente, como: CNBB, CRB e CELAM, cf. Ibid, 90-95.

[69] Cf. G.F. DE QUEIROGA, "Experiência brasileira: a Conferência Nacional dos Bispos do Brasil", 538. Quiçá o influxo da Ação Católica tenha sido ainda mais forte. Por meio da amizade entre D. Hélder e o advogado Vieira Coelho, presidente da Ação Católica de Minas Gerais, cf. M.M. ALVES, *A Igreja e a política no Brasil*, 63.

Capítulo I

equipes nacionais e seus planos de trabalho"[70]. Mais exatamente, com situações como:

> O primeiro grupo de assessoramento permanente da CNBB veio diretamente dos altos escalões da organização da Ação Católica. Esses leigos trouxeram consigo uma impaciência não clerical para com belas palavras, quando desacompanhadas de ação, e algo da metódica eficiência exigida de trabalhadores no campo civil[71].

Portanto, não há como prescindir da pressão ou inspiração decisiva do laicato para seu surgimento e, depois, para sua estruturação. Assim, "É muito significativo que uma organização da Hierarquia tenha tido como ponto de partida e base concreta a prática de movimentos leigos"[72]. Aliás, o pioneirismo dos leigos em criar uma organização nacional era uma situação anômala, pois o episcopado não gozava ainda de tal articulação colegiada[73]. Posteriormente, no entanto, as tensões e os conflitos de tendências dentro do próprio episcopado provocaram a extinção da ACB. De modo que ela "morreria vítima do próprio esforço de transformar o estilo pastoral tradicional"[74].

Em suma, do que foi visto há indicações suficientes para se pensar que havia um relativo espírito de participação e corresponsabilidade naquele contexto que deu origem à CNBB. E indubitavelmente isso exerceu influxo no modo de estruturar a nova organização episcopal. Pois, percebia-se que "se plasmou pouco a pouco uma relação fraternalmente evangélica entre militantes, dirigentes, sacerdotes e bispos, pois os membros do ministério hierárquico atuavam antes de tudo como educadores da fé, e recebiam dos militantes e dirigentes intuições de inestimável valor [...]"[75].

---

[70] J.O. BEOZZO, "A recepção do Vaticano II na Igreja do Brasil", 429. E, embora desde sua origem a CNBB seja episcopal, ela foi decidida e preparada por um presbítero – padre Helder P. Camara, cf. G.F. DE QUEIROGA, "Experiência brasileira: a Conferência Nacional dos Bispos do Brasil", 537.

[71] D. REGAN, *Igreja para a libertação*, 185.

[72] L.A.G. DE SOUZA, *A JUC: os estudantes católicos e a política*, 64.

[73] Cf. J.O. BEOZZO, "Igreja no Brasil – o planejamento pastoral em questão", 475-476. No que tange à atuação dos leigos dentro do catolicismo militante daquela fase histórica e daquele momento eclesial, cf. H.C.J. MATOS, *Nossa história*, III, 93-129.

[74] C. PALÁCIO, "Igreja e sociedade no Brasil", 174 e cf. T. BRUNEAU, *O catolicismo brasileiro em época de transição*, 220-223. Uma avaliação sucinta dos méritos e limites da Ação Católica, cf. H.C.J. MATOS, *Nossa história*, III, 110-112.

[75] R.C. DE BARROS, "Gênese e consolidação da CNBB", 29.

2.1. *Um dom que fecundou a vida socioeclesial brasileira*[76]

O arcebispo brasileiro Helder Pessoa Camara é um expoente-ícone importante para se entender a Igreja do Brasil. Ele nasceu em Fortaleza--CE aos 7 de fevereiro de 1909 e faleceu aos 27 de agosto de 1999 em Recife-PE. Atuou como bispo auxiliar no Rio de Janeiro, de 1952 a 1964, e posteriormente assumiu a diocese de Olinda/Recife. Lá seu pastoreio ocorreu dentro do contexto da ditadura militar que assolava todo o país. Porém, os desmandos dos militares não o impediram, antes o motivaram, a agir profeticamente fazendo denúncias dentro e fora do país. Além desse mérito de pastor autêntico e destemido, foi personagem essencial para o surgimento da CNBB, do CELAM e da articulação dos bispos brasileiros durante o Concílio Vaticano II. Ele "nunca aceitou ser chamado de senhor ou de 'Dom', como título, por ser símbolo de nobreza, foi verdadeiramente um dom de Deus para a humanidade deste século"[77].

Portanto, seu nome e sua atuação se ligam mormente com a fundação da CNBB. Sua biografia pessoal mistura-se com os principais acontecimentos eclesiais do século XX da Igreja no Brasil e fora. Por razão óbvia de espaço não vamos tratar aqui da sua atuação durante o Concílio Vaticano II, mas vale notar que "ao longo dos quatro anos, nunca interveio na Aula Conciliar, mas se valia constantemente de outros canais para apresentar suas propostas"[78]. Não sem razão, por ocasião daquele evento conciliar, foi escrito a seu respeito: "un homme non seulement très ouvert, mais plein d'idées, *d'imagination* et d'enthousiasme. Il a ce qui manque à Rome: la 'vision'"[79]. Seu ministério como padre jovem, de origem cearense, mas depois incardinado na arquidiocese do Rio de Janeiro, foi em duas frentes: pela renovação da catequese no Brasil e como assistente da Ação Católica Brasileira. Nesta última, já no final da década de 1940, concebeu a ideia de criação da Conferência Nacional dos Bispos do Brasil – CNBB, como ampliação da Comissão Episcopal da Ação

---

[76] Entre tantas outras obras sobre ele, uma abordagem pertinente se encontra em: N. PILETTI – W. PRAXEDES, *Dom Helder Camara: o profeta da paz.* Também estão publicadas em seis tomos as cartas de dom Helder que servem de referência para se entender a história da CNBB e da vida eclesial brasileira do século XX, cf. L.C. MARQUES – R.A. FARIA, *Dom Helder Camara; circulares conciliares* e Z. ROCHA, *Dom Helder Camara; circulares interconciliares.*

[77] M. BARROS, "Helder, o Dom de Deus que o munho ganhou", 697.

[78] J.O. BEOZZO, *A Igreja do Brasil no Concílio Vaticano II: 1959-1965*, 231.

[79] Y. CONGAR, *Mon journal du Concile*, I, 135.

Capítulo I

Católica. Em suma, Helder Camara foi o catalizador das aspirações de todos que almejavam mudanças em vista de maior articulação pastoral na Igreja. Por isso tornou-se o "profeta da colegialidade"[80].

Sua relação com o então núncio apostólico dom Carlo Chiarlo e sua função de conselheiro da Nunciatura para assuntos brasileiros, fizeram dele um grande conhecedor dos temas nacionais do momento e o colocaram em contato com várias realidades eclesiais e com diferentes autoridades eclesiásticas[81]. Como assessor do núncio apostólico fazia semanalmente um balanço dos problemas do país. Foi com base nesse trabalho que sentiu necessidade de um secretariado ou conferência para ajudar os bispos a equacionar as questões da realidade brasileira[82]. Ademais, Helder Camara, como assistente nacional da ACB, percebeu que sem um organismo episcopal seria impossível tornar exequíveis as decisões nascidas no âmbito do laicato[83]. Por fim, é importante recordar que a maioria dos dirigentes da ACB, com os quais dom Helder pôde contar, constituía-se de mulheres. De modo que a CNBB tem na sua origem uma influência leiga e feminina[84].

A pedido do cardeal de São Paulo, dom Carlos Carmelo de Vasconcelos Mota, presidente da Conferência Episcopal, o padre Helder Camara foi aclamado secretário-geral da CNBB em 1952. Ele permaneceu neste cargo até 1964. É certo que desde o início o Secretariado geral foi o centro dinamizador e cérebro da Conferência[85]. De modo que o carisma pessoal de Helder Camara e seu sonho de colocar em relação de diálogo Igreja e Estado reverteram em projeção e benefícios a todos, inclusive para o episcopado brasileiro. No entanto, é necessário que seja feita a devida distinção, pois:

> a evolução de D. Hélder é única e não pode ser considerada como representativa das opções da maioria dos que estão na origem da CNBB. É fruto de alguns traços de uma personalidade que só existe em Hélder Câmara: a sua excepcional abertura aos problemas políticos e sociais,

---

[80] Cf. A Direção, "Editorial", 6.
[81] Cf. R.C. DE BARROS, "Gênese e consolidação da CNBB", 27; 29-30.
[82] Cf. R. AZZI, *A Igreja Católica na formação da sociedade brasileira*, 127.
[83] Cf. G.F. DE QUEIROGA, "Experiência brasileira: a Conferência Nacional dos Bispos do Brasil", 537.
[84] Cf. L.A. GÓMEZ DE SOUZA, "Nas origens de Medellín", 329.
[85] I. LORSCHEITER, "Jubileu de Ouro da CNBB", 103.

a sua disponibilidade permanente para se adaptar às mudanças, o seu particular misticismo, que por vezes parece ingênuo e que se deixa de bom grado situar pela inspiração e pelo acaso, no qual vê frequentemente a mão de Deus[86].

Não obstante, é adequado com as devidas ressalvas assentir que dom Helder "il résume dans sa personne toute l'évolution d'une Église en rupture avec l'ordre social traditionnel"[87]. Pois, ele foi um catalisador dos anseios por maior participação!

Enfim, não faltaram também derrotas e momentos de tensões na vida de dom Helder para que se chegasse a consolidar o projeto robusto de uma conferência episcopal articulada e destemida[88]. Todavia, nota-se que prevaleceu a positividade de seu legado refletindo sua estatura espiritual, seu amor aos pobres e à Igreja[89].

3. O fruto maduro – a Conferência Nacional dos Bispos do Brasil[90]

Embora seja sempre importante analisar os acontecimentos eclesiais dentro de uma moldura sócio-histórica, por uma razão de objetividade, daremos isso por pressuposto a fim de enfocar os elementos diretamente relacionados com a Igreja[91]. Mais precisamente visamos enfocar a temática com base em uma ótica que possibilite ver a ação colegial dos bispos. Pois esses vão adquirindo uma consciência gradativa da importância do exercício da comunhão e corresponsabilidade episcopal que não seja apenas episódica e espontânea, mas assegurada e salvaguardada por estruturas institucionalizadas. Por isso mesmo que:

> Com a morte de Dom Leme, cardeal-arcebispo do Rio de Janeiro, em 1942, surgiu um vazio na liderança da Igreja no Brasil. Nova articulação

---

[86] M.M. Alves, *A Igreja e a política no Brasil*, 65. Ainda sobre isso, cf. Ibid., 66-69.
[87] C. Antoine, *L'Église et le pouvoir au Brésil*, 77.
[88] Para uma rápida averiguação dessa trajetória luminosa e marcante, cf. E.M. Araújo, *Dom Helder Camara. Profeta-peregrino da justiça e da paz*, 71-129 e P.J. Krischke, *A Igreja e as crises políticas no Brasil*, 13-16.
[89] Cf. I.A. Rampon, *O caminho espiritual de dom Helder Camara*.
[90] Para uma abordagem histórica e documental, cf. G.F. De Queiroga, *CNBB: comunhão e corresponsabilidade*, 165-184.
[91] Para uma rápida visão do contexto sócio-histórico e político desse período brasileiro, cf. R.C. de Barros, "Gênese e consolidação da CNBB", 30-32. E para um retrato sumário da composição da sociedade brasileira, cf. L.E.W. Wanderley, "A formação do povo brasileiro", 305-311.

Capítulo I

das forças eclesiais teria lugar dez anos mais tarde com a fundação da *Conferência Nacional dos Bispos do Brasil* (CNBB). Já não seria mais uma liderança de cunho pessoal, como no período varguista, mas sim de forma colegiada[92].

É por conta da situação mencionada acima que ganha então relevância o órgão episcopal que vem a lume. Em modo breve nota-se que:

a proposta de criação da Conferência Nacional dos Bispos do Brasil começou a tomar forma a partir de 1950. Em dezembro desse ano monsenhor Helder teve o primeiro encontro privado com monsenhor Giovanni Battista Montini, da Secretaria de Estado do Vaticano, quando teve oportunidade de abordar o assunto. No intuito de facilitar este encontro, o núncio apostólico dom Carlo Chiarlo o encarregara de levar a Roma a mala diplomática da nunciatura. Nesta ocasião monsenhor Helder apresentou ao então subsecretário de Estado do Vaticano as grandes linhas do projeto da CNBB. Em outubro de 1951, por ocasião do I Congresso Mundial de Apostolado dos Leigos, em um segundo encontro com monsenhor Montini, o assistente geral da Ação Católica Brasileira deixa em suas mãos o anteprojeto de Estatutos da futura Conferência Nacional do Bispos do Brasil. Em março de 1952, monsenhor Helder foi nomeado bispo auxiliar do Rio de Janeiro e sagrado aos 20 de abril do mesmo ano na Igreja da Candelária. Em maio de 1952 os cardeais dom Jaime de Barros Camara e dom Carlos Carmelo de Vasconcelos Motta, respectivamente arcebispos do Rio de Janeiro e de São Paulo, enviaram correspondência a todo o episcopado brasileiro, com três objetivos: apresentar o projeto de criação da Conferência Nacional dos Bispos do Brasil, solicitando sua apreciação; propor o primeiro Regulamento dessa Instituição com pedido de sugestões; convocar os arcebispos metropolitanos para a Assembleia de instalação da Conferência, a ser realizada nos dias 14 a 17 de outubro do ano de 1952. Nessa oportunidade a Igreja no Brasil contava com 20 províncias eclesiásticas com seus respectivos arcebispos metropolitas e 115 dioceses e prelazias. A Assembleia de Fundação foi realizada no Palácio São Joaquim, Largo da Glória, Rio de Janeiro, na data prefixada. Apesar de sua aparência singela, a importância de que ela se revestia para a Igreja no Brasil, não escapou aos meios eclesiásticos, nem mesmo à sociedade civil[93].

---

[92] H.C.J. Matos, *Nossa história*, III, 152.

[93] R.C. de Barros, "Gênese e consolidação da CNBB", 32-33. Para ver a ata da reunião de instalação da Conferência, cf. Cnbb, *CM* 241 (1972) 58-61. "O Documento de Fundação foi chamado simplesmente de 'Regulamento', nome que depois, por sugestão da Santa Sé, foi modificado para 'Estatuto', porque era constitutivo de uma Entidade". I. Lorscheiter, "Jubileu de Ouro da CNBB", 103. Para conhecer o regulamento, cf. G.F. de Queiroga, *CNBB: comunhão e corresponsabilidade*, 423-424.

É digna de nota a entusiasmada constatação feita por dom Helder Camara, em outubro de 1952, no contexto do surgimento da CNBB:

> Cessou para a Igreja no Brasil a fase dos esforços – heroicos de valor – mas dispersos, descontínuos, sem planejamento [...] Não é preciso ser profeta para prever que, em breve, a Igreja entre nós estará em condições de trazer ajuda substancial ao exame dos mais agudos problemas da nacionalidade[94].

De maneira que "a CNBB adota um Regulamento simples, no qual se descreve o caráter amistoso e fraterno de suas reuniões. Não se pensa, portanto, numa estrutura burocrática, e talvez se possa falar com propriedade de um caráter carismático do novo organismo"[95]. Portanto, em 1952, era criada a primeira conferência episcopal do Terceiro Mundo e talvez a sexta de todo o planeta[96].

E o contexto eclesial no qual nascia a CNBB em 1952 era aquele "tridentino". Porque prevalecia ainda o formato medieval de articulação direta entre diocese local e Roma. Aliás, "Entre as décadas de 1920 e 1950, o modelo de neocristandade foi hegemônico na instituição eclesiástica"[97]. Porém, desde seu surgimento ela se distingue pela consciência de alguns bispos que são capazes de constatar a injustiça social e a necessidade de mudanças na sociedade[98]. Além da colaboração existente entre Igreja e sociedade civil na busca de soluções aos problemas sociais, como:

> o I Encontro de Bispos do Nordeste, realizado em Campina Grande (Paraíba), em maio de 1956. Os bispos, com a ajuda de especialistas, empreenderam uma ampla análise da situação regional, chegando a uma série de conclusões e recomendações, solicitando fossem elas transfor-

---

[94] G.F. De Queiroga, *CNBB: comunhão e corresponsabilidade*, 184 [nota 43].

[95] S. Bernal, *CNBB: da Igreja da cristandade à Igreja dos pobres*, 14. Somente em 1958 o papa Pio XII concedia a aprovação do estatuto e a título de experiência para seis anos, cf. G.F. De Queiroga, *CNBB: comunhão e corresponsabilidade*, 210.

[96] Cf. A. Antoniazzi, "A CNBB e a eclesiologia ao longo de cinquenta anos", 462 e G. Feliciani, *Le Conferenze Episcopali*, 15ss.

[97] J.C. Esquivel, *Igreja, Estado e política*, 159. A pastoral brasileira era praticada dentro do contexto e da mentalidade de cristandade estabelecida, cf. G.F. De Queiroga, *CNBB: comunhão e corresponsabilidade*, 325-326. Contudo, a eclesiologia de base já não era mais a de "sociedade perfeita", pois a Igreja se situava dentro de um Estado liberal e separado deste, cf. A. Antoniazzi, "A CNBB e a eclesiologia ao longo de cinquenta anos", 461.

[98] Cf. L.G.S. Lima, *Evolução política dos católicos e da Igreja no Brasil*, 31-32.

Capítulo I

madas em projetos. Juscelino participou desse encontro, endossou as solicitações dos bispos, confiando sua execução a diferentes ministérios de seu governo[99].

Acrescenta-se ainda que foram vários os movimentos que influenciaram e provocaram a renovação pastoral da Igreja no Brasil[100]. De modo que é justamente dentro dessa conjuntura de renovação eclesial que deve ser vista a fundação da CNBB[101].

Destarte, tendo presente esse *background*, pode-se assentir que o surgimento da CNBB representou algo diferencial, ou seja:

> uma nova consciência da dimensão social da fé em busca de mediações históricas para se expressar. Já nos anos 50 do século XX, impulsionada por essa nova consciência da realidade, a CNBB se faz portadora de um novo discurso sobre o desenvolvimento social com justiça como contraponto de um desenvolvimento sem justiça social. Consequentemente, começa também a gerar novas práticas eclesiais que respondem à nova realidade de uma Igreja dentro de uma sociedade conflitiva[102].

Contudo, como em qualquer outra instituição, há de se considerar também o processo de evolução normal vivido dentro da CNBB. Gradativamente ela vai se tornando mais inclusiva, abrangente e eficiente em seu propósito de articular a vida eclesial brasileira. Por exemplo:

> A CNBB havia sido fundada como uma assembleia de cardeais e arcebispos, próxima ao modelo francês [que era uma Assembleia restrita, antes de tornar-se no pós concílio uma conferência de todos os bispos], já que apenas os metropolitas tinham voz e voto em plenário [...] Só no Estatuto de 1971 irá desaparecer a Comissão Central (que sucede à Comissão Permanente) e ser eliminada qualquer distinção entre os membros da Conferência[103].

---

[99] R.C. de Barros, *Para entender a Igreja do Brasil*, 109.

[100] Para uma boa síntese a respeito, cf. F.L.C. Teixeira, *A gênese das CEBs no Brasil*, 56-126. Em todo caso, a renovação na Igreja do Brasil tem início, de modo incipiente, antes mesmo do Concílio Vaticano II. As várias iniciativas pré-conciliares confirmam isso, cf. C. Caliman, "CNBB: nova consciência eclesial à luz do Concílio Vaticano II", 408.

[101] Pois a década de 50 caracterizou-se por vários desafios à Igreja Universal e, por sua vez, à Igreja no Brasil, cf. R.C. de Barros, *Para entender a Igreja do Brasil*, 79.

[102] C. Caliman, "CNBB: nova consciência eclesial à luz do Concílio Vaticano II", 408. E para uma síntese do diferencial no catolicismo brasileiro com a criação da CNBB, cf. J.C. Esquivel, *Igreja, Estado e política*, 179-191.

[103] J.O. Beozzo, "Concílio Vaticano II (1962-1965): a participação da Conferência Episcopal Brasileira", 96-97.

Bispos do Brasil

Mais precisamente, apenas com os Estatutos de 1958, todos os "ordinários de lugar", ou o episcopado ativo, farão parte da CNBB[104]. Porém, até o Concílio Vaticano II, os titulares das prelazias apostólicas (cerca de 40 no Brasil) não faziam parte da CNBB. Desta participavam apenas os metropolitas e depois também os bispos residenciais[105]. Portanto, embora desde o início a CNBB fosse o organismo do episcopado brasileiro, reunia a cada dois anos apenas metropolitas e cardeais, eventualmente podia convocar todo o episcopado. Estruturava-se assim: Assembleia de Metropolitas (órgão supremo), Comissão Permanente (composta dos cardeais e três arcebispos eleitos) e Secretariado Geral (dirigido por um bispo nomeado pela Comissão Permanente)[106].

Ademais, no final da década de 50 e início da de 60, no âmbito da sociedade civil existiam conflitos ideológicos e políticos. Por conseguinte, isso não deixava de afetar também a esfera eclesial provocando tensões e posicionamentos antagônicos de diferentes tendências. Em outros termos, embora tivesse havido muitos momentos de intensa colegialidade entre os bispos do Brasil, houve também os conflitos do afeto colegial[107]. De modo que o processo de maturação e consolidação da CNBB na Igreja no Brasil é bastante complexo. Por essa razão dividi-lo-emos didaticamente em distintos períodos. Porém, tal opção em expor o assunto não quer comprometer, quanto possível, a visão de conjunto[108].

3.1. *Período pré-conciliar (1952 a 1962)*

Na impossibilidade de tratarmos todos os acontecimentos que estão circunscritos nesse período da década de 50 a início de 60, assinalaremos apenas alguns deles, entre os quais um que é bastante significativo e ímpar:

---

[104] Cf. G.F. De Queiroga, *CNBB: comunhão e corresponsabilidade*, 212.

[105] Cf. J.O. Beozzo, "Concílio Vaticano II (1962-1965)", 97.

[106] Cf. G.F. de Queiroga, *CNBB: comunhão e corresponsabilidade*, 180-181;185-197.

[107] Cf. R.C. de Barros, "Gênese e consolidação da CNBB", 54. Desse período podem-se identificar quatro perspectivas eclesiológicas que estão na base dos conflitos que emergem: a) individualista-tradicional; b) comunitária-tradicional; c) comunitária-profética; d) minoria da cristandade sacral, cf. R.C. de Barros, *Para entender a Igreja do Brasil*, 133-137.

[108] Obviamente que se poderia analisar a atuação e presença da Igreja, via CNBB, na sociedade brasileira com outras fases: a) em seus primórdios caracterizada pela colaboração com as instâncias governamentais; b) de resistência e posicionamento crítico diante da ditadura militar brasileira; c) como uma presença de serviço, cf. D. Valentini, "CNBB: 50 anos de compromisso social", 31-34.

Capítulo I

A Semana Nacional de Ação Católica, realizada no Rio de Janeiro, no período de 2 a 6 de maio de 1957, foi, talvez, o símbolo e o apogeu desse crescimento eclesial. O entrosamento entre bispos e leigos, o entusiasmo e o engajamento manifestados por todos, face às perspectivas de renovação, traduziam o clima de euforia, beirando mesmo o risco de certo triunfalismo, que empolgava os membros do povo de Deus comprometidos com esse esforço de renovação[109].

São elementos que contribuíram para a renovação da Igreja Católica e prepararam para o alargamento de seus horizontes pastorais, bem como para o estabelecimento de relações mais sistemáticas e institucionais com as demais Igrejas da América Latina e da América do Norte. Pois, o fortalecimento da colegialidade episcopal ultrapassou as fronteiras da América Latina havendo um intercâmbio efetivo entre a Igreja no Canadá e nos Estados Unidos e nosso continente[110].

É nesse momento histórico que se nota um estreitamento na relação entre a Igreja e o Estado brasileiro em termos de cooperação em vista do desenvolvimento do país, especificamente no que tange ao setor rural e educacional. "Como iniciativas concretas que simbolizam este clima de cooperação da Igreja com o governo brasileiro podemos citar duas: a fundação da SUDENE – Superintendência de Desenvolvimento do Nordeste – e a fundação da CÁRITAS BRASILEIRA, em 1956"[111]. Em razão disso ocorriam também as reuniões regionais de bispos para tratar de problemas comuns da respectiva área. Mais precisamente, "antes mesmo de ser criada a CNBB, os Bispos do Brasil já vinham iniciando, em bases regionais, e levados também por outras preocupações, que não as de Ação Católica, os seus primeiros contactos"[112].

Do ponto de vista intraeclesial houve alterações que influíram no dinamismo evangelizador da Igreja. Primeiramente a substituição do nún-

---

[109] R.C. DE BARROS, *Para entender a Igreja do Brasil*, 111-112. Para o contexto anterior que favoreceu a renovação da Igreja, cf. R.C. DE BARROS, *Para entender a Igreja do Brasil*, 47-70. E sobre os inícios de renovação da pastoral tradicional na década de 50 no Brasil, cf. Ibid., 97-105. Para o âmbito de América Latina, cf. P. RICHARD, *A Igreja latino-americana*. Enfim, para uma noção cronológica dos principais fatos e declarações eclesiais, cf. R. AZZI, "A Igreja Católica no Brasil no período de 1950 a 1975", 79-109.

[110] Cf. R.C. DE BARROS, *Para entender a Igreja do Brasil*, 94-95.

[111] D. VALENTINI, "CNBB: 50 anos de compromisso social", 32-33. De modo que sem renunciar a sua função eclesiástica específica, o episcopado começa a se preocupar com o social, cf. R. AZZI, *A neocristandade: um projeto restaurador*, 142. Mais sobre a atuação da Igreja no campo social, cf. Ibid., 141-158.

[112] R. DALE, "Itinerário da pastoral de conjunto no Brasil", 13. Sobre os elementos socioeclesiais em pauta, cf. R.C. DE BARROS, "Gênese e consolidação da CNBB", 35-41.

cio apostólico dom Carlo Chiarlo por dom Armando Lombardi. Pois este último muito contribuiu para o início de um tempo novo da Igreja no Brasil e para o fortalecimento da CNBB entre 1954-1964. Ele era possuidor de uma envergadura diplomática e eclesial capaz de driblar as adversidades e com isso conseguiu abrir muitos caminhos[113].

Outro elemento muito positivo criado pela nova instituição – CNBB – foram as Assembleias Gerais. Desde o início, elas favoreceram um real espaço de aprendizado e de exercício da colegialidade dos bispos em uma perspectiva participativa. Tanto é verdade que a respeito delas se afirma:

> As Assembleias Gerais da CNBB, nesse primeiro decênio de fundação, por seu conteúdo e por sua dinâmica participativa e decisória, contribuíram grandemente para o desenvolvimento da corresponsabilidade episcopal e para o desabrochar da tão auspiciosa renovação pastoral. Juntamente com a atuação do secretariado geral, abriram caminho para uma pastoral capaz de articular as forças vivas da comunidade eclesial em função de metas comuns, ou seja, para uma pastoral de conjunto[114].

Em 1954 foi criada a Conferência dos Religiosos do Brasil – CRB. Malgrado algum desencontro ocorrido entre esta e a CNBB, na fase inicial, posteriormente mantiveram uma estreita colaboração. De modo que a CRB tornou-se um interlocutor e cooperador privilegiado da CNBB[115]. E símbolo dessa parceria foi o surgimento do Centro de Estatística Religiosa e Investigação (CERIS), em 1962[116].

Ademais, a realização do 36º Congresso Eucarístico Internacional, na Arquidiocese do Rio de Janeiro em 1955, fortaleceu ainda mais a coesão do episcopado brasileiro. Embora esse evento tenha implicado diversos desafios, no geral houve um sucesso mundialmente reconhecido. E isso motivou para outros movimentos de massa. E na sequência desse evento, supracitado, foi realizada na mesma cidade do Rio de Janeiro, de 26 de

---

[113] Cf. T. BRUNEAU, *O catolicismo brasileiro em época de transição*, 209-210 e R. C. DE BARROS, *Para entender a Igreja do Brasil*, 95.

[114] M.C. DE FREITAS, *Uma opção renovadora*, 69.

[115] Cf. R.C. DE BARROS, "Gênese e consolidação da CNBB", 34-35; I.L. DE SOUZA, "Congresso dos Religiosos do Brasil", 385-391; G.F. DE QUEIROGA, *CNBB: comunhão e corresponsabilidade*, 165-184; M.C. DE FREITAS, *Uma opção renovadora*, 73-78.

[116] Ele foi a primeira experiência para a organização de centros semelhantes, na América Latina, cf. G.F. DE QUEIROGA, *CNBB: comunhão e corresponsabilidade*, 355 [nota 12 e 14].

Capítulo I

julho a 11 de agosto de 1955, a primeira Conferência Geral do Episcopado latino-americano. Esta reuniu representantes de todos os episcopados da América Latina. Cerca de 100 bispos participaram dessa Conferência não conciliar de dez dias. E, nessa ocasião, decidiu-se pela criação do Conselho Episcopal Latino Americano – CELAM. O primeiro Conselho do gênero em toda a história moderna da Igreja[117].

Como desfecho desse período histórico, aludimos novamente à relação simbiótica entre ACE e CNBB. Pois, a Ação Católica Especializada indubitavelmente gozava de vitalidade em sua experiência evangelizadora e pastoral, a ponto de poder oferecer valioso auxílio à CNBB. Aliás, "a primeira organização católica de cunho realmente nacional" foi a Ação Católica[118]. Ademais, a Comissão Episcopal da Ação Católica consistia, provavelmente, no único organismo episcopal, dentro do território nacional, anterior à CNBB. Além disso: "Alguma vez inclusive recebeu do episcopado delegação para falar em seu nome"[119]. Assim, a Ação Católica ofereceu à CNBB "não apenas os locais mas também os elementos humanos para o seu funcionamento secretarial, o apoio logístico e a assessoria técnica e ideológica para o andamento da entidade"[120]. Tal sintonia entre as duas instituições explica-se pelo fato de dom Helder Camara exercer ao mesmo tempo as funções de secretário-geral da CNBB e de assistente geral da Ação Católica.

No entanto, no início da década de 60 produziu-se uma crise entre as duas instituições. Motivada por fatores externos (no cenário mundial o acirramento do conflito entre os dois blocos hegemônicos: EUA e URSS; e isso incidia diretamente na política interna brasileira que deveria se alinhar ao *status quo* americano e evitar reforma e crítica) e internos (havia uma divisão ideológica no episcopado, ou seja, a maioria não conseguia acompanhar e entender as mudanças sociais que se processavam e defendia uma teologia defasada; divergências entre a ACE e CNBB no modo de abordar os problemas sociais)[121].

---

[117] Sobre a Conferência e o surgimento do CELAM, cf. A. LORSCHEIDER, *A caminho da 5ª. Conferência geral do episcopado latino-americano e caribenho*, 8-12; N. AGOSTINI, *As Conferências episcopais*, 18-21. Embora dom Helder Camara esteja também envolvido na criação, "D. Manuel Larraín, bispo de Talca, no Chile, foi o principal protagonista da concepção e criação do CELAM". R.C. de Barros, *Para entender a Igreja do Brasil*, 93.

[118] A. ANTONIAZZI, "A CNBB e a eclesiologia ao longo de cinquenta anos", 461.

[119] G.F. DE QUEIROGA, *CNBB: comunhão e corresponsabilidade*, 175.

[120] J.O. BEOZZO, *A Igreja do Brasil no Concílio Vaticano II*, 357.

[121] Cf. R.C. DE BARROS, "Gênese e consolidação da CNBB", 42-43.

3.1.1. "Movimento de Natal"

Em se tratando do rico processo brasileiro de renovação eclesial e dos elementos que definiram uma ação mais colegial do episcopado é imprescindível referir-se a esse "Movimento"[122]. Ele reflete o início de uma maior sistematização da atuação da Igreja no campo social, sobretudo no Nordeste brasileiro[123]. Obviamente sem perder sua índole e especificidade religiosa, mas somando-a à dimensão social. De modo que os três grandes objetivos dele foram: a educação de base, a transformação das estruturas políticas, sociais e econômicas e a educação religiosa das populações carentes. Assim, em 1961, a CNBB assumiu a experiência das escolas radiofônicas de Natal e a estendeu às outras regiões. E com isso surgiu o *Movimento de Educação de Base* (MEB), o primeiro grande projeto articulado pela Igreja junto às classes populares do interior[124].

Dentre as muitas contribuições advindas dessa iniciativa para a vida social e o dinamismo pastoral, podemos elencar: a superação de uma visão fatalista da história, crítica às soluções sacrais para explicar os problemas de agricultura e saúde, ênfase nos aspectos sociais e econômicos vistos como causadores da situação de subdesenvolvimento, educação libertadora, apoio à organização sindical e alteração no papel tradicionalmente exercido pelo clero. Assim, o Movimento de Natal refutava como sendo subumana qualquer situação de miséria e pleiteava a melhoria de vida do povo.

Enfim, embora haja as conquistas alcançadas pelo Movimento, sobretudo na elaboração do Plano de Emergência, e de ter antecipado experiências pastorais relevantes, tais como as comunidades de São Paulo

---

[122] Que foi pioneiro do planejamento pastoral e da articulação de atividades sociorreligiosas no Brasil, cf. G.F. DE QUEIROGA, *CNBB: comunhão e corresponsabilidade*, 338-341; R.C. de Barros, *Para entender a Igreja do Brasil*, 67-70; 97-101; 106-108; 124-133; 137-143; M.C. DE FREITAS, *Uma opção renovadora*, 50-58; J. MARINS, "O 'Movimento de Natal' encarna uma solução para o Nordeste brasileiro", 781-783; E.A. SALES, "Uma experiência pastoral em região subdesenvolvida (Nordeste brasileiro)", 129-136;

[123] "A experiência de D. José Delgado, em Caicó (RN), através da Ação Católica Rural e do movimento cooperativista entre os pequenos proprietários rurais na região do Seridó, constitui, talvez, o primeiro marco cronológico de uma pastoral voltada para uma transformação das condições de vida do homem do campo [...]. No caso de Natal, a pastoral paroquial, recebia, pela primeira vez, um impacto renovador de maior envergadura". R.C. DE BARROS, *Para entender a Igreja do Brasil*, 67-69.

[124] Cf. H.C.J. MATOS, *Nossa história*, III, 148-149. "O apoio da Secretaria Geral da CNBB foi decisivo neste tipo de cooperação entre Igreja e Estado. A experiência foi posteriormente enriquecida com a proposta pedagógica do educador pernambucano Paulo Freire". R.C. DE BARROS, "Gênese e consolidação da CNBB", 39.

do Potengui, consideradas as pioneiras das Cebs, e de paróquias confiadas a religiosas, faz-se mister registrar que ele não conseguiu superar uma postura ideológica centrista, ou seja, não questionava a estrutura social fundamental e reservava um papel ainda limitado aos leigos[125].

3.1.2. Primeiro projeto pastoral – Plano de Emergência – PE (1962)[126]

Dentro do processo evolutivo da CNBB uma menção fundamental concerne ao planejamento pastoral, visto que sua finalidade primária é a evangelização. Por isso, logo de início foi posta tal preocupação à nascente conferência. E, na reunião do CELAM, realizada em Roma em novembro de 1958, o papa João XXIII solicitou ao episcopado latino-americano uma corajosa ação evangelizadora de renovação[127]. E para isso apresentou-lhe quatro instrumentos ou eixos para se atingir esse objetivo: 1º Renovação das Paróquias; 2º Renovação do Ministério Sacerdotal; 3º Renovação dos Educandários Católicos; 4º Introdução a uma Pastoral de Conjunto[128]. Em síntese, tratava-se de tópicos referentes à elaboração de um plano de ação.

E nessa ocasião foi criada também a Pontífica Comissão para a América Latina – CAL. Em 1961, o papa João XXIII reiterou seu apelo ao episcopado latino-americano, pois, por falta de consenso entre CELAM e CAL, ainda não se tinha tomado nenhuma decisão importante[129]. E isso era endossado pela Secretaria de Estado do Vaticano que instruíra os núncios apostólicos a cobrarem dos bispos uma resposta.

Pode-se considerar que de certo modo já havia consonância entre a preocupação do papa em relação à realidade eclesial da América Latina e aquilo que os próprios bispos estavam percebendo e constatando. Pois, nas cinco Assembleias Gerais que a CNBB realizara nos seus pri-

---

[125] Cf. F.L.C. Teixeira, *A gênese das CEBs no Brasil*, 65-72.

[126] Cf. CNBB, *Plano de Emergência para a Igreja do Brasil*, Doc 76. Em vista de uma primeira abordagem ao documento, cf. J.O. Beozzo, "O planejamento pastoral em questão", 465-505; G.F. de Queiroga, *CNBB: comunhão e corresponsabilidade*, 351-373; M.C. de Freitas, *Uma opção renovadora*, 81-84;95-137.

[127] Cf. João XXIII, "Discurso de S. S. o Papa João XXIII ao conselho episcopal Latino-Americano", 176-182.

[128] Cf. M.J. de Godoy, "A CNBB e o processo de evangelização do Brasil", 388.

[129] Cf. João XXIII, "Carta de João XXIII ao Episcopado da América Latina", 461-463.

meiros dez anos de existência, ela havia tratado dos temas propostos pelo papa. Além do mais, o pronunciamento que o núncio apostólico dom Armando Lombardi fazia na abertura das Assembleias apontava nessa direção[130].

Para a origem desse Plano somos remetidos a fatos como o curso de atualização para o clero da arquidiocese de Natal, promovido pelo então bispo auxiliar dom Eugênio de Araújo Sales, em 1956. Pois, ao final desse curso o clero elaborava seu plano de ação pastoral para o ano. Além disso, é preciso citar a Semana de Ação Católica, realizada no Rio de Janeiro em 1957. Outrossim, a Assembleia Geral da CNBB de 1958, na qual dom Luís Mousinho, então arcebispo de Ribeirão Preto, abordou temas que seriam candentes no Concílio Vaticano II. Ele se inspirava na teologia então vigente na Europa, especialmente na França, que versava sobre a Igreja particular, a corresponsabilidade do presbitério com seu bispo e a pastoral de conjunto[131].

Acrescenta-se ainda que o Movimento por um Mundo Melhor – MMM, em 1960, prestou sua contribuição em termos de espiritualidade às atividades pastorais (comunhão e ação em conjunto) e foi provocado, por sua vez, a integrar a dimensão sociotransformadora em seu programa. Aliás, mais do que a Ação Católica foi o MMM que contribuiu decisivamente para a implantação do primeiro planejamento pastoral da Igreja[132].

Por último, em 1962, dom Helder Camara, com apoio do núncio, se propôs a responder ao apelo do papa João XXIII. Ele buscou reunir o vasto material existente e organizá-lo em um plano consistente, embora emergencial. Recorreu, sobretudo, ao plano de ação da arquidiocese de Natal elaborado em vista do ano de 1962 com a ajuda do MMM. A esses documentos, que eram mais diretrizes e não um plano propria-

---

[130] Cf. R.C. DE BARROS, "Gênese e consolidação da CNBB", 46-47. Todavia, há quem considere que o Plano foi preparado às pressas, como o próprio nome faz entender, e foi aprovado na quinta Assembleia Ordinária da CNBB, de 2 a 5 de abril de 1962, ou seja, na iminência do Concílio Vaticano II, cf. J.O. BEOZZO, "A recepção do Vaticano II na Igreja do Brasil", 432.

[131] Cf. G.F. DE QUEIROGA, *CNBB: comunhão e corresponsabilidade*, 348-349.

[132] Cf. J.O. BEOZZO, "Igreja no Brasil – o planejamento pastoral em questão", 478; G.F. DE QUEIROGA, *CNBB: comunhão e corresponsabilidade*, 336. Todavia, não se pode omitir a diferença de perspectiva eclesiológica entre o MMM e a ACE, cf. M.C. DE FREITAS, *Uma opção renovadora*, 72. Contudo, para evitar qualquer leitura antitética, cf. F.L.C. TEIXEIRA, *A gênese das CEBs no Brasil*, 167 [nota 222]. E para outras informações a respeito do MMM, cf. F. DIDONET, "Movimento por um Mundo Melhor no Brasil", 400-403 e ID., "A linha do Mundo Melhor no Brasil", 672-675.

Capítulo I

mente dito, foram somadas outras formulações[133]. Por conseguinte, as diretrizes do Plano de Emergência continham três capítulos aos quais se adicionaram algumas notas denominadas: "Introdução a uma Pastoral de Conjunto"[134].

Na tentativa de avaliar, até onde é possível, o Plano de Emergência, principiamos por aquilo que é apontado como sendo sua lacuna ou deficiência. Isso estaria na "ausência da participação das bases na sua preparação [e no fato de que] não foi plenamente acolhido e executado por muitos bispos que o votaram"[135]. Além disso, considera-se também que faltou um lugar no Plano para o laicato e que este deixou de apresentar no texto a segunda parte sobre a atuação da Igreja no campo econômico e social. Por fim, que a Igreja se voltou basicamente para si mesma[136].

Como contrapeso disso, considera-se que o grande passo dado por ele foi o do início da criação de estruturas favoráveis a um trabalho pastoral de mais qualidade. A ponto de se afirmar que "despertou um dinamismo nunca visto antes na Igreja do Brasil e deu um *rumo novo* à Pastoral, deixando muitos perplexos diante das novas exigências da Igreja"[137]. Por conseguinte, é inegável que ele "permitiu ainda que a Igreja do Brasil procurasse um caminho próprio, deixando de lado a contínua importação de receitas pastorais da Europa [...], ele colocou a Igreja do Brasil, pela primeira vez, numa atitude de trabalho conjunto e planejado"[138]. E acima de tudo, ele marcou "o início do planejamento sistemático na CNBB [...]. Constituiu ótima preparação dos Bispos Brasileiros para o Vaticano II [...]"[139].

---

[133] Cf. R.C. DE BARROS, "Gênese e consolidação da CNBB", 47-48.

[134] A V Assembleia da CNBB tomou algumas decisões a fim de fazer que as diretrizes se tornassem operacionais, tais como: criação de uma assessoria técnica; a implantação dos Secretariados Regionais; especificação dos objetivos e metas de cada Comissão Episcopal; realização de encontros periódicos. E tudo isso contando com a ajuda das equipes do MMM para levar o Plano às bases por meio dos Secretariados Regionais, cf. R.C. de Barros, "Gênese e consolidação da CNBB", 48-49.

[135] F.L.C. TEIXEIRA, *A gênese das CEBs no Brasil*, 120.

[136] Cf. J.O. BEOZZO, "Igreja no Brasil – o planejamento pastoral em questão", 494. Contudo, em posição contrária, há quem veja no PE uma valorização do laicato, cf. G.F. De Queiroga, *CNBB: comunhão e corresponsabilidade*, 359-361.

[137] O. STRAGLIOTTO, "A presença da CNBB nas macrorregiões: o Sul", 313.

[138] J.O. BEOZZO, *A Igreja do Brasil*, 41. Contudo, não cabe aqui nenhum tipo de ranço antieuropeu, pois é verdade outrossim que o Plano "assumiu elementos importantes da renovação teológica europeia e da experiência de pastoral de conjunto desenvolvida na França". R.C. DE BARROS, *Para entender a Igreja do Brasil*, 165.

[139] A. LORSCHEIDER, "Cinquenta anos de CNBB: uma Conferência Episcopal em chave conciliar", 322. Como eco disso, afirma-se "o Plano de Emergência foi, talvez, a melhor preparação do episcopado brasileiro para o Concílio Vaticano II". R.C. DE BARROS, *Para entender a Igreja do Brasil*, 143.

Bispos do Brasil

Portanto, em relação ao Plano de Emergência para a vida eclesial brasileira, o que podemos sublinhar como extremamente importante é que:

> A principal decisão foi de descentralizar a sua implementação, criando-se os sete primeiros regionais da CNBB e solicitando-se de cada diocese o estabelecimento de um secretariado do PE, para servir de elo entre as estruturas nacionais e de centro propulsor das diretrizes do plano em âmbito local[140].

Enfim, embora o PE tenha se tornado superado no decorrer do Concílio Vaticano II, ele representou uma etapa fundamental para se poder chegar posteriormente à elaboração de um plano mais amplo, aquele da Pastoral de Conjunto[141]. Em suma, seu mérito foi de ter sido uma primeira tentativa de criar uma ação sintonizada de evangelização do episcopado brasileiro e de ter contribuído para a valorização da dimensão comunitária da fé e da ação evangelizadora da Igreja. Pois, ainda que não tenha feito referência às Cebs, valorizou as comunidades naturais das paróquias[142].

---

[140] J.O. BEOZZO, "A recepção do Vaticano II na Igreja do Brasil", 432.

[141] Logo na primeira sessão conciliar, notou-se que o Plano de Emergência elaborado tornar-se-ia defasado, cf. J.O. BEOZZO, "A recepção do Vaticano II na Igreja do Brasil", 436.

[142] Cf. F.L.C. TEIXEIRA, *A gênese das CEBs no Brasil*, 117; G.F. DE QUEIROGA, *CNBB: comunhão e corresponsabilidade*, 363 [nota 44].

Capítulo II

CAPÍTULO II

PERÍODO CONCILIAR E PÓS-CONCILIAR (1962 A 1985): CONSOLIDAÇÃO DE UM PROJETO ECLESIAL MODERNO

A década de 60 foi extremamente rica para a Igreja Católica e, em especial, para o contexto eclesial brasileiro, propiciando um avanço inédito[1]. Em outros termos, "les années 60 représentent une phase extrêmement importante que l'on peut caractériser, sans crainte de se tromper, comme celle du réveil des forces ecclésiales"[2]. Por isso, nosso intento nesse tópico será de apresentar em linhas gerais a dinâmica que a CNBB assume a partir do evento conciliar[3]. Por isso não empreenderemos um estudo exaustivo de todos os acontecimentos que compõem esse período, cientes de que muitos elementos que emergem já estavam latentes no agir pastoral do episcopado nacional.

1. O Concílio Vaticano II e a Igreja no Brasil – suas peculiaridades

Quando ocorreu a abertura do Concílio Vaticano II, em 11 de outubro de 1962, a CNBB estava em sua primeira década de existência[4]. A principal re-

---

[1] Cf. A. ANTONIAZZI, "A CNBB e a eclesiologia ao longo de cinquenta anos", 462-463.

[2] C. ANTOINE, *L'Église et le pouvoir au Brésil*, 43; cf. H.C.J. MATOS, *Nossa história*, III, 191-196.

[3] Acontece uma real mudança de "lugar social" da Igreja, cf. C. PALÁCIO, "A Igreja na sociedade", 326-339.

[4] Sobre a participação e atuação detalhada dos bispos brasileiros no Concílio Vaticano II, cf. J.O. Beozzo, "Concílio Vaticano II (1962-1965): a participação da Conferência Episcopal Brasileira", 71-147; Id., *A Igreja do Brasil no Concílio Vaticano II*, 221-283; 369-514.

lação a ser considerada entre essas duas instâncias eclesiais é que, malgrado a CNBB existisse antes do Concílio, ela é um fruto dele, ou seja, durante o Concílio é que ela adquire consistência e se fortalece[5]. E a implicação entre o Concílio e a CNBB está também no fato de que durante o evento conciliar ocorreram duas assembleias da CNBB em Roma. Uma realizada durante a terceira sessão conciliar, em 1964, em vista de mudar os estatutos, eleger a nova diretoria e para adequar as estruturas da entidade para a aplicação do Concílio; e outra, extraordinária, ocorreu ao longo dos três meses da última sessão conciliar, de setembro a novembro de 1965, visando a discussão e aprovação do Plano de Pastoral de Conjunto[6]. Ademais, houve um fecundo período de convivência entre os bispos brasileiros durante os quatro períodos do Concílio. Isso forjou um forte espírito de unidade e de capacidade para trabalhar em conjunto. Até mesmo o modo de intervir na aula conciliar era expressão disso, ou seja, raramente havia intervenções pessoais. O mais comum era alguém expressar-se em nome de um grande número de bispos[7].

No entanto, não se constitui escopo primário do nosso estudo abordar exaustivamente o processo de recepção[8], que não é uniforme, do Concílio Vaticano II na Igreja do Brasil[9]. Mas o essencial a ser percebido é que para existir "recepção" pressupõe-se uma eclesiologia de comunhão. E a Igreja no Brasil estava se esmerando em viver exatamente isso em sua ação pastoral.

Assim, na esteira e à luz do Concílio Vaticano II, a Igreja do Brasil, particularmente a CNBB, adquire nova configuração e dinamismo. Porém, há quem proponha que a CNBB em seus primórdios, ainda que tenha gozado de legalidade, não tinha cidadania eclesial. Pois, somente com o Concílio as Conferências Episcopais foram reconhecidas[10]. Ora,

---

[5] Cf. J.O. Beozzo, "Concílio Vaticano II (1962-1965)", 97.

[6] Cf. J.O. Beozzo, "A recepção do Vaticano II na Igreja do Brasil", 433-434. Portanto, concomitantemente ao Concílio e, em sintonia com esse, o episcopado brasileiro fez seu "concílio nacional", cf. Ibid., 437-438.

[7] Cf. J.O. Beozzo, "O Concílio Vaticano II vinte anos depois", 9-11.

[8] Sobre o significado deste termo técnico em eclesiologia, cf. Y. Congar, "La 'réception' comme réalité ecclésiologique", 369-403; Id., Igreja e Papado, 253-296; E. Lanne, "La notion ecclésiologique de réception", 30-45; A. Antón, "La 'recepción' en la Iglesia y eclesiología", 57-96;437-469.

[9] Para esse quesito, entre outras obras, podem ser consultadas, cf. J.O. Beozzo, A Igreja do Brasil. De João XXIII a João Paulo II, 83-93 (especialmente para análise histórica); G.F. de Queiroga, CNBB: comunhão e corresponsabilidade (análise teológico-jurídica); M.C. de Freitas, Uma opção renovadora, (análise teológico-pastoral); S. Bernal, CNBB: da Igreja da cristandade à Igreja dos pobres (análise do pensamento social da Igreja), e J.O. Beozzo, "A recepção do Vaticano II na Igreja do Brasil", 361-364.

[10] Cf. T. Bruneau, O catolicismo brasileiro em época de transição, 200-202; 206-208; 217-218.

Capítulo II

faz-se mister reconhecer que, embora "com pouca autoridade jurídica, mas com uma liderança pastoral autêntica e eficiente na Igreja, tudo isso deu à Conferência uma autoridade moral sem paralelo"[11]. É por isso que:

> na verdade, a Igreja do Brasil só adquiriu identidade e feição própria em torno ao Concílio Vaticano II. Em grande medida, os 140 bispos brasileiros, participantes do mais relevante evento eclesial dos últimos séculos da Igreja, foram mais "filhos do Concílio" do que seus "pais", embora padres conciliares. Tiveram maior proeminência no evento os bispos, particularmente os teólogos, do eixo França-Bélgica-Holanda-Alemanha. Os bispos brasileiros seriam verdadeiramente padres conciliares em suas Igrejas Particulares no Brasil, na medida em que fariam uma verdadeira recepção criativa do Vaticano II e não mera aplicação mecânica. Talvez nosso país tenha sido um dos terrenos da recepção mais genuína e audaz do Concílio [...] se, de um lado, os bispos brasileiros não ajudaram muito a fazer o Vaticano II, por outro lado, com toda a propriedade, pode-se afirmar que eles se deixaram fazer pelo Concílio[12].

Desse modo, por um lado, foi a partir do evento conciliar que a colegialidade se tornou então explícita e bem delineada, ou seja, que "O Concílio deu à CNBB a eclesiologia de comunhão e corresponsabilidade, bem como explicitou-lhe a autoconsciência de organismo efetivador da colegialidade a nível de nação"[13]. Por outro lado, a colegialidade como um dos eixos do Concílio Vaticano II[14], já era uma praxe incipiente na CNBB. Afinal, é facilmente comprovado que na Igreja do Brasil:

> o exercício da responsabilidade comum dos bispos, para além dos limites de suas próprias dioceses e mesmo do seu próprio país, vinha sendo desenvolvido, de maneira crescente, com a Conferência Nacional dos Bispos do Brasil (CNBB), desde 1952, e em nível latino-americano com o Conselho Episcopal Latino-americano (CELAM), desde 1955. Eles contribuíram decisivamente para que o debate não fosse apenas doutrinal, mas espelhasse uma prática já em curso, com excelentes resultados e em nada atentatória à função da cabeça do colégio episcopal e princípio de unidade de toda a Igreja, na pessoa do bispo de Roma[15].

---

[11] D. REGAN, *Igreja para a libertação*, 188.

[12] A. BRIGHENTI, "O evento Vaticano II e sua recepção na Igreja local", 162.

[13] G.F. DE QUEIROGA, "Experiência brasileira: a Conferência Nacional dos Bispos do Brasil", 538.

[14] No capítulo precedente já discorremos sobre isso. O desafio maior é sempre de torná-la efetiva na vida eclesial, cf. J. COMBLIN, "As sete palavras-chave do Concílio Vaticano II", 60-62. Umas das razões disso é que: "Os bispos são sacramentalmente ordenados no espírito colegial, mas juridicamente pensados para serem autárquicos e assim escolhidos. Criar entre eles uma colegialidade não é algo natural e espontâneo. Supõe esforço continuado e alimentado por uma teologia consistente". J.B. LIBANIO, "Concílio Vaticano II. Os anos que se seguiram", 77.

[15] J.O. BEOZZO, "O Concílio Vaticano II vinte anos depois", 8.

É por essa razão que ressaltamos a ocorrência de um movimento de mão dupla, ou seja, a experiência colegial vivida e praticada pela CNBB vai ao encontro das aspirações do Concílio e, por sua vez, as proposições e decisões conciliares incidem e repercutem na Conferência Episcopal brasileira. Ao reconhecermos isso, de modo algum queremos afirmar ufanisticamente a condição do episcopado do Brasil naquele período. Mas o que buscamos evidenciar é que "o Concílio não encontrou, portanto, a Igreja no Brasil parada, inerte. Era já uma Igreja em processo de mudança [...] Já se trabalhava dentro de um Plano de Pastoral de Conjunto, com certo sentido de participação, planejamento e descentralização do poder"[16]. Para se chegar a esse patamar passou-se antes por um processo gradativo e não isento de tensões e diferenças conflitantes[17]. Em síntese, houve um aprendizado de participação do episcopado ao se buscar definir os rumos da vida eclesial brasileira, pois:

> O clima conciliar e a própria orientação do Concílio levou os membros da Conferência a assumirem diretamente as tomadas de decisão [...]. Essa nova atitude dos bispos e o amadurecimento das relações colegiais levaram a uma participação mais efetiva e atuante[18].

Na sequência, vamos nos referir ao intenso dinamismo eclesial que se constata no pós-concílio, devido à incidência do evento conciliar na vida da Igreja no Brasil, mas também em razão do contexto sócio-político do país que instava a posições proféticas e de índole comunitária e participativa[19].

> O pós-concílio coincide no Brasil, em grande parte, com o período do regime militar, autoritário, modernizante e conservador, em suas várias fases: o golpe de 64, o recrudescimento do golpe pelo Ato Institucional 5, em dezembro de 1968, e, mais à frente, pela abertura gradual. Neste contexto difícil, no entan-

---

[16] M.C. DE FREITAS, "Introdução", 10.
[17] Sobre as diferenças dentro do episcopado do Brasil naquele período basta verificar essa tipologia, cf. G.J. DEELEN, "O episcopado brasileiro", 324-331. E quanto à antimodernidade católica brasileira no Concílio, cf. R.C. CALDEIRA, "Um bispo no Concílio Vaticano II: Dom Geraldo de Proença Sigaud e o *Coetus Internationalis Patrum*", 390-418.
[18] R.C. DE BARROS, *Para entender a Igreja do Brasil*, 162-163.
[19] Cf. G.F. DE QUEIROGA, "Experiência brasileira: a Conferência Nacional dos Bispos do Brasil", 538. "Enquanto a realidade brasileira significava para o episcopado uma experiência outonal, o Concílio oferecia-lhe um clima de primavera e de renovação reconfortante". R.C. DE BARROS, *Para entender a Igreja do Brasil*, 158.

Capítulo II

to, dá-se a confluência de dois movimentos históricos fundamentais para a vida eclesial no continente latino-americano e no Brasil: o movimento social latino-americano que se expressa na emergência das classes populares e os movimentos de renovação dentro da própria Igreja[20].

O que anteriormente já foi salientado como expressão conciliar de participação eclesial, na Igreja do Brasil, é consagrado como dimensão definidora de toda a sua ação pastoral. Nesse sentido, a compreensão da Igreja como "povo de Deus", que não toma a parte (a hierarquia) pelo todo (o povo de Deus), abriu a perspectiva para a participação e a cor-responsabilidade de todos na vida e na missão da Igreja no Brasil[21]. E assim, "o ministério hierárquico, na perspectiva evangélica, é exercido a serviço de toda a comunidade eclesial e em comunhão com esta, a serviço de toda a sociedade. A comunhão, essencial ao colégio episcopal, implica comunhão e diálogo com todo o povo de Deus"[22].

Em suma, o Concílio Vaticano II foi determinante e marcou profundamente, conforme analisaremos ainda, o contexto eclesial brasileiro, corroborando suas opções e compromissos pastorais com consequências e alcances cada vez maiores. Emblemático nesse caso é o compromisso firmado por um grupo significativo de expoentes do Episcopado, entre eles alguns brasileiros, nas catacumbas de Santa Domitila no final do Concílio. Chamado de "pacto das catacumbas", tratava-se de um acordo entre os bispos de assumir em suas respectivas dioceses a opção da "Igreja pobre"[23].

1.1. A relação Igreja e Estado[24]

O golpe militar no país, ocorrido em 31 de março de 1964, propiciou que emergisse a divisão interna presente no tecido eclesial brasileiro. Pois

---

[20] C. CALIMAN, "CNBB: nova consciência eclesial à luz do Concílio Vaticano II", 414.
[21] C. CALIMAN, "CNBB: nova consciência eclesial à luz do Concílio Vaticano II", 410.
[22] R.C. DE BARROS, *Para entender a Igreja do Brasil*, 23.
[23] Cf. J.O. BEOZZO, *A Igreja do Brasil no Concílio Vaticano II*, 364-366 e R.C. DE BARROS, *Para entender a Igreja do Brasil*, 164. E para ver na íntegra as proposições assumidas, cf. R. VELASCO, *A Igreja de Jesus*, 481-483 [nota 246].
[24] Cf. L.G.S. LIMA, *Evolução política dos católicos e da Igreja no Brasil*, 30-74. E uma análise da peculiaridade de interlocução do episcopado brasileiro com a sociedade civil no enfrentamento dos problemas político-sociais, transparecendo, ao mesmo tempo, a diversidade de tendências e posições dentro do próprio episcopado (homogeneidade multiforme), cf. J.C. ESQUIVEL, *Igreja, Estado e política*, 196-210; 228-242. Foram inúmeros episódios que permitem ver o tipo de relação que se estabelece com o Estado e também internamente, cf. C. ANTOINE, *L´Église et le pouvoir au Brésil*.

os movimentos da Ação Católica não receberam o apoio que esperavam por parte do episcopado. Com isso se desencadearam e acirraram as diferenças de tendências eclesiológicas e políticas existentes na vida da Igreja[25]. De qualquer modo, é dentro desse contexto tão específico, ou seja, de regime militar no país (1964-1985), que a CNBB continuou desempenhando sua missão e fazendo as mudanças necessárias no seu projeto evangelizador[26]. E na própria direção da CNBB processaram-se modificações de rumos, pois em 1964 o presidente da entidade tinha um perfil menos inovador. No entanto, no início da década de 70 ao se eleger Aloísio Lorscheider para presidente, a CNBB assumiu uma posição clara contra a ditadura e passou a ter uma postura mais descentralizada[27]. Dessa maneira,

> houve inicialmente, da parte da Igreja, um voto de confiança no novo governo, apesar de as prisões arbitrárias de líderes cristãos e de leigos ligados a instituições eclesiais terem levantado algumas inquietações e mesmo levado alguns bispos a empreenderem gestões junto às novas autoridades[28].

Porém, quando o regime demonstrou mais violentamente sua ação, parcelas significativas do episcopado reagiram. Sobretudo por causa da questão dos direitos humanos violados, da injustiça social embutida nos programas de desenvolvimento econômico e pela discrepância no modo de conceber a relação Igreja e Estado. Além disso, a consciência social que a Igreja vinha adquirindo a obrigava a um processo de maior encarnação na realidade brasileira, principalmente junto às populações mais sofridas[29]. E alguns acontecimentos eclesiais de envergadura social encorajavam e confirmavam os segmentos eclesiais nessa direção[30]. Por conseguinte, desencadearam-se inúmeros e diversificados conflitos envolvendo leigos, clérigos e bispos e os representantes do regime que combatiam e extermi-

---

[25] Cf. L.A.G. DE SOUZA, A JUC: os estudantes católicos e a política, 213-238. Sobre a atuação do laicato e da contribuição dada à renovação eclesial nesse período, cf. R.C. DE BARROS, Para entender a Igreja do Brasil, 80-89; 148-158; L.G.S. LIMA, Evolução política dos católicos e da Igreja do Brasil, 35-41; J.L. SIGRIST, A Juc no Brasil: evolução e impasse de uma ideologia; F.L.C. TEIXEIRA, A gênese das CEBs no Brasil, 72-96.

[26] Para uma excelente síntese das alterações que ocorreram no âmbito eclesial brasileiro e a crescente participação que isso despertou, cf. I. LESBAUPIN, "As mudanças na Igreja Católica no Brasil: 1960-1982", 776-780.

[27] Cf. J.C. ESQUIVEL, Igreja, Estado e política, 201.

[28] R.C. DE BARROS, "A CNBB e o Estado brasileiro durante o interlúdio espartano", 171.

[29] Aliás, a pastoral social sempre fez parte da vida da CNBB, cf. V. BERKENBROCK, "CNBB: 50 anos de corajosa caminhada", 4.

[30] Para uma breve apresentação sobre isso, cf. P.J. KRISCHKE, A Igreja e as crises políticas no Brasil, 81-101.

Capítulo II

navam as manifestações contrárias aos seus interesses[31]. A intensificação de tal repressão fez que a Igreja se tornasse, na prática, o único canal de expressão dentro daquele regime autoritário. E a posição eclesial e evangélica assumida foi interpretada como escolha ideológica[32].

Somente no governo de Ernesto Geisel, presidente do Brasil entre 1974-1979, as relações entre Igreja e Estado começaram a melhorar. Pois havia um mútuo interesse em manter o diálogo[33]. Isso não significava que estivessem eliminadas todas as tensões. Havia, porém, uma melhor delimitação delas. No entanto, a evidência das diferenças se mostrou em 1977 com o "Pacote de Abril" do governo e a assembleia geral da CNBB com seu documento: "Exigências cristãs de uma ordem política" que revelava as fraquezas do regime militar. E nos anos de 79 e 80 a Igreja continuou oferecendo sua contribuição para se delinear uma política social que realizasse uma distribuição mais justa dos benefícios a toda a sociedade[34]. Dessa conjuntura socioeclesial emerge a convicção de que

> a CNBB consolidara-se como órgão representativo da maioria esmagadora do episcopado e, nas dioceses, as pastorais populares e as comunidades eclesiais de base permitiam à Igreja maior encarnação na realidade, assegurando uma participação mais ativa do povo [...] a Igreja desde o início da década de 1970 concentrara seus esforços em quatro setores específicos: direitos humanos, avaliação crítica do modelo econômico, agravamento do desafio agrário, sobrevivência e respeito aos direitos das populações indígenas[35].

"A síntese da ação e da postura da CNBB nesta época pode ser expressa dizendo que ela se tornou uma espécie de guarda-chuva da cidadania [...]"[36]. Portanto, desse breve aceno da relação entre Igreja e Estado merece destaque a participação do episcopado no cenário da vida brasileira. Pois, "Os documentos que definiam a posição da CNBB e de toda a Igreja jamais dei-

---

[31] A respeito da relação entre bispos e militares, cf. K. SERBIN, *Diálogos na sombra. Bispos e militares, tortura e justiça social na ditadura*.

[32] Cf. R.C. DE BARROS, "A CNBB e o Estado brasileiro durante o interlúdio espartano", 171-174.

[33] De modo geral, a CNBB teve uma atuação profética durante o período militar, cf. I. LORSCHEITER, "Jubileu de Ouro da CNBB", 107.

[34] Cf. R.C. DE BARROS, "A CNBB e o Estado brasileiro durante o interlúdio espartano", 178-185.201.

[35] R.C. DE BARROS, "A CNBB e o Estado brasileiro durante o interlúdio espartano", 181.

[36] D. VALENTINI, "CNBB: 50 anos de compromisso social", 33.

xaram, em 1964, de valorizar o regime democrático, a promoção dos direitos humanos e posteriormente as urgentes reformas de base"[37]. Sem dúvida alguma, houve uma real e efetiva participação do episcopado junto às instâncias populares ou de governo do país. Tal fato mostra a "conversão" e o "deslocamento" pelos quais passou o episcopado do Brasil em sua inserção na realidade brasileira[38]. Como eco e reconhecimento disso atribui-se que, "a partir de 1976, a Igreja brasileira era provavelmente a mais progressista do mundo"[39]. Isso se explica pelo fato que "Nos anos 70, a CNBB tornou-se a voz nacional da Igreja brasileira, divulgando declarações críticas contra as violações dos direitos humanos e a injustiça social e econômica"[40].

Enfim, ao instituir a Comissão Episcopal de Pastoral, em 1971, e por passar a contar com a assessoria de técnicos para auxiliar os bispos nos estudos de temas específicos, as décadas de 70 e 80 marcaram a vida eclesial com uma plêiade de documentos e pronunciamentos da CNBB que tiveram grande repercussão na sociedade brasileira[41]. Nesse período foram fundados órgãos eclesiais importantes como, em 1972, o CIMI (Conselho Indigenista Missionário) e, em 1975, a CPT (Comissão Pastoral da Terra)[42].

1.2. Plano de Pastoral de Conjunto – PPC (1965)[43]

Na tentativa de traçarmos algo mais da vitalidade e dinamismo da Conferência Episcopal brasileira outra passagem obrigatória é o "Plano de Pastoral de Conjunto". A origem desse plano está ligada indiscutivelmente ao contexto do Concílio Vaticano II e tem nele toda a sua inspira-

---

[37] A. CASTANHO, *Presença da Igreja no Brasil 1900-2000*, 153.
[38] E isso pode ser deduzido da síntese que apresenta, cf. A. Antoniazzi, "A CNBB e a eclesiologia ao longo de cinquenta anos", 465-469. E para uma ideia das posições antagônicas nesta dialética, cf. K.P. Serbin, *Diálogos na sombra*, e P.E. ARNS, *Brasil: nunca mais*, 147-154.
[39] S. MAINWARING, *A Igreja Católica e a Política no Brasil (1916-1985)*, 265.
[40] K.P. SERBIN, *Diálogos na sombra*, 321.
[41] Tais textos serão objeto de nossa análise no capítulo seguinte e permitirão uma visão mais completa da atuação do episcopado no cenário socioeclesial.
[42] Cf. P. SUESS, "A luta por direitos modernos e ancestrais. Os 30 anos do Conselho Indigenista Missionário", 343-350; SECRETARIADO NACIONAL DA CPT, *A luta pela terra. A Comissão Pastoral da Terra 20 anos depois*. Outrossim, cf. I. POLETTO, "A CNBB e a luta pela terra no Brasil", 333-352. E sobre a Pastoral urbana, cf. A. Antoniazzi, "A CNBB e a pastoral urbana: primeiros passos", 353-386.
[43] Cf. CNBB, *Plano de Pastoral de Conjunto: 1966-1970*, Doc 77. Para comentários e análises, cf. R. DALE – al., *Pastoral de Conjunto*; G.F. DE QUEIROGA, *CNBB: comunhão e corresponsabilidade*, 374-393; M.C. DE FREITAS, *Uma opção renovadora*, 85-88; 138-195.

Capítulo II

ção e dele recebe suas linhas norteadoras. Eles estão de tal modo real e intrinsecamente ligados que se pode nomear isso de "umbilical relação"[44].

Portanto, ao final da terceira sessão conciliar, quando já estavam colocados os grandes eixos de orientação do Concílio, a Presidência da CNBB solicitou à Secretaria Geral que desenvolvesse tal Plano[45].

Três decisões importantes foram tomadas nos trabalhos que se iniciaram a partir de janeiro de 1965. Primeiramente, dar ao Plano uma base teológica profunda que aproveitasse da riqueza conciliar. Em segundo lugar, que a formulação do Plano aproveitasse algumas técnicas do planejamento humano. Por último, e que tanto nos interessa ressaltar, levar a cabo um processo de planejamento que fosse bastante participativo[46]. E depois seguiram-se as demais etapas do processo, sendo importante destacar que

> a minuta do Plano de Pastoral de Conjunto com suas diretrizes, programas de atividades especiais da CNBB, bem como o delineamento de suas atividades permanentes, estava concluída no final de julho de 1965. A parte contendo as diretrizes foi imediatamente enviada a todo o episcopado [...] Durante o mês de agosto, procurou-se levantar o orçamento dos custos inerentes à implementação dos quatro programas da CNBB [...] Em Roma, já durante o Concílio, o texto completo do Plano foi distribuído a todos os bispos presentes e amplamente discutido com cada um dos regionais. Ao final desses debates, que se prolongaram por mais de um mês, todas as sugestões foram devidamente aproveitadas e inseridas no texto[47].

Aproveitou-se das estruturas dos Secretariados Regionais, recém-implantados, para tornar efetiva a participação. E essa deu-se por meio também das Comissões Episcopais da CNBB, com seus respectivos Secretariados, e envolvendo todos os bispos (durante a quarta sessão conciliar em Roma)[48]. Interessa-nos sublinhar mormente que o Plano contém estes dois elementos inovadores e diferenciais em sua elabora-

---

[44] Cf. M.C. DE FREITAS, *Uma opção renovadora*, 24.

[45] Cf. R.C. DE BARROS, "Gênese e consolidação da CNBB", 49.

[46] A participação, que nos interessa como objeto de análise, está presente no próprio conteúdo, como no propósito do Plano. Seja com este vocábulo ou com termos equivalentes de corresponsabilidade, colaboração, cooperação, responsabilidade, integração, cf. CNBB, *Plano de Pastoral de Conjunto*, 30.34.37.49.67.71.74.95.104.

[47] R.C. DE BARROS, *Para entender a Igreja do Brasil*, 177.

[48] Cf. R.C. DE BARROS, "Gênese e consolidação da CNBB", 49-51.

ção, quais sejam: o caráter técnico e o participativo. Nesse sentido, Raimundo Caramuru, que foi o principal artífice desse PPC, assessorado pelo leigo vindo da JUC, Francisco Whitaker, afirmou:

> A ideia era não apenas conferir ao novo plano um conteúdo teológico–pastoral mais rico –, mas também um caráter mais técnico e ao mesmo tempo mais participado. Neste intuito, foram promovidos vários encontros com os recém-criados secretariados regionais, aproveitando a técnica de planejamento e a pedagogia participativa [...][49].

Em relação ao conteúdo, o Plano assumiu, conforme já referido, as principais proposições dos documentos conciliares, ou seja, toda a sua novidade. "Mas algo da teologia pastoral francesa e de sua concepção da missão, da evangelização dos descristianizados, penetra no PPC e lhe oferece uma base para pensar as seis 'linhas'"[50]. E visando tornar exequível tanta densidade, criaram-se seis linhas fundamentais de ação para orientar a ação pastoral da Igreja no Brasil:

A primeira linha de trabalho, baseada no documento *Lumen Gentium*, dava as coordenadas para uma eclesiologia que, mais tarde, ganharia o nome de comunhão e participação. Reunia as ações que visavam reforçar os elementos estruturantes da Igreja e seus agentes principais. A segunda linha de trabalho visava introduzir na Igreja do Brasil a preocupação com o anúncio do Evangelho além de suas fronteiras. Inspirando-se no documento conciliar *Ad Gentes*, buscava reunir todas as iniciativas surgidas em torno do polo missionário. A terceira linha de trabalho tinha em mente a preocupação com a formação dos cristãos. Tomava em conta o documento conciliar *Dei Verbum*. A quarta linha de trabalho foi a que mais serviu para popularizar as reformas conciliares. Buscando adequar toda a dimensão orante e celebrativa da Igreja às conclusões da *Sacrossanctum Concilium*. A quinta linha é a que trata do relacionamento da Igreja Católica Romana com as outras Igrejas cristãs; e com as outras expressões religiosas não cristãs. Os textos conciliares que lhe dão sustentação são: *Unitatis Redintegratio* e *Nostra*

---

[49] Citado por J.O. Beozzo, "A recepção do Vaticano II na Igreja do Brasil", 439. Cf. M.J. de Godoy, "A CNBB e o processo de evangelização do Brasil", 389.
[50] A. Antoniazzi, "Planejamento pastoral. Reflexões críticas", 106.

Aetate. Por último, a sexta linha de ação reunia todas as iniciativas da Igreja que visavam à vivência do profetismo cristão e o texto de referência era *Gaudium et Spes*[51].

Desse modo, o PPC era um referencial para um projeto evangelizador, pois continha as diretrizes e aquilo que a CNBB deveria executar em âmbito nacional. Porém, em termos mais precisos: "não era um plano da Igreja brasileira como um todo trabalhando em conjunto, mas um plano da CNBB para ajudar a Igreja a se atualizar e, ao se atualizar, passar a trabalhar mais em conjunto"[52].

Portanto, dessa sumária referência ao PPC, que representa um marco na ação do episcopado na Igreja do Brasil, podemos notar que as duas opções pastorais que tiveram maior êxito foram: as Cebs e a própria CNBB que se fortalece com o processo de planejamento[53]. Na prática isso possibilitou que a entidade episcopal "exercesse uma de suas principais funções, isto é, a coordenação pastoral, no respeito à personalidade e peculiaridade de cada Igreja particular em um país de dimensões continentais como o Brasil"[54]. E sobretudo, "a resolução mais importante do PPC foi a de propor um novo modelo de Igreja que facilitasse a plena participação de todos os batizados na base da sociedade e da Igreja"[55]. Por fim, percebe-se também que ele

> potencializou a participação e a corresponsabilidade em todos os níveis e dinamizou as Igrejas particulares na vivência dos grandes eixos conciliares da comunhão e da presença no mundo, abrindo espaço para uma pastoral marcada pelo diálogo, pela solidariedade e pela preocupação ecumênica[56].

Finalmente, ao modo como fizemos em relação ao PE, também aqui cabe um juízo crítico para evitar parcialidades, mas que não deixa em demérito as contribuições oferecidas pelo PPC à Igreja. Primeiramente,

---

[51] Cf. M.J. DE GODOY, "A CNBB e o processo de evangelização do Brasil", 389-391.
[52] Citado por M.J. DE GODOY, "A CNBB e o processo de evangelização do Brasil", 402.
[53] Cf. A. ANTONIAZZI, "Planejamento pastoral. Reflexões críticas", 110.
[54] R.C. DE BARROS, *Para entender a Igreja do Brasil*, 145.
[55] J.O. BEOZZO, "A recepção do Vaticano II na Igreja do Brasil", 451.
[56] M.C. DE FREITAS, *Uma opção renovadora*, 342. E isso se reflete na estruturação colegiada de governo participativo às dioceses, cf. CNBB, *Plano de Pastoral de Conjunto*, 128-133.

nota-se que o Plano "valoriza, sim, a comunidade eclesial, mas permanecendo numa perspectiva demasiadamente 'eclesiocêntrica', voltada para dentro. Em termos de Concílio Vaticano II, poder-se-ia dizer que o PPC dá mais importância à 'Lumen Gentium' do que à 'Gaudium et Spes' [...]"[57]. Nessa mesma esteira acrescenta-se ainda que "O *PPC*, porém, não chegou, senão muito timidamente, a tirar as consequências destas perspectivas abertas pela *Lumen Gentium*, que, aliás, ele mesmo assumiu"[58]. Por último, afirma-se que houve descomprometimento da maioria da hierarquia (leia-se aqui também CNBB) em relação ao PPC. A ponto de nem constar referência alguma a ele nas atas da reunião da VIII Assembleia Geral da CNBB, realizada em Aparecida – SP, em 1967. Em outros termos, houve uma ligação muito tênue entre CNBB e PPC, que se reverterá somente a partir de 1969[59].

Em suma, para que a avaliação seja mais cautelosa e equilibrada possível é sempre preciso levar em conta a específica conjuntura sociopolítica daquele período histórico brasileiro e a dinâmica conflitiva que marcava a relação entre a hierarquia e a Ação Católica especializada (mormente JEC e JUC). Destarte, ao se tratar da relação entre o PPC e o episcopado, o juízo mais sensato é o de identificar três distintas tendências presentes: de oposição, de adoção formal apenas e de fortalecimento das experiências renovadoras ou surgimento de novas experiências de base. Porém, o indubitável é que os Planejamentos possibilitaram maior participação de todo o Povo de Deus na ação evangelizadora e apontaram para a presença significativa dos leigos[60].

1.3. As Conferências Gerais do Episcopado Latino-Americano

A Igreja no Brasil, situada no continente latino-americano, tanto recebeu como fomentou influências. Na impossibidade de analisarmos a fundo esse ponto, trataremos resumidamente das conferências gerais do episcopado desse continente que refletem tal relação e reciprocidade entre as Igrejas.

---

[57] A. ANTONIAZZI, "A CNBB e a eclesiologia ao longo de cinquenta anos", 465, e também, cf. A. ANTONIAZZI, "Planejamento pastoral: reflexões críticas", 109-112.
[58] M.C. DE FREITAS, *Uma opção renovadora*, 333.
[59] Cf. T. BRUNEAU, *O catolicismo brasileiro em época de transição*, 250; 253-254.
[60] Cf. F.L.C. TEIXEIRA, *A gênese das CEBs no Brasil*, 118.125-126.

Capítulo II

Ademais, as Conferências Gerais representam a "recepção criativa" neste continente do Concílio Vaticano II e permitem entrever a ação das diversas conferências episcopais. Portanto, não nos ocuparemos em analisar amplamente o evento enquanto tal, mas de indicar o influxo que tiveram na configuração eclesial da Igreja do Brasil e da América Latina.

1.3.1. Em Medellín, Colômbia – 24/08 a 06/09 de 1968

Por presunçoso que possa parecer, isso se desfaz quando consideramos o pano de fundo que é a "aplicação do Concílio" ao contexto próprio de América Latina. Assim, o que segue sintetiza bem o ocorrido:

> Medellín não repete o Vaticano II. Medellín refaz, em certo sentido, o Vaticano II e, em muitos pontos, dá um passo além: aí emerge pela primeira vez a importância das comunidades de base, esboça-se a teologia da libertação, aprofunda-se a noção de justiça e de paz ligadas aos problemas da dependência econômica, coloca-se o pobre no centro da reflexão da Igreja no continente[61].

Dessa segunda assembleia do Episcopado latino-americano podemos elencar algumas das grandes novidades: em vez de um documento final, optou-se pelos dezesseis relatórios das comissões (corrigidos e aprovados em plenário) como o material final e oficial da Conferência[62]; autorização para publicação imediata em caráter definitivo do texto antes mesmo de enviá-lo à Santa Sé (demonstração de credibilidade e respeito de Roma pelo trabalho realizado pelo episcopado latino-americano); metodologia adotada (ver, julgar e agir); uso de novos conceitos bíblicos para analisar a realidade e rigor em passar da leitura dos acontecimentos para as conclusões práticas que se impõem (apelo à ação, à práxis evangélica)[63].

Portanto, a riqueza dessa Conferência está no fato de que o episcopado deu destaque à realidade socioeconômica e política do continente à

---

[61] J.O. BEOZZO, *A Igreja do Brasil*, 117-118.
[62] Cf. CELAM, *A Igreja na atual transformação da América Latina à luz do Concílio. Conclusões de Medellín*.
[63] Cf. J.O. BEOZZO, *A Igreja do Brasil*, 121-124. Para diferentes avaliações e a partir de outros países da América sobre esta assembleia, cf. J.O. BEOZZO – al., *Medellín: vinte anos depois*, 771-915 e C. CALIMAN, "A trinta anos de Medellín", 163-180. Há também a crônica de um dos peritos brasileiros, cf. B. KLOPPENBURG, "A segunda Conferência geral do Episcopado latino-americano", 623-626.

luz da palavra de Deus e do Concílio Vaticano II em vista de propostas de ação pastoral, embora não faltassem lacunas à análise[64]. Por fim, digno de nota foi o envolvimento que esta assembleia e a seguinte provocaram, extrapolando o círculo exclusivamente episcopal[65].

Em suma, entre a Conferência de Medellín e a de Puebla, a Igreja na América Latina viveu uma "década fecunda e gloriosa" em práticas, criatividade e presença eclesial profética. Nesse sentido é válido destacar que "o esforço de descentralização e diversificação de certos ministérios eclesiais, assumidos por leigos e religiosos [...] não apenas conferiu maior dinamismo à ação pastoral, como ofereceu oportunidade de maior participação dos diversos membros da comunidade eclesial"[66]. Não obstante as tensões e os limites[67].

1.3.2. Em Puebla, México – 27/01 a 13/02 de 1979[68]

Em termos de recepção, Puebla aplicou "à América Latina as conclusões do Sínodo dos Bispos sobre a Evangelização e os ensinamentos da Encíclica de Paulo VI *Evangelii Nuntiandi*"[69]. Essa terceira Conferência teve uma preparação que envolveu toda a Igreja no continente, desde grupos de base aos institutos de teologia e universidades até bispos e cristãos engajados. Foram muitos os estudos, publicações e propostas em vista desse acontecimento. Todavia, pesava uma campanha combativa à Teologia da Libertação e a interdição ao desejo dos bispos para que houvesse maior representação das comunidades de base, ou seja, a participação de cristãos não bispos na Conferência[70].

---

[64] Cf. J.O. Beozzo, "Medellín: inspiração e raízes", 822-850. A própria diversidade de conteúdo pode ser também causa da perda de força do seu teor.

[65] Cf. J.O. Beozzo, *A Igreja do Brasil*, 193.

[66] R.C. de Barros, *Para entender a Igreja do Brasil*, 28. Um exemplo desse dinamismo na vivência dos ministérios pode ser colhido por meio do testemunho de um grande bispo e cardeal, cf. A. Lorscheider, "A redefinição da figura do bispo no meio popular pobre e religioso", 754-757. Para análise mais abrangente da renovação pastoral no continente, e que está na base do surgimento de tantos ministérios laicais, cf. F.-A. Pastor, "Ministerios laicales y Comunidades de Base. La renovación pastoral de la Iglesia en América Latina", 267-305.

[67] Cf. L.A. Gómez de Souza, "A caminhada de Medellín a Puebla", 223-234.

[68] Para mais elementos sobre esta conferência, cf. B. dos Santos – al., *Puebla: Análise, Perspectivas, Interrogações*; A. Antoniazzi, "Pistas para iniciar o estudo do Documento de Puebla", 99-107; L. Boff, "Puebla: ganhos, avanços, questões emergentes", 43-63; Frei Beto, *Diário de Puebla*. Mais especificamente, cf. J. Hortal, "As eclesiologias de Puebla", 83-96 e R. Muñoz, "O capítulo eclesiológico das conclusões de Puebla", 113-122.

[69] J.O. Beozzo, *A Igreja do Brasil*, 116.

[70] Cf. J.O. Beozzo, *A Igreja do Brasil*, 136-142.

Capítulo II

Por sua vez, a CNBB, mesmo sem rejeitar aquele Documento de Consulta, por meio de sua assembleia geral extraordinária, ofereceu sua contribuição, que na verdade servia como alternativa ao que existia até então. Entre outras proposições encontrava-se esta: *"Os Pastores* incluam em suas diversas tarefas pastorais a de promoverem a participação do povo de Deus, particularmente do leigo, que tem seu lugar e seu papel próprios na Igreja e no mundo"[71]. Isso ajudou a modificar profundamente a perspectiva do Documento de trabalho que no decorrer da Assembleia ficou também relativizado, pois foi assumida uma direção independente[72]. Todavia, a participação e o envolvimento presentes durante o período de preparação para a Assembleia não se fizeram sentir durante a ocorrência da mesma. Pelo contrário, houve sistemática exclusão de pessoas que poderiam ter contribuído, pois assim o faziam em suas respectivas conferências episcopais.

No entanto, julgamos que o mais relevante a ser sublinhado dessa Assembleia é a ideia-mestra de todo o seu Documento, isto é, o binômio "comunhão e participação", mediante um processo de libertação integral. Na verdade, são dois princípios que configuram o ser e o agir eclesiais e que surgem como resposta eloquente dentro do contexto latino-americano marcado pela opressão e marginalização[73]. Por isso é fundamental recordar que: "A fórmula mais abrangente é 'Libertar para a Comunhão e Participação'. Mesmo que não tenha prevalecido claramente no Documento de Puebla, é dela que devemos partir, porque ela está à origem da fórmula mais breve e predominante: 'Comunhão e Participação'"[74]. De modo que, em Puebla essa expressão ou fórmula sintetiza a mensagem de Jesus para o tempo presente, serve de instância crítica para a sociedade e questiona também a própria Igreja à medida que esta deve ser modelo de participação[75].

---

[71] CNBB, "Subsídios para Puebla", 337. Para ver na íntegra, cf. IBID., 327-341.

[72] Quanto ao contexto mais amplo e tenso em torno da assembleia, cf. J. COMBLIN, "Puebla: vinte anos depois", 201-222.

[73] Cf. A. CHEUICHE, "Puebla: o homem e a cultura", 272-273.

[74] A. ANTONIAZZI, "Libertar para a comunhão e participação", 40. Assim, "comunhão e participação" é que levam à verdadeira e autêntica libertação, cf. A. LORSCHEIDER, "Alocução introdutória aos trabalhos da III Conferência Geral do Episcopado Latino-americano", 53.

[75] Cf. A. ANTONIAZZI, "Evangelização: conteúdo e critérios. Segundo o Documento de Puebla", 353-356. Em vista de uma comparação temática no uso do vocábulo "participação", presentes nas Conferências de Medellín e Puebla, cf. G. DOIG KLINGE, *Diccionario Río Medellín Puebla*, 434-437.

Bispos do Brasil

Ademais, importa frisar também a influência do Episcopado Brasileiro, por meio de suas sugestões, para a fórmula "comunhão e participação". Pois,

> Foi particularmente por influência do episcopado brasileiro que a "Boa Notícia do Reino" recebeu o enfoque da comunhão e da *participação*. A Evangelização definida por Puebla é anúncio que liberta para a comunhão e participação. A palavra *participação* tem uma conotação dinâmica, não passiva, no processo de comunhão e expressa uma convocação que dá ao povo lugar e missão. Lembra o convite do Vaticano II que abriu as portas à ação do leigo na Igreja, quer "ad intra" (os ministérios) quer "ad extra" (dando ao leigo o papel que lhe cabe como construtor da sociedade)[76].

De tal modo que, em forma de breve balanço de Puebla, pode-se afirmar que "venceu a linha brasileira: conseguiu confirmar Medellín, criar um discurso em que reinavam os temas dos pobres e da libertação [...] A pastoral da CNBB tinha recebido uma verdadeira consagração. Não tiveram que ceder em nenhum ponto importante"[77]. Portanto, "comunhão e participação" constituem-se o eixo para se interpretar Puebla. É desnecessário fazer um levantamento pormenorizado dos vocábulos em questão no documento de Puebla e seu largo uso porque isso já existe[78].

Todavia, em se tratando especificamente da participação eclesial em Puebla, vale ressaltar que isso é entendido como participação dos leigos na missão da Igreja. Porém, vista mais como execução de tarefas e raramente como participação nas decisões (salvo o número 808 do Documento). Outrossim, mesmo que se refira abundantemente às mulheres (n. 834-849 e outros), a ponto de reconhecer que: "na própria Igreja, tem havido por vezes uma valorização insuficiente da mulher e uma escassa participação da mesma em nível de iniciativas pastorais" (n. 839) e que elas devem participar de organismos de planejamento e coordenação pastoral (n. 845), há omissão sobre a participação das mulheres nas instâncias de decisão. Todavia, o n. 273, tratando da comunidade eclesial, afirma que esta deveria ser um exemplo (modelo) para a sociedade de formas de organização e estruturas de participação. Por isso, é preciso uma leitura

---

[76] J. CHEMELLO, "O contexto de Puebla", 144. E cf. CNBB, *Subsídios para Puebla*, Doc 13, [76] 21.
[77] J. COMBLIN, "Puebla: vinte anos depois", 220.
[78] Cf. A. ANTONIAZZI, "Libertar para a comunhão e participação", 40-42 e ID., "Comunhão e Participação. Como Puebla usa suas palavras-chave", 265-277.

Capítulo II

crítica da consigna "comunhão e participação" em relação às mediações para torná-las efetivas no âmbito social e eclesial[79].

Por fim, há um julgamento severo de que "comunhão e participação" foram usadas para substituir o projeto de "libertação" no documento de Puebla[80]. Em todo caso, basta conferir a terceira parte do documento, em seus quatro capítulos, para perceber que Puebla estruturou a temática da responsabilidade evangelizadora da Igreja em torno das duas grandes linhas de força: participação e comunhão[81]. Assim, essa Conferência representa o surgimento de muitos mecanismos de participação efetiva do laicato na Igreja e na sociedade, por meio dos Conselhos e de outras formas[82]. E foi em torno desse centro que a CNBB buscou então organizar e realizar seus trabalhos[83].

1.4. Campanhas da Fraternidade

Ao tratarmos da caminhada da Igreja no Brasil nas últimas décadas, outro elemento constitutivo do seu agir evangelizador em consonância com a realidade social brasileira são as "Campanhas da Fraternidade". Essas têm uma origem histórica que se liga ao início do Concílio e à Igreja irmã na Alemanha. E o intuito era de buscar meios dentro do próprio país para prover a sustentação das atividades apostólicas como para aquelas sociais, sob a responsabilidade da Igreja[84]. Em maneira bastante concisa, mas que nos permite entender a densidade da causa que abraça, basta entender que:

> Trata-se de uma Campanha que, desde 1964, a CNBB realiza na quaresma, com início na quarta-feira de cinzas e encerramento no domingo de Ramos. É um momento extraordinário e maciço de evangelização. A Igreja marca nesta época a sua presença nos meios de comunicação social, nas escolas, na catequese e na liturgia. Compõem-se anualmente subsídios especiais de reflexão, de cantos, de celebrações, de *slogans*. [...] podemos distinguir quan-

---

[79] Cf. J.B. LIBANIO, "Comunhão e Participação", 161-171.
[80] Cf. R.M. ROXO, "A opção pelos pobres", 59.
[81] Cf. CELAM, *Conclusões da Conferência de Puebla*, 235-350.
[82] Cf. S.C.D. SCOPINHO, "O laicato na Conferência Episcopal Latino-Americana de Puebla", 276-302.
[83] Cf. CNBB, *Diretrizes gerais da ação pastoral da Igreja no Brasil 1979/1982*, Doc 15 e ID., *Diretrizes gerais da ação pastoral da Igreja no Brasil 1983 – 1986*, Doc 28. Ambos textos trazem no objetivo geral as grandes linhas e opções pastorais de Puebla.
[84] Cf. R.C. DE BARROS, *Para entender a Igreja do Brasil*, 191-192.

to ao tema: 1ª fase: em busca da renovação interna da Igreja. Estendeu-se de 1964 a 1972. 2ª fase: a realidade social do povo, com denúncia do pecado social e promoção da justiça. Durou de 1973 a 1984. 3ª fase: situações existenciais do povo brasileiro. De 1985 até hoje. A Campanha da Fraternidade é um momento de unidade eclesial muito forte no Brasil[85].

Portanto, elas são uma das riquezas da vida eclesial brasileira por refletirem o empenho e o compromisso de animação evangelizadora da Igreja. São expressão de um amplo projeto de evangelização assumido pela CNBB em âmbito nacional[86]. E na própria realização da "Campanha da Fraternidade" transparece o propósito da Igreja de interagir com as comunidades cristãs e com a grande sociedade, participando diretamente na construção da cidadania de seus membros. Cada temática é influenciada pelo contexto socioeclesial daquele momento. Nesse sentido podemos exemplificar e destacar uma, entre tantas assumidas, e que nos é muito significativa e pertinente, ou seja, a que versa sobre a participação[87]. E isso é feito com subsídios elaborados pela CNBB e que veiculam às comunidades um conteúdo evangelizador atual e relevante.

Na impossibilidade de fazer uma análise de todo o conteúdo, remetemos para o estudo já citado que o faz, ainda que sob outra impostação. No entanto, é particularmente interessante o que ele expõe sobre a fraternidade na Igreja sob a ótica da comunhão e participação[88]. Nesse sentido, lê-se:

> A Igreja toda, a partir da ênfase no comunitário e da experiência das CEBs e outros grupos, está descobrindo uma maneira de ser e de se organizar onde a *fraternidade e a participação* são a base da convivência. Aí a comunicação encontra espaço para se desenvolver, ao contrário da frieza das estruturas formais, passivas e impessoais. Dentro deste espírito comunitário, a corresponsabilidade emerge como um valor fundamental. *A participação nas decisões é progressivamente vivenciada* como clima, e estruturada em organismos adequados, como os vários conselhos e comissões. O exercício da autoridade encontra aí novos horizontes. A exemplo do Bom Pastor ela não domina, mas serve, promovendo *participação e comunhão* [...][89].

---

[85] A. LORSCHEIDER, "Cinquenta anos de CNBB: uma Conferência Episcopal em chave conciliar", 323-324.
[86] Para dados mais completos sobre essa iniciativa eclesial há um estudo bastante acurado, cf. L. PRATES, *Fraternidade libertadora: uma leitura histórico-teológica das Campanhas da Fraternidade da Igreja no Brasil.*
[87] Cf. CNBB, *Ser cristão é participar.*
[88] Cf. L. PRATES, *Fraternidade libertadora*, 308-326.
[89] CNBB, *Comunicação para a verdade e a paz. Manual*, [99] 72-73 [grifo nosso].

Capítulo II

Enfim, depois de trinta e sete anos de existência, a CF de 2000 assumiu um caráter ecumênico. Foi preparada em conjunto pela Igreja Católica Romana e algumas Igrejas evangélicas, e o CONIC (Conselho Nacional de Igrejas cristãs) participou do lançamento[90]. Portanto, isso confirma a relevância e o alcance que as CF têm. Embora possa ter havido alguma diocese que tenha se empenhado menos, por julgar que no período quaresmal a evangelização deva primar mais por um conteúdo espiritual e menos social. Mas, parece prevalecer que as Campanhas da Fraternidade representam "uma modelar organização" e um "grande momento de evangelização e de fraternidade". Até mesmo setores eclesiais que geralmente são mais reticentes ao compromisso sócio-transformador da Igreja reconhecem isso[91].

1.5. Comunidades Eclesiais de Base[92]

Outro componente inovador da eclesiologia latino-americana, e sobretudo brasileira, das últimas décadas são as chamadas comunidades eclesiais de base. Embora não tivessem ainda esse nome, desde o início da década de 60 começavam a surgir as primeiras ideias a respeito. Foram inicialmente denominadas de comunidades naturais. Em seguida, passou-se a nomeá-las de comunidades locais. Com as ambiguidades que esses nomes criavam, optou-se, então, por designar de comunidade de base. Atribui-se essa denominação a uma expressão utilizada por Y. Congar (com sentido e em contexto diferentes) em seu livro *Jalons pour une théologie du laïcat*. Ele tratava "de l'Église qui se construit d'en bas". Mas para facilitar usava-se o termo comunidade de base, e depois se inventou a sigla CEB[93].

Estas comunidades, em sua nova forma de máximo de comunhão e mínimo de estrutura, foram gestadas no seio eclesial e receberam da

---

[90] Cf. J.C. Esquivel, *Igreja, Estado e política*, 307.

[91] Cf. A. Castanho, *Presença da Igreja no Brasil*, 150.

[92] Cf. F.L.C. Teixeira, *A gênese das CEBs no Brasil*, 304-326. Id., *Os Encontros Intereclesiais de Cebs no Brasil*; L. Fernandes, "Gênese das CEBs do Brasil", 134-147; L. Boff, *Eclesiogênese. As comunidades eclesiais de base reinventam a Igreja*; S. Torres, *A Igreja que surge da base: eclesiologia das comunidades cristãs de base*; J.O. Beozzo, "A recepção do Vaticano II na Igreja do Brasil", 452-453.

[93] Cf. R.C. de Barros, *Para entender a Igreja do Brasil*, 141;184. Sentiu-se que apostar na formação de comunidades produziria benefícios para a evangelização, cf. A. Lorscheider, "Nova forma de apostolado: a formação de comunidades", 148-151.

Igreja seu reconhecimento[94]. Poder-se-ia estabelecer que elas passaram pela seguinte evolução eclesial:

> Prefiguradas por diversas experiências catequéticas e pastorais, no período pré-conciliar, as pequenas comunidades eclesiais foram assumidas pela Conferência Episcopal brasileira nos seus primeiros planos de pastoral de conjunto. Posteriormente, a Conferência de Medellín lançaria a nível continental a proposta das comunidades de base, que seriam ulteriormente confirmadas pelo Sínodo sobre a Evangelização e pela exortação *Evangelii nuntiandi*, bem como pelo Documento conclusivo da Conferência de Puebla[95].

De maneira que "A CNBB não é, evidentemente, a autora das Cebs, mas é significativo o apoio que ela lhes deu desde o início até anos mais recentes"[96]. Por isso não há como desmerecer a eclesialidade que as Cebs têm. Aliás, a eclesialidade nelas é muito mais sentida e vivida que somente refletida[97]. Além disso, as Cebs ajudam a perceber que a colegialidade é para a totalidade da Igreja[98]. E elas estão intrinsecamente ligadas ao movimento renovador conciliar e, por conseguinte, às Conferências Episcopais latino-americanas. Isso é facilmente perceptível quando entendemos que

> sem o surgimento e a multiplicação das comunidades de base, lugar eclesial privilegiado da recepção em profundidade do movimento conciliar, este poderia ter se estiolado depois do entusiasmo inicial. Se a Ação Católica preparou o Concílio, foram as CEBs uma das principais responsáveis pelo seu desabrochar[99].

Destarte, elas são reflexo do processo de renovação pastoral e de nova consciência eclesial que se embasa na participação de todo o povo

---

[94] Cf. CNBB, *As Comunidades eclesiais de base na Igreja do Brasil*, Doc 25.

[95] F.A. PASTOR, "Que Cristianismo?", 393.

[96] A. ANTONIAZZI, "A CNBB e a eclesiologia ao longo de cinquenta anos", 464. A propósito disso, cf. A. LORSCHEIDER – *al.*, "Testemunho dos bispos em apoio das CEBs", 595-597 e CNBB, *Carta aos agentes de pastoral e às comunidades*, Doc 33.

[97] Cf. A. BARREIRO, "Eclesialidade e consciência eclesial das CEBs", 301-326; P.C. CIPOLINI, "Como verificar a veracidade da Igreja nas Cebs?", 305-339.

[98] Cf. L. BOFF, "A colegialidade de todo o Povo de Deus", 650-657.

[99] J.O. BEOZZO, *A Igreja do Brasil*, 87. Portanto, "É difícil precisar com exatidão *as primeiras experiências* que deram início às CEBs no Brasil [...] Entretanto, pode-se afirmar que foi mesmo a partir do Concílio Vaticano II, e no contexto do amplo movimento popular que sacudiu o Brasil na década de 60, que a experiência ganhou foros de cidadania". F.L.C. TEIXEIRA, *A gênese das CEBs no Brasil*, 308.

Capítulo II

de Deus na ação evangelizadora da Igreja. De modo que seu reconhecimento eclesiástico pode-se situar no PE ("comunidades naturais"), enquanto o PPC estimula a descentralização das paróquias (por meio das "comunidades de base"). Por conseguinte, elas passam a fazer parte das prioridades pastorais dos Planos Bienais, ganhando projeção continental em Medellín e Puebla[100].

De modo que foram sendo assumidas pelos diversos episcopados latino-americanos, obviamente com nuances e entusiasmos diferenciados, como elemento dinamizador da evangelização e se multiplicaram rapidamente por toda parte. A relevância das Cebs na Igreja do Brasil pode ser percebida pelo intenso florescimento (no início dos anos 90 chegavam a 100 mil) e pelas inovações que assumiram em termos de organização[101]. Assim, "se a década de 1960 marca o período do surgimento das Cebs, a década de 1970 assinala sua multiplicação e amadurecimento"[102].

Indubitavelmente essas comunidades trouxeram uma contribuição significativa e marcante para a vida eclesial, sem que seja possível negligenciar as tensões e incompreensões presentes, em modo explícito ou subjacentes, em todo o processo. Poder-se-ia elencar infinitamente o quanto as Cebs favoreceram o surgimento de novos ministérios dentro da vida eclesial, em virtude de priorizar a corresponsabilidade e participação de todos os membros[103]. Também por causa disso, despertaram tentativas de controle ou integração delas no sistema institucional. Pois julgava-se "que estruturas democráticas de participação na base expressam uma importante forma de conteúdos alterados de fé dentro de um processo abrangente de libertação"[104].

No entanto, atribuímos como relevante a ser destacado o espaço relativamente maior de participação que as comunidades eclesiais de base representam. Por um lado, é consenso que essas comunidades são "uma

---

[100] Cf. R.C. DE BARROS, *Para entender a Igreja do Brasil*, 180; M.C. DE FREITAS, *Uma opção renovadora*, 88-94.119; G.F. DE QUEIROGA, *Conferência Nacional dos Bispos do Brasil*, 393-403.

[101] Cf. R. VALLE – M. PITTA, *Comunidades eclesiais católicas: resultados estatísticos no Brasil*.

[102] R. AZZI, "Presença da Igreja na sociedade brasileira: Região Sudeste (1952-2002)", 291. Mesmo mais recentemente corrobora-se a pertinência das Cebs, cf. CNBB, *Mensagem ao Povo de Deus sobre as Comunidades Eclesiais de Base*.

[103] Cf. A.J. DE ALMEIDA, "Novos ministérios na Igreja do Brasil", 413-422.

[104] B.K. GOLDEWIJK, "Consolidação ou crise de estruturas eclesiásticas de base? Novas estruturas eclesiásticas sem reconhecimento oficial", 727.

concretização do ideal de Igreja sintetizado pelo Concílio Vaticano II, ao nível de participação e integração adequado às exigências do povo de Deus [...]"[105]. Por outro lado, na prática, as Cebs conseguiram ultrapassar aquilo que o Concílio somente tocou tangencialmente, porque

> embora privilegiando o valor da comunidade, o Concílio não chegou a elaborar uma teologia da comunidade, o que levaria a repensar uma série de estruturas que ainda emperram a possibilidade da comum responsabilidade na Igreja: por exemplo, a questão dos ministérios e da *participação dos leigos nas decisões da Igreja*. Tarefa que se impõe na prática das pequenas comunidades, como das mais importantes no que se refere à refeição do tecido eclesial[106].

Nesse sentido, pode-se aferir com segurança que as Cebs são na verdade "tipos de comunidades eclesiais originais, no sentido de que seu perfil comunitário é marcado por este traço duplo: a participação (para dentro) e o compromisso (para fora). Portanto, as CEBs são comunidades eclesialmente *participantes* e socialmente *comprometidas*"[107].

No entanto, cabe sempre cautela ao evocarmos qualquer experiência eclesial a fim de não incorrermos em análises idealistas ou anacrônicas. Portanto, embora seja necessário considerar a diversidade de contextos, bem como a mudança de conjuntura social e eclesial, nada disso cancela a pertinência e alcance das Cebs[108]. E uma ponderação sensata sobre elas é capaz de reconhecer que:

> Elas têm dado bons resultados onde foram implantadas. Possuem normalmente uma índole um tanto crítica e, por vezes, manifestam algumas tendências políticas partidárias, o que as torna vulneráveis. Entretanto, não se pode negar, que elas são um modo de ser Igreja, e até, segundo alguns, o modo de ser Igreja. Tiveram um bom desenvolvimento, tendo ultimamente estancado bastante[109].

---

[105] R.C. DE BARROS, *Para entender a Igreja do Brasil*, 35.
[106] F.L.C. TEIXEIRA, *A gênese das CEBs no Brasil*, 233-234 [grifo nosso]. Para entender como se dá a participação efetiva e madura nas CEBs, cf. R.C. DE BARROS, *Para entender a Igreja do Brasil*, 180-182; P.G. GOMES, "A autoconsciência eclesial do leigo nas CEBs", 513-532.
[107] C. BOFF, "Estatuto eclesiológico das CEBs", 189. Nessa mesma ótica, cf. ID., "Participação na vida da Igreja: um dos traços essenciais das CEBs", 261-270; A.S. PEREIRA, "Participação dos leigos nas decisões da Igreja. Consciência e práxis das CEBs", 65-84.
[108] Cf. V. CODINA, "A sabedoria das comunidades eclesiais de base na América Latina", 616-626.
[109] A. LORSCHEIDER, "A atual conjuntura eclesial neste início de novo milênio", 77.

Capítulo II

Ademais, as comunidades de base infelizmente perderam muito da pujança que tinham em décadas anteriores. Todavia, apresentam crescimento em algumas partes[110]. Portanto, é incontestável que as Cebs são ainda uma importante referência quando temos de avaliar outras instituições ou segmentos eclesiais no que tange à participação. Basta uma verificação objetiva de dados investigativos para deduzir que nas Cebs os leigos participam de maneira mais efetiva, se compararmos com as estruturas eclesiais tradicionais. Embora estejam presentes ainda alguns limites na participação, especialmente no que se refere às decisões em instâncias superiores[111].

Em vista de uma conclusão desse período brevemente exposto, vê-se que houve uma grande interação da Igreja com a macrossociedade, malgrado os conflitos que naturalmente existiram também. Retrato disso é o depoimento de um bispo sobre a CNBB na década de 70. Referindo-se às diferentes fases da Conferência Episcopal ele escreve que "a Igreja nas bases encontrou exigências maiores de participação e não é tão claro se a Igreja institucional ou o episcopado está disposto, como corpo, a compreender isso e acompanhar"[112]. Contudo, esse período foi talvez aquele em que o episcopado tenha mais gozado de unidade e definido com mais clareza sua linha pastoral. Por conseguinte, foi quando a Igreja adquiriu também mais reconhecimento e credibilidade da sociedade pelas posições assumidas[113].

Enfim, entre as características que tornaram a Igreja no Brasil e na América Latina conhecidas está a opção pelos pobres e a aposta feita pelas Cebs[114]. A ponto de se considerar que "o fato mais original e característico da renovação eclesial na Igreja do Brasil, depois do Concílio Vaticano II, foi, como acontecimento e como fenômeno coletivo, o aparecimento e o desenvolvimento das comunidades eclesiais de base [...]"[115]. As opções mencionadas e outras que foram feitas estiveram sempre ancoradas em uma sólida, profunda e originária Teologia.

---

[110] Cf. A. ANTONIAZZI, "A CNBB e a eclesiologia ao longo de cinquenta anos", 473 [nota 57] e L.A.G. SOUZA, "As Cebs vão bem, obrigado", 93-110.

[111] Cf. I. LESBAUPIN, "CEBs, poder e participação na Igreja", 105-120.

[112] A.C. DE QUEIRÓZ, "O papel da Conferência Nacional dos bispos do Brasil", 42.

[113] Cf. A. ANTONIAZZI, "A CNBB e a eclesiologia ao longo de cinquenta anos", 467.

[114] Cf. D. REGAN, *Igreja para a libertação*, 153. E sobre a contribuição da Igreja no Brasil para outras, neste quesito de sua peculiaridade, cf. IBID., 37-38.

[115] F.A. PASTOR, "Deus e a práxis. Consenso eclesial e debate teológico no Brasil", 182.

Bispos do Brasil

Portanto, tais opções teológico-pastorais assumidas marcaram indelevelmente a fisionomia e a vida desta Igreja e de seu correspondente episcopado[116].

2. Período de 1985 em diante

Na realidade, desde 1980 havia uma definição teológica e pastoral mais nítida na CNBB. E um dado no qual transparece esse seu amadurecimento e o grau de sua abertura à participação das diferentes tendências internas é a composição de seus quadros. Pois, se desde o seu início, a presidência havia sido de um cardeal, gradativamente, isso foi se modificando. Portanto, "Para o fortalecimento da comunhão episcopal muito contribuiu a forma democrática e colegiada de repartir as responsabilidades da instituição, através da escolha em assembleia do grupo de bispos incumbidos de assumir a presidência e a coordenação das atividades pastorais [...]"[117].

Claro que isso se dá em consequência também da sua interação com a reconstrução sociopolítica do país. Pois "a história da redemocratização do Brasil não pode ser escrita sem contar a participação da CNBB. E nisto se mostra mais uma das características importantes de sua atuação: sua ação não foi apenas denuncista, mas claramente propositiva"[118]. A Igreja no Brasil participou ativamente da cena pública no processo de consolidação da democracia no país. Nesse sentido há um irrenunciável legado eclesial que foi incorporado à história da sociedade brasileira:

> houve dois momentos em que a Igreja teve atuações especialmente significativas: no processo constituinte vivido em nosso país de 1985 a 1988, e na campanha pela valorização do voto através do combate à corrupção eleitoral, de 1997 a 1999. Essas duas atuações se vinculavam estreitamente uma à outra, na medida em que a segunda delas foi a primeira utilização bem-sucedida da Iniciativa Popular de Lei, um instrumento inovador de participação popular no processo legislativo introduzido em nossa nova Constituição[119].

---

[116] Cf. R.C. DE BARROS, *Para entender a Igreja do Brasil*, 37-42. E para uma valiosa síntese a respeito disso, cf. A.A. DE MELO, "Notas sobre a Igreja do Brasil", 679-686.

[117] D. VALENTINI, "CNBB: 50 anos de compromisso social", 30. E cf. J.O. BEOZZO, "A recepção do Vaticano II na Igreja do Brasil", 445-447.

[118] V. BERKENBROCK, "CNBB: 50 anos de corajosa caminhada", 5.

[119] F. WHITAKER, "A contribuição da Igreja Católica do Brasil para a democracia participativa", 76-77.

Capítulo II

De forma que é incontestável o grau de cooperação e participação da Igreja na vida social e política brasileira. Mormente durante todo o processo constitucional que teve seu coroamento em 1988. Ora, a intensidade do envolvimento e interação com outras entidades foi tanta que "A CNBB entrou no Guinness Book por ter recolhido 2.105.412 assinaturas como petição para incluir temas sociais na Constituição"[120].

Ainda sobre a atuação pública da CNBB no cenário político-social brasileiro uma referência importante é a chamada "lei dos bispos". Tratava-se de uma campanha em vista de modificar o código eleitoral para pôr fim à compra e venda de votos dos cidadãos, ou seja, contra a corrupção eleitoral. O êxito disso se deu com a lei de n. 9.840/99. E nessa mesma direção devem ser consideradas as campanhas pelos plebiscitos sobre as dívidas interna e externa (2000) e sobre a ALCA (Área de Livre Comércio das Américas) em 2002. Embora sabendo que não teriam consequências práticas, os bispos apostaram no valor da pressão que os resultados produziriam[121].

Além disso, outro elemento definidor de sua significância e relevância para a sociedade é a organização das "Pastorais Sociais" sob a coordenação do "Setor Pastoral Social" da CNBB. Transparece fortemente nisso o esforço de participação da Igreja, por meio da sua presença de serviço, no conjunto da vida brasileira. E, conforme já indicamos, por razão desse compromisso social ela goza de um alto índice de credibilidade pública[122]. E a própria sociedade, por meio de seus representantes políticos, reconhece o quanto a CNBB contribuiu para o processo de desenvolvimento do país e para a melhoria de suas condições sociais[123].

Enfim, a CNBB delineou e manteve uma história de compromissos e de integração com a sociedade refletindo a solidez de sua colegialidade e a coerência de seu pensamento. Confirmam isso posicionamentos assumidos nos mais diversos setores[124]. No entanto, ainda persistem in-

---

[120] J.C. Esquivel, *Igreja, Estado e política*, 259 [nota 19]. Cf. Ibid., 253-259.

[121] Cf. J.C. Esquivel, *Igreja, Estado e política*, 298-300;312-313;317-318.

[122] Cf. D. Valentini, "CNBB: 50 anos de compromisso social", 34-46 e J. Hortal, "Panorama e estatísticas do fenômeno religioso no Brasil", 11.

[123] Cf. Senado Federal, *CNBB – 50 anos. Comemoração no Senado*, 7-57.

[124] Cf. J.F. Regis de Morais, *Os Bispos e a política no Brasil: pensamento social da CNBB* e C. Fuser, *A Economia dos bispos. O pensamento econômico da Conferência Nacional dos Bispos do Brasil CNBB (1952/82)*. Como também a "Iniciativa Popular de Lei" proposta pelo "Movimento de Combate à Corrupção Eleitoral", do qual

Bispos do Brasil

terrogações, impasses e desafios que a provocam para novos enfrentamentos na sua ação pastoral[125]. Porque o contexto socioeclesial inegavelmente foi alterado[126].

2.1. Enquadramentos ou tentativas de mudança de rota[127]

Evitando realçar somente os avanços e as conquistas, faz-se mister reconhecer que houve também situações que espelham tentativas de descaracterizar ou minimizar o genuíno perfil dessa Conferência Episcopal[128]. Portanto, temos de afrontar alguns fatos que remetem a uma conjuntura eclesial que extrapola os limites da CNBB, mas que por sua vez incidiram diretamente na expressão de sua colegialidade[129].

Esse processo de tensões significou um período difícil e conturbado para a Igreja do Brasil. A situação se exasperou tanto que foi necessário uma

> inédita reunião entre o papa, os prefeitos dos principais dicastérios romanos, o presidente da CNBB, os cinco cardeais brasileiros e presidentes dos então 14 regionais da CNBB, convocada em 7 de março de 1986

---

faz parte a CNBB, visando impedir que cidadãos condenados pela justiça pudessem ser candidatos a postos eletivos, cf. F. Whitaker, "A contribuição da Igreja Católica do Brasil para a democracia participativa", 86. Disso decorreu a aprovação da lei complementar n. 135/2010, popularmente conhecida como "Lei da Ficha Limpa".

[125] Ao modo daquilo que se constatava em anos não muito remotos, cf. L.R. Benedetti, "Igreja católica e sociedade nos anos 90", 824-838. Assim, há uma efervescência e forte dinamismo pastoral no contexto eclesial brasileiro. Porém, existem ao menos, dois tipos de pastoral: a de caráter de consolo e outra social, cf. J.B. Libanio, "Pastorais nas megalópoles brasileiras", 363-368. E com base em uma nova sensibilidade teológica o cenário eclesial brasileiro tornou-se também mais inclusivo. Exemplo disso são as comunidades negras, cf. A.A. da Silva, "Elementos e pressupostos da reflexão teológica a partir das comunidades negras – Brasil", 391-412.

[126] Cf. C. Palacio, "Deslocamentos da teologia, mutações socioeclesiais", 369-375. Como também o contexto sociopolítico brasileiro atual, depois de tantos esforços e embates, é bastante diferente. Disso tudo, resulta que "De fato, a democracia na realidade é sempre o resultado variável, provisório, de processos históricos que compreendem conflitos e compromissos e dependem de avanços sociais, econômicos e culturais". K. Tudyka, "A importância da democracia hoje", 623.

[127] Para uma síntese da guinada ocorrida, cf. S. Mainwaring, *A Igreja Católica e a Política no Brasil (1916-1985)*, 265-280. E para outros elementos elucidativos, cf. J.B. Libanio, *A volta à grande disciplina. Reflexão teológico-pastoral sobre a atual conjuntura da Igreja*; L. Boff, "Análise de conjuntura. Um projeto do Vaticano para a América Latina?", 737-756; F. Rolim, "Neoconservadorismo eclesiástico e uma estratégia política", 259-281; J.O. Beozzo, "Indícios de uma reação conservadora", 5-16; I. Lesbaupin, "O Vaticano e a Igreja no Brasil", 17-32; L. Martin, "The Call to do Justice: Conflict in the Brazilian Catholic Church, 1968-79", 299-320.

[128] O estudo comparativo da trajetória da CNBB com outras Conferências episcopais evidencia, com mais nitidez e transparência, seu perfil descentralizador e participativo (ao menos em alguns períodos), cf. J.C. Esquivel, *Igreja, Estado e política*, 196.

[129] Para saber das contenções, intervenções, críticas, restrições e reservas de Roma à Igreja do Brasil que contrasta com a relação amistosa dos primórdios da CNBB, cf. J.O. Beozzo, *A Igreja do Brasil*, 207-303, e P. Hebblethwaite, "The Vatican's Latin American Policy", 49-64. No capítulo seguinte de nosso livro retomaremos parte desse assunto para entender o contexto de alguns documentos e publicações da CNBB.

Capítulo II

para refletir sobre as relações entre a Santa Sé e a Igreja brasileira [...] Aclarando os atritos do passado, tentou-se reduzir os decibéis das recíprocas desconfianças[130].

Todavia, a referida conjuntura eclesial permitiu também que se aclarasse melhor o contraste existente entre um projeto centralizador e autoritário, de uma minoria, e o anseio autêntico de continuidade com a tradição eclesial brasileira de uma Igreja participativa e criativa, como queria sua maioria[131].

Nesse sentido as eleições para os cargos dentro da entidade episcopal servem bem de termômetro das conjunturas e tendências[132]. Pois, em 1991, por ocasião da reeleição de dom Luciano Mendes de Almeida como presidente da CNBB já se percebia uma tentativa de mudança no rumo da entidade, ao passo que a eleição de dom Lucas Moreira Neves, em 1995, representou uma solução para as tensões com Roma e certa inflexão e quebra na projeção mais social da CNBB. Contudo, não baniu nem cancelou a tradição de compromisso social que a caracterizou nos últimos vinte e quatro anos.

Em 1999, dom Jayme Chemello foi eleito presidente dando continuidade a uma linha mais moderada, isto é, de colaboração da Igreja com o Estado, mas sem se eximir de avaliações críticas ao governo. Foi essa mesma postura integracionalista que marcou a celebração dos 500 anos de conquista do Brasil, ou seja, exaltando a evangelização, mas também reconhecendo os erros do passado. No entanto, tal opção não conseguiu evitar alguns contratempos.

Por fim, em 2003, foi eleito dom Geraldo Majella Agnelo e posteriormente dom Geraldo Lyrio Rocha (2007-2011) como expressão de consenso dos diferentes segmentos do episcopado. Apesar dessa fase mais moderada qualquer volta aos moldes do passado está descartada. E isso parece ter sido confirmado na última eleição (2011-2015) com a escolha de dom Raymundo Damasceno Assis e de dom Sérgio da Rocha (2015-2019) para a presidência. Evitou-se com isso qualquer chance de retrocesso.

---

[130] J.C. Esquivel, *Igreja, Estado e política*, 250. Para outras informações sobre isso, cf. Ibid., 243-253; J.O. Beozzo – J.P. Ramalho, "O momento eclesial brasileiro", 673-674 e I. Lesbaupin, "O Vaticano e a Igreja no Brasil", 23.

[131] Certamente esse tipo de tensão não deixou de existir nos anos posteriores, cf. A.C. De Queiróz, "O papel da Conferência Nacional dos Bispos do Brasil", 44-45.

[132] Para o que segue sobre esse assunto nos reportamos basicamente a J.C. Esquivel, *Igreja, Estado e política*, 267-268; 279-298; 301-304; 304-311; 323-325.

Bispos do Brasil

Também as mudanças de estatutos da instituição são significativas e reveladoras porque representam a relativa evolução e abertura da CNBB, ou seja, da ampliação de participação das diferentes vocações do Povo de Deus em seu trabalho evangelizador, sobretudo com a admissão de assessores não bispos em suas assembleias[133]. Porém, a última reforma estatutária, em 2001, representou uma nova configuração da CNBB, isto é, tornou-a mais episcopal diminuindo a influência dos assessores. O estatuto vigorava desde 1971, mas continha algumas modificações feitas em 1980 e 1986[134].

Ademais, percebe-se também certo "retrocesso" quando se observa que cargos, anteriormente ocupados por bispos auxiliares, passaram a ser novamente ocupados exclusivamente por cardeais. Ilustra isso o fato de quando dom Luciano Mendes de Almeida foi eleito presidente da CNBB, em 1987. Ele era ainda bispo-auxiliar. Tratava-se de algo sem precedentes, mas a Cúria Romana não deixaria de advertir para as modificações estatutárias. Foi introduzida então nos estatutos a exigência de ser bispo diocesano para ocupar a presidência e vice-presidência. Por conseguinte, isso serviu para barrar à presidência da CNBB dom Celso Queiroz, bispo auxiliar e secretário por dois quadriênios sucessivos (1987-1990; 1991-1994). Ora, havia sido uma praxe que secretários se tornassem presidentes[135].

E quando ampliamos um pouco mais o quadro, podemos captar, em termos de configuração eclesial, como foram se conjugando as diferentes tendências no contexto mais recente. Porém, não temos condições de matizar sobre todos os movimentos, novas comunidades católicas e tendências eclesiais dentro do contexto brasileiro[136]. De modo que não caberá nenhuma análise exaustiva. Todavia, temos de reconhecer que alguns movimentos são indubitavelmente mais consonantes a um projeto eclesial participativo do que outros[137]. Nesse sentido, a Renovação Carismática Católica é uma "inovação às avessas", pois garante por um lado uma relativa autonomia dos leigos, mas, por outro lado, reforça o

---

[133] Para uma minuciosa exposição disso, cf. G.F. DE QUEIROGA, *CNBB: comunhão e corresponsabilidade*, 198-322.
[134] Cf. J.C. ESQUIVEL, *Igreja, Estado e política*, 318-321.
[135] Cf. J.C. ESQUIVEL, *Igreja, Estado e política*, 85; 261 [e nota 21].
[136] Em vista de uma amostra disso, cf. CNBB, *Igreja particular, movimentos eclesiais e novas comunidades*; M.F. DOS ANJOS – B. CARRANZA, "Para compreender as novas comunidades católicas, 458-477.
[137] No que se refere à atuação e protagonismo dos leigos, a tipologia de movimentos pode ajudar a captar isso, cf. J.B. LIBANIO, "O leigo na Igreja do Brasil", 69-80.

Capítulo II

enquadramento institucional e a fidelidade identitária[138]. Ao passo que, se optasse por um modelo inovador realmente, mesmo mantendo suas especificidades, poderia assumir um projeto eclesial mais participativo[139]. Enfim, não se pode atribuir diretamente a responsabilidade à CNBB por essa fenomenologia eclesial referida brevemente acima, pois a conjuntura é mais ampla e profunda[140]. Certo é que no seio da Conferência, sempre houve espaço e disposição para se ponderar e dialogar, inclusive sobre esse tema. Portanto, na sequência exporemos ainda algumas instâncias, a título de exemplo, que apontam e refletem momentos eclesiais que são contrastantes com aquilo que caracterizou a trajetória da CNBB nas últimas décadas. Foram momentos de muita tensão vividos pela CNBB – *ad extra* no período de ditadura militar e *ad intra* com a Santa Sé (na relação com Cúria Romana)[141]. Obviamente o influxo disso não comprometeu a sua identidade nem ofuscou seu brilho, podendo, quando muito, amenizar um pouco da sua força[142]. Mas, em todo caso, prevaleceu o compromisso coletivo superando qualquer possibilidade de rupturas radicais.

2.1.1. Sínodo Extraordinário dos Bispos de 1985

É importante esclarecer que não iremos adentrar nas questões que envolvem a hermenêutica desse evento[143]. Interessa-nos somente pinçar

---

[138] Cf. R. LAURENTIN, *Pentecostalismo entre os católicos* e ID., "A renovação carismática: renovação profética ou neoconservadorismo?", 39-48. Para ver melhor sobre a pentecostalização protestante e católica, cf. B. CARRANZA, "Fogos de pentecostalismo no Brasil contemporâneo", 390-399. Sob uma perspectiva mais dialética de análise, cf. P.A.R. DE OLIVEIRA, "O catolicismo: das Cebs à Renovação carismática", 823-835.

[139] Cf. C. BOFF, "Carismáticos e libertadores na Igreja", 36-53; CNBB, *Orientações pastorais sobre a Renovação Carismática Católica*, Doc 53.

[140] Sobre esse assunto é imprescindível o artigo que segue, com abundante indicação bibliográfica, cf. R. DELLA CAVA, "Política do Vaticano 1978-1990", 896-921.

[141] Cf. J.C. ESQUIVEL, *Igreja, Estado e política*, 243-253. Deve-se acrescentar ainda as nomeações episcopais desse período, pois se enquadravam no perfil querido pelo Vaticano em detrimento das reais necessidades da Igreja no Brasil, cf. J.D. VITAL, *Como se faz um bispo: segundo o alto e o baixo clero*. E a promulgação do novo Código de Direito Canônico, em 1983, ofereceu parâmetros para se delimitar também o papel e a atuação das Conferências Episcopais.

[142] No entanto, há quem analise sem eximir de responsabilidade os próprios dirigentes eclesiásticos pelo resultado alcançado, cf. J.L.M. DE OLIVEIRA, "Fracasso do neoconservadorismo católico brasileiro", 484-487.

[143] Para a documentação mais completa sobre o Sínodo, cf. SYNODE EXTRAORDINAIRE, *Célébration de Vatican II*. E para uma versão em língua portuguesa dos documentos mais importantes, cf. SÍNODO DOS BISPOS, "Assembleia extraordinária do Sínodo dos bispos", 791-846. Em vista de uma sintética introdução, cf. J.B. LIBANIO, "Segunda Assembleia geral extraordinária do Sínodo dos Bispos", 77-92. Para uma aproximação analítica do Sínodo: cf. A. MELLONI, "O pós-concílio e as Conferências Episcopais: as respostas", 677-688; J.-M. TILLARD, "O relatório final do Sínodo de 1985", 725-738; H. POTTMEYER, "A Igreja como mistério e como instituição", 759-770.

daqui a autoavaliação que a Igreja do Brasil faz do período pós conciliar. Pois, na Assembleia geral extraordinária do Sínodo dos bispos, realizado em 1985 em Roma, a CNBB traçou um retrato da sua situação eclesial. Por isso, em se tratando de avaliar a incidência do Vaticano II, esta foi caracterizada, entre tantos aspectos positivos, como:

> Une Église très dynamique [...] plus ouverte [...] plus consciente d'être pérégrine et servante de l'humanité [...] qui redécouvre sa mission prophétique [...] La pastorale est devenue en même temps *plus décentralisée* et plus articulée, plus moderne et *plus participée*, avec des réunions nombreuses (de réflexion, décision, révision) des évêques, prêtres, religieux et laïcs engagés dans la pastorale [...] Les documents officiels de la Conférence nationale des évêques du Brésil ont appliqué le Concile à la réalité brésilienne[144].

Nesse sentido, foi bastante significativa também a intervenção feita por um importante expoente da Igreja do Brasil:

> La décentralisation de l'Église, sans détriment de la communion avec le centre, doit être recommandée [...] *L'Église future doit être un exemple de communion et de participation.* Le mystère même de Dieu un et trine doit être le modèle de cette communion et de cette participation [...][145].

E relacionado explicitamente à nossa temática de estudo, ou seja, a da participação, é inevitável não citar esse registro do Sínodo: "Porque a Igreja é comunhão, a participação e a corresponsabilidade devem existir em todos os seus graus"[146]. Sendo assim, observa-se que, embora conste no Relatório Final a aplicação desse princípio em todos os níveis da Igreja, porém ele é deixado de fora no mais alto[147].

Em suma, a relação implícita disso com nossa abordagem encontra-se no realce que foi dado por esse Sínodo à eclesiologia de comunhão em detrimento da Igreja como Povo de Deus[148]. Para isso, basta o que segue:

---

[144] BRÉSIL, "La parole est aux Églises", 112-113 [destaque nosso]. Para saber de todo o relatório da Igreja do Brasil, cf. IBID., 111-167.

[145] A. LORSCHEIDER, "Le déroulement", 404-405.

[146] SÍNODO DOS BISPOS, "Relatio Finalis", 840.

[147] Cf. J. KOMONCHAK, "O debate teológico", 721. Em vista de uma análise mais acurada das questões eclesiológicas levantadas no Sínodo e de como estão contempladas e selecionadas no "Relatório Final", cf. IBID., 713-724.

[148] A eclesiologia brasileira do Povo de Deus, que surge no pós-concílio, constrói-se fundamentada em quatro princípios essenciais: comunhão, evangelização concreta, libertação integral e profecia. Portanto, é uma eclesiologia comunitária e missionária, profética e libertadora, cf. F.A. PASTOR, "Deus e a práxis. Consenso eclesial e debate teológico no Brasil", 179-200. Estando implícito um outro princípio, o da participação.

Capítulo II

A ideia de acentuar a Igreja como *mistério* e, por isso, a tendência de *privilegiar* a imagem de *Corpo de Cristo, Templo do Espírito Santo*, e não tanto a de *Povo de Deus*, tornou-se muito palpável. O receio de alguns, ao menos nas entrelinhas, era que a imagem "Povo de Deus" não fora bem entendida, tendo dado origem a uma leitura mais *sociológica* do que *teológica* da Igreja, com o risco de descambar para uma visão meramente *democrática* da Igreja. Houve muita insistência na ideia de *comunhão*; bem menos na ideia de *participação*[149].

Por conseguinte, esse tipo de hermenêutica do Concílio Vaticano II produz uma série de consequências eclesiológicas que não somente afetam a compreensão do que seja a natureza e a missão da Igreja, mas do próprio modo de se entender a participação eclesial[150].

2.1.2. Teologia da Libertação[151]

Trata-se de uma teologia originariamente latino-americana e que tanta repercussão teve na vida eclesial brasileira. Por isso é preciso admitir que, "A teologia no Brasil durante os últimos 30 anos não poderia ser separada nem do fato maior que foi a Teologia da Libertação (TL) nem dos nomes de alguns dos seus mais eminentes e conhecidos representantes"[152]. Mas em decorrência disso: "Se, de um lado, no final dos anos '70 e início dos anos '80 predomina no Brasil – por algum tempo de forma quase exclusiva nas Editoras Católicas e mesmo nos Seminários – a 'teologia da libertação', ela, porém, por outro lado, é severamente criticada [...]"[153].

E o próprio episcopado captou que não poderia ser diferente a elaboração teológica nesse contexto. Por isso, ela "subjaz, embora não se

---

[149] A. LORSCHEIDER, "Testemunho sobre o Sínodo extraordinário na luz do Vaticano II, passados 20 anos", 742. Mais sobre isso, cf. J. SOBRINO, "Latin America and the Special Rome Synod", 82-94.

[150] Cf. J. COMBLIN, *O povo de Deus*, 115-132.

[151] Para uma noção sobre essa Teologia, cf. G. GUTIÉRREZ, *Teologia da libertação: perspectivas*; A. GARCÍA RUBIO, *Teologia da libertação: política ou profetismo?*; G. BAUM – *al.*, *Vida e reflexão: contributo da Teologia da libertação ao pensamento teológico*; J.B. LIBANIO, *Teologia da libertação. Roteiro didático para um estudo*; L. BOFF, "A originalidade da Teologia da Libertação em Gustavo Gutiérrez", 531-543; I. ELLACURÍA – J. SOBRINO, *Mysterium liberationis. Conceptos fundamentales de la teología de la liberación*; L. BOFF – C. BOFF, *Como fazer teologia da libertação*; P.S. LOPES GONÇALVES, "Epistemologia e método do projeto sistemático da TdL", 145-179.

[152] C. PALACIO, "Deslocamentos da teologia, mutações socioeclesiais", 369.

[153] A. ANTONIAZZI, "A CNBB e a eclesiologia ao longo de cinquenta anos", 470.

use o nome, aos principais documentos da Conferência dos Bispos do Brasil. No Brasil este tipo de teologia sempre foi hegemônico, como a forma mais adequada de se articular o discurso da fé com o discurso da miséria"[154].

Acreditamos que não seja necessário reportar aqui todas as reações cautelosas e suspeitas que a Teologia da libertação despertou em setores da Igreja[155]. Muitas vezes, na base dessas posições, estavam incompreensões e análises parciais que se transformavam numa verdadeira campanha combativa contra esse tipo de teologia[156]. No entanto, as críticas e ataques não deixaram de contribuir para que se alcançassem seu ponto de equilíbrio e sua maior consistência teológica. Porque, a bem da verdade, pode-se considerar que:

> Mais do que um discurso radical, salvo exceções, a Teologia da Libertação quis, desde o início, levar a uma prática transformadora. Essencialmente, buscou refletir criticamente sobre Deus a partir dos pobres. Há, neste modo de fazer teologia, um permanente diálogo com a realidade, uma decidida opção pelos pobres e um compromisso pelos processos de libertação integral[157].

Enfim, vemos que superado o tempo de maior impacto e tensão foi possível reconhecer que ajustes eram necessários, mas havia uma contribuição original nessa proposta teológica[158]. E hodiernamente parece que tal teologia vai conseguindo adquirir finalmente sua maioridade, reconhecimento e cidadania eclesial. Fato inédito e auspicioso que permite a "superação de clichés e preconceitos ideológicos"[159].

---

[154] L. BOFF, "Contribuição da eclesiogênese brasileira à Igreja universal", 380.

[155] Cf. CDF, *Instrução sobre alguns aspectos da "Teologia da Libertação"*. Como contraponto, cf. A. LORSCHEIDER, "Observações a respeito da 'Instrução sobre alguns aspectos da Teologia da Libertação'", 700-708; J.B. LIBANIO – U. VÁZQUEZ, "A instrução sobre a Teologia da libertação. Aspectos hermenêuticos", 151-178 e B. DOS SANTOS, *Libertação: análise da "Instrução sobre a liberdade cristã e a libertação"*.

[156] Apenas a título de exemplificação disso: cf. B. KLOPPENBURG, "Eclesiologizações para oprimidos", 112-144 e J. SCHUMACHER, "Sobre a problemática da teologia da libertação", 197-221.

[157] N. AGOSTINI, *As Conferências episcopais: América Latina e Caribe*, 56.

[158] Cf. CDF, *Instrução sobre a Liberdade cristã e a libertação*.

[159] Cf. G. GUTIÉRREZ, "Os profetas de Deus" – G.L. MÜLLER, "Praticar a verdade e não só dizê-la", 8-9.

Capítulo II

2.1.3. Em Santo Domingo, República Dominicana
12/10 a 28/10 de 1992[160]

A rápida referência a essa quarta Conferência do Episcopado latino-americano se deve ao fato de que nela transparece um clima eclesial caracterizado por apreensões e tensões e que nitidamente era combativo à tradição eclesial latino-americana das últimas décadas[161]. Naquela conjuntura eclesial ressurgia um tradicionalismo de cunho autoritário e disciplinador[162].

Enquanto evento eclesial é difícil fazer emergir dessa Conferência o tema da participação ou de conseguir, à sua luz, entender melhor esse conceito. Uma das poucas referências que temos é a reivindicação que se encontra em uma carta enviada à Assembleia e na qual é possível ler: "Esperamos que os processos participativos sejam estimulados no interior da Igreja. Especialmente o das mulheres: como são maioria, que participem mais ativamente. Também esperamos que haja mais participação dos jovens, camponeses e negros nas tomadas de decisão [...]"[163].

E até mesmo para a realização da Assembleia, a participação dos bispos foi marcada por situações conturbadas e confusas[164]. Aliás, a expressão progressista da Igreja do Brasil, acostumada a trabalhar anualmente com uma grande assembleia, mas de maneira ordenada e participativa, ficou ofuscada pela manobra e desorganização reinantes naquele ambiente[165].

Enfim, em decorrência de todos esses percalços, o próprio texto final da Assembleia contrasta com o melhor da teologia latino-americana dos últimos anos. Embora seja possível recolher também alguma riqueza, sobretudo se for lido com base na chave de promoção humana e da cultura[166].

---

[160] Em vista de informações sobre essa Conferência, cf. V. CODINA, "Crônica de Santo Domingo", 77-89; A. ANTONIAZZI, "Interrogações em forma de respostas. Observações sobre a Conferência e as conclusões de Santo Domingo", 93-102.

[161] A V Conferência latino-americana, de 2007, será tratada no último capítulo deste livro.

[162] Cf. N. AGOSTINI, *As Conferências episcopais: América Latina e Caribe*, 57-59.

[163] Citado por V. CODINA, "Crônica de Santo Domingo", 85.

[164] Cf. A. LORSCHEIDER, *A caminho da 5ª Conferência geral do episcopado latino-americano e caribenho*, 41.

[165] Cf. A. ANTONIAZZI, "Interrogações em forma de respostas. Observações sobre a Conferência e as conclusões de Santo Domingo", 90-92.

[166] Cf. CELAM, *Nova evangelização. Promoção Humana. Cultura cristã. Conclusões da IV Conferência do Episcopado Latino-Americano. Santo Domingo.* Para uma aproximação lúcida do evento e Documento, cf. N. AGOSTINI, *As Conferências episcopais: América Latina e Caribe*, 59-61; J.O. BEOZZO, A *Igreja do Brasil*, 309-337; A. MURAD, "Documento de Santo Domingo: princípios hermenêuticos de leitura", 11-29 e F. TABORDA, "Santo Domingo Corrigido. Comentário às modificações romanas do Documento de Santo Domingo", 640-666.

Bispos do Brasil

3. O Planejamento Pastoral como distintivo da Igreja no Brasil

O motivo pelo qual decidimos finalizar este percurso tratando à parte do planejamento pastoral é porque desse modo destacamos um elemento que é imprescindível na composição do tecido macro eclesial brasileiro, ou seja, "este proceso de planificación pastoral constituyó, sin género de dudas, un factor de cohesión, de concentración de esfuerzos, de estructuración y, sobre todo, una experiencia eclesial de comunión y de participación, no sólo a nivel del episcopado, sino también del pueblo de Dios entero"[167].

A originalidade, potencialidade e riqueza desse componente da vida eclesial brasileira – o Planejamento pastoral, torna-se ainda mais evidente, quando se leva em conta que:

> Sua primeira característica era de natureza profundamente *teológica* [...] Sua segunda característica era de natureza *catequética* ou de educação da fé [...] Sua terceira característica era de natureza *pastoral* [...] Nesse momento, a Igreja do Brasil, que tanta inspiração buscara em outras Igrejas irmãs, principalmente do continente europeu, parecia estar criando algo de novo em termos de ação pastoral e mesmo de perspectiva teológica[168].

Pois, indubitavelmente, o Concílio Vaticano II abriu inúmeras perspectivas para a Igreja do Brasil que soube muito bem aprofundá-las e enriquecê-las com sua originalidade pastoral e eclesial[169]. Em modo caricaturesco, mas de análise perspicaz da situação, pode-se assentir que: "No Brasil se mostrou que é possível um outro modo de ser Igreja. Não estamos condenados a ir até o juízo final com o modelo tradicional que tantas tensões e conflitos estruturais produz por ser, desde o seu princípio, produtor de desigualdades e de rupturas na comunhão e na participação"[170].

A inovação eclesial brasileira ocorreu pluriformemente, sobretudo por meio da renovação teológico-pastoral: reflexão, formação, assesso-

---

[167] M.C. DE FREITAS, "Planificación pastoral y colegialidad: el caso de la conferencia episcopal del Brasil", 34.
[168] R.C. DE BARROS, *Para entender a Igreja do Brasil*, 179.
[169] Cf. J.O. BEOZZO, A *Igreja do Brasil*, 11.
[170] L. BOFF, "Contribuição da eclesiogênese brasileira à Igreja universal", 381. Para outros elementos da originalidade eclesial brasileira, cf. IBID., 376-381.

Capítulo II

rias, cursos, novas pedagogias e interdisciplinaridade, do conhecimento apurado e objetivo da realidade ou campo pastoral, do reforço ou novas iniciativas pastorais. E todas essas realizações se deram dentro de um espírito de comunhão intereclesial que partia da base até a Igreja universal[171].

Nesse contexto é merecedor de nota o Plano de Pastoral de Conjunto porque ele inaugurou e sedimentou um processo permanente de planejamento na vida da Igreja no Brasil[172]. Sua eficácia foi tanta que, pensado para vigorar de 1966 a 1970, foi prorrogado por certo tempo[173]. Contudo, a decisão de contar com planos periódicos para orientar a evangelização, conheceu também seus momentos de tensão e hesitações dentro do episcopado brasileiro. Consequentemente isso produziu mudanças no modo de planejar a pastoral[174].

De modo que um novo quadro se formou com a X Assembleia da CNBB, em 1971, começando a existir o Plano Bienal. O conteúdo nada inovou quanto à primeira e segunda partes do PPC. Posteriormente, o segundo Plano Bienal (1973-1974) foi mais inovador e de caráter mais técnico[175]. Assim, houve uma avaliação positiva dos planos bienais implementados, com destaque para o "crescimento do espírito *comunitário* e da *corresponsabilidade participada*, prosseguindo na *renovação* preconizada pelo Vaticano II e assumida por Medellín"[176].

De tal modo que de 1971 até 1995 foram vários os Planos Bienais assumidos pela Igreja no Brasil. E a partir de 1974 "os bispos decidiram dar continuidade ao processo de planejamento não só mediante os Planos Bienais, senão também retomando o PPC na sua globalidade e elaborando novas Diretrizes"[177]. Estas passaram a cobrir o arco de qua-

---

[171] Cf. R.C. DE BARROS, *Para entender a Igreja do Brasil*, 196-219.

[172] Cf. D. REGAN, *Igreja para a libertação*, 222.

[173] Cf. M.C. DE FREITAS, *Uma opção renovadora*, 88-89. Sua importância foi tanta que tal experiência foi denominada de "mística da participação", cf. IBID., 399.

[174] Para entender porque na década de 70 havia objeções de alguns no episcopado brasileiro aos Planos Nacionais de Pastoral, cf. M.J. DE GODOY, "A CNBB e o processo de evangelização do Brasil", 391-392. De modo que "os Bispos decidiram que não se teria mais um plano nacional, mas apenas diretrizes nacionais e planos bienais para os organismos nacionais da CNBB". A. LORSCHEIDER, "Cinquenta anos de CNBB: uma Conferência Episcopal em chave conciliar", 322.

[175] Cf. M.C. DE FREITAS, *Uma opção renovadora*, 89-90.

[176] Cf. CNBB, "Relatório sobre os trabalhos da Presidência e da CEP no período 1971-74", 1133-1137.

[177] M.C. DE FREITAS, *Uma opção renovadora*, 90-91.

Bispos do Brasil

tro anos e os planos bienais continuaram somente para os organismos nacionais[178]. A síntese de todo esse processo ocorrido foi que:

> Em 1975, começa a era das *Diretrizes Gerais da Ação Pastoral*. Estas não se constituíam verdadeiramente num plano pastoral, mas apresentavam um objetivo geral com algumas perspectivas pastorais nascidas das análises que se faziam do contexto brasileiro e da inserção da Igreja nele. Tiveram a sabedoria de resgatar as seis linhas de trabalho do PPC, que continuaram dando a estrutura básica para os trabalhos da CNBB [...] Neste período de ausência de planos de conjunto, houve, na verdade, uma explosão de experiências pastorais na Igreja do Brasil, inspirada nas conclusões das Conferências de Medellín e de Puebla [...] a década de 1980 conheceu uma Igreja bastante vibrante, não sem, porém, um crescente fosso entre duas alas bem marcadas: uma que incentiva a participação da Igreja na construção da sociedade democrática e outra que crescentemente se fechava nos assuntos internos. Com o fortalecimento do processo de abertura política somado às novas orientações eclesiais, a Igreja no Brasil, em meados da década de 1980, vai diminuindo sua missão social, dizendo que agora chegou a vez dos próprios leigos, organizados nas mais diversas instituições da sociedade civil, garantirem seus direitos. Várias medidas tomadas pela Santa Sé em relação à Igreja no Brasil contribuem, é verdade, para seu recuo, cada vez mais perceptível [...] Todo esse clima fez com que a Igreja no Brasil buscasse nova metodologia para sua ação pastoral. É claro que a Igreja no Brasil, embora não mais tão atuante e coesa na sua dimensão profética, continuou sendo um referencial para os pobres e para toda a luta pelos direitos humanos. Em 1995, depois de uma experiência de vinte e cinco anos, as *Diretrizes* ganham nova perspectiva, na tentativa de abrir mais a Igreja para uma nova realidade, mais complexa e desafiadora [...] Percebia-se a urgência de fazer com que a Igreja se tornasse mais "agressiva" nos seus métodos evangelizadores [...] Assim, as *Diretrizes* passaram a se chamar *Diretrizes Gerais da Ação Evangelizadora da Igreja no Brasil*. Da Ação Pastoral para a Ação Evangelizadora – essa passagem sinalizava o anseio por mudança no método pastoral e por maior abertura às massas católicas afastadas[179].

Mais tarde o Episcopado brasileiro propôs novamente para todas as dioceses do Brasil um outro projeto único de pastoral intitulado: "Projeto Rumo ao Novo Milênio" (PRNM)[180]. Isso por conta da carta do papa

---

[178] Para saber da passagem das "Diretrizes Gerais da Ação Pastoral da Igreja no Brasil" de 1975 e as modificações que foram ocorrendo a cada quadriênio até intitular-se a partir de 1995 de "Diretrizes Gerais da ação evangelizadora da Igreja no Brasil", cf. M.C. DE FREITAS, *Uma opção renovadora*, 90-94 e A. ANTONIAZZI, "A CNBB e a eclesiologia ao longo de cinquenta anos", 464 [nota 12]. E no próximo capítulo nos dedicaremos à análise da participação nos textos da CNBB, inclusive das "Diretrizes".
[179] M.J. DE GODOY, "A CNBB e o processo de evangelização do Brasil", 392-394.
[180] Cf. CNBB, *Rumo ao novo milênio*, Doc 56, São Paulo 1996⁸. Embora não seja aqui o lugar de análise

Capítulo II

João Paulo II, a *Tertio Millennio Adveniente*, em vista da preparação ao Grande Jubileu do nascimento de Jesus Cristo em 2000. Era um projeto pensado para quatro anos que recordava os tempos dos Planos de Pastoral. Basicamente foi disposto assim:

> em 1997, focalizou a pessoa de Jesus Cristo, a fé e o batismo, tendo como pano de fundo o Evangelho segundo Marcos; em 1998, aprofundou a pessoa do Espírito Santo, a esperança e a crisma, tendo presente o Evangelho segundo Lucas; em 1999, estudou a pessoa de Deus Pai, a caridade e a reconciliação, à luz do Evangelho segundo Mateus; no ano 2000, finalmente, teve em vista a glorificação da Santíssima Trindade, com atenção especial à Eucaristia, à celebração do Jubileu e dos 500 anos de evangelização do Brasil. O Evangelho a ser aprofundado foi o segundo João. Neste projeto toda a evangelização foi organizada a partir de quatro exigências evangelizadoras: *o testemunho, o serviço, o diálogo, o anúncio.* Sem deixar de lado as seis dimensões da ação pastoral, iniciou-se um processo de acentuação destas quatro exigências, que se tornaram os pontos de referência para uma evangelização sempre mais encarnada e inculturada[181].

No período subsequente, o pós-jubilar (2001), como continuidade desse processo evangelizador, criou-se o Projeto "Ser Igreja no Novo Milênio" (SINM) que visava renovar a consciência da identidade e da missão da Igreja no Brasil[182]. O escrito do Novo Testamento que inspirou esse projeto da CNBB foi o livro dos Atos dos Apóstolos[183]. De modo que, a partir de 2003, a CNBB assumiu uma nova configuração, isto é, de caráter mais propriamente centrado na missão evangelizadora[184].

Dessa maneira, com base nos elementos apresentados e a partir do processo de implantação do planejamento na Igreja do Brasil, nota-se que paulatinamente houve uma passagem muito bem definida, isto é:

---

do documento, trata-se de um projeto louvável pelo alcance participativo em sua fase de elaboração e por assumir as peculiaridades da Igreja do Brasil, gozando de originalidade em sua proposta, cf. M.C. DE FREITAS, "A Igreja do Brasil rumo ao novo milênio", 21-24. Em vista de uma rápida e crítica aproximação ao Projeto, cf. A. ANTONIAZZI, "O projeto de evangelização da CNBB 'Rumo ao novo milênio'", 75-86 e P.A.R. DE OLIVEIRA, "Rumo ao Novo Milênio", 930-934.

[181] A. LORSCHEIDER, "Cinquenta anos de CNBB: uma Conferência Episcopal em chave conciliar", 322-323. As seis dimensões supracitadas são: 1. Comunitário-Participativa, 2. Missionária, 3. Bíblico-Catequética, 4. Litúrgica, 5. Ecumênica e de Diálogo Inter-religioso e 6. Sócio-transformadora.

[182] Cf. CNBB, *Olhando para a frente*, Doc 66.

[183] Cf. M.J. DE GODOY, "A CNBB e o processo de evangelização do Brasil", 395-396.

[184] Cf. J.C. ESQUIVEL, *Igreja, Estado e política*, 34-35. Como reflexo disso, cf. CNBB, *Projeto nacional de evangelização (2004-2007)*, Doc 72 e ID., *Projeto nacional de evangelização: o Brasil na missão continental*, Doc 88. Ulteriormente analisaremos isso em outros documentos.

Bispos do Brasil

de uma pastoral ainda fragmentada e improvisada, fortemente centralizada na hierarquia, excludente do leigo, a uma pastoral descentralizada e participativa, tecnicamente planificada, espaço de colegialidade episcopal, de corresponsabilidade pastoral e participação efetiva, de comunhão e de unidade no respeito à diversidade dos carismas e ministérios[185].

Em suma, constata-se, então, que a ação pastoral conjunta e planejada marcou definitivamente a vida eclesial brasileira[186]. E com o Vaticano II cresceu a consciência de que a pastoral é responsabilidade dos pastores e fiéis e que todos devem participar nas decisões comuns[187]. Por isso entre os elementos peculiares da sua fisionomia, certamente o planejamento pastoral é aquele que emerge com mais nitidez e que amiúde é evocado como patrimônio valioso da trajetória da CNBB. Assim, "Pode-se dizer que uma das benemerências da CNBB foi, e continua sendo, a introdução do Planejamento Pastoral na Igreja do Brasil, em nível nacional, regional, diocesano e paroquial"[188]. Acima de tudo porque "o planejamento pastoral ajudou a viver concretamente a colegialidade episcopal"[189].

E a aplicação do Planejamento Pastoral significou que foi se moldando um esforço comum na ação eclesial orgânica da Igreja no Brasil. Em outras palavras, ele provocou mudanças na própria configuração e organização da CNBB. Mais que isso, consolidou a colegialidade episcopal e abriu canais efetivos de participação para o povo de Deus[190]. Por conseguinte, essa inovação possibilitou que gradativamente fosse sendo construído um cenário eclesial mais participativo. Na verdade tudo isso significou que:

A participação e a descentralização no sentido de garantir a unidade e responsabilidade de todos são características essenciais a este processo. Em outras palavras, todos aqueles que de alguma maneira deveriam

---

[185] M.C. DE FREITAS, *Uma opção renovadora*, 343-344. Em geral, a pastoral da Igreja no Brasil procurou valorizar: "1) A vocação batismal de todos os cristãos e a consequente corresponsabilidade na missão da Igreja no mundo; 2) O eixo Igreja-mundo, Igreja-sociedade". C. CALIMAN, "CNBB: nova consciência eclesial à luz do Concílio Vaticano II", 419.

[186] Cf. R.C. BARROS, *Brasil: uma igreja em renovação. A experiência brasileira de planejamento pastoral*. Uma aproximação histórica dos primeiros esforços na direção de uma pastoral de conjunto e da elaboração de um plano de pastoral, cf. F. HOUTART, "Pastoral de Conjunto e Plano de Pastoral", 21-34.

[187] Cf. A. ANTONIAZZI, "O que é Pastoral?", 3-18.

[188] I. LORSCHEITER, "Jubileu de Ouro da CNBB (1952-2002)", 104.

[189] A. LORSCHEIDER, "Cinquenta anos de CNBB: uma Conferência Episcopal em chave conciliar", 325.

[190] Cf. R.C. DE BARROS, *Para entender a Igreja do Brasil*, 146; M.C. DE FREITAS, *Uma opção renovadora*, 379-385. Nesse sentido é muito apropriada a leitura interpretativa do eixo eclesiológico do Planejamento Pastoral na Igreja do Brasil, cf. IBID., 320-334.

Capítulo II

ser envolvidos no processo necessitam também participar, a seu nível, das decisões que conduzem ao objetivo[191].

Obviamente que em meio a todo esse processo de experiências inovadoras houve também muitas controvérsias[192]. Mas, quiçá seja válida a ponderação a respeito de que:

> existirá sempre, em termos de planejamento, uma tensão inevitável entre o polo da racionalidade e o polo da participação, entre os anseios de dar à ação pastoral uma inegável seriedade metodológica e científica, e a preocupação de não nivelar assim os carismas na comunidade eclesial, nem restringir a criatividade e a participação do povo de Deus na missão[193].

Sendo assim, uma vez mais torna-se palmar que "exigência e condição para a comunhão, a participação foi outro elemento-chave do planejamento. Mas é também aquele que se tornou o mais polêmico e, talvez por isso mesmo, um dos mais trabalhados ao longo do processo"[194].

Contudo, o elemento nuclear a se ter presente é que a CNBB é "uma instituição que sempre se caracterizou por valorizar a participação dos seus membros"[195]. Embora haja quem avalie que "o papel significativo que [a Igreja] desempenhou está mais preso às circunstâncias políticas do que a uma transformação de suas estruturas, discurso e modo de presença na sociedade"[196]. No entanto, indiscutivelmente a Igreja no Brasil esforçou-se em dar um grande testemunho evangélico por meio de inumeráveis iniciativas e obras que visam a promoção humana e garantam um processo político participado[197]. Afinal, é indubitável que: "Sem participação, não há corresponsabilidade e logra-se apenas uma comunhão qualitativamente empobrecida, mais imposta

---

[191] R.C. DE BARROS, *Para entender a Igreja do Brasil*, 42

[192] Por exemplo, a aporia se o PPC é consoante à participação eclesial ou se reflete mais o autoritarismo, cf. J.O. BEOZZO, "Igreja no Brasil – o planejamento pastoral em questão", 465-505 e F. WHITAKER, "A respeito do artigo publicado nesta revista: 'Igreja do Brasil – o planejamento pastoral em questão'", 135-140; T. BRUNEAU, *O catolicismo brasileiro em época de transição*, 253-262.

[193] M.C. DE FREITAS, *Uma opção renovadora*, 369.

[194] M.C. DE FREITAS, *Uma opção renovadora*, 388. Ainda sobre esse assunto, cf. ID., 388-390. Afinal de contas, "o planejamento pastoral que se verifica no Brasil resulta muito mais de um processo espiritual integral do que da eficiência técnica. O ponto de partida é a preocupação pastoral e não a eficiência institucional". D. REGAN, *Igreja para a libertação*, 221.

[195] D. VALENTINI, "CNBB: 50 anos de compromisso social", 30.

[196] L.R. BENEDETTI, "Igreja católica e sociedade nos anos 90", 827. A esse propósito, cf. P.A.R. DE OLIVEIRA, "Presença da Igreja Católica na sociedade brasileira", 111.

[197] Cf. R.C. DE BARROS, *Para entender a Igreja do Brasil*, 39-40.

do que assumida, quando não frágil ou apenas aparente"[198]. Ela nasceu e se tornou de certo modo uma realidade em permanente "estado sinodal", por meio de suas assembleias gerais e regionais, visando com isso a evangelização[199]. Pois, afinal "les Conférences épiscopales ne sont qu'un élément dans la chaîne des synodalités qui appartiennent au mystère de l'Église"[200].

À guisa de conclusão dessa trajetória da CNBB merecem destaque o envolvimento de peritos e assessores; o diálogo e parceria com CRB (Conferência dos Religiosos do Brasil), CNL (Conselho Nacional de Leigos), CNP (Comissão Nacional de Presbíteros) e CND (Comissão Nacional dos Diáconos) que são instrumentos de participação eclesial efetiva. E nesse campo é louvável a iniciativa, surgida em 1991, da Assembleia Nacional dos Organismos do Povo de Deus, envolvendo bispos, presbíteros, religiosos e leigos na ação pastoral da Igreja. Por fim, a CNBB esteve em sintonia com as aspirações e os movimentos da base surgidos no contexto socioeclesial brasileiro[201]. Na sequência veremos, então, o reflexo disso nos documentos e textos que foram produzidos pela CNBB e que recolhem muitos desses elementos.

---

[198] Novos estatutos da Cnbb: *participação, comunhão, corresponsabilidade*, 4. Enfim, para uma caracterização tipológica das eclesiologias da CNBB, cf. J.C. Esquivel, *Igreja, Estado e política*, 70-91.
[199] Cf. G.F. De Queiroga, *CNBB: comunhão e corresponsabilidade*, 185-197.
[200] B. Sesboüé, *Le magistère à l'épreuve*, 236. Ainda sobre esse assunto, cf. J. Fornés, "Naturaleza sinodal de los Concilios particulares y de las Conferencias episcopales", 305-348. "Portanto, na sua estrutura, finalidade e natureza dialogal, a CNBB apresenta-se como um espaço de comunhão e participação, onde ninguém está excluído do diálogo [...]". A direção, "Editorial", 7.
[201] Cf. H.C.J. Matos, *Nossa história*, III, 158.

CAPÍTULO III

Capítulo III

CARACTERÍSTICAS DA PARTICIPAÇÃO NA CNBB

Depois de termos delineado um contexto eclesial específico – o brasileiro, agora vamos analisar os textos e documentos da Conferência Episcopal Brasileira que evidenciam as propostas ou práticas de participação, ou seja, as formas participativas eclesiais que caracterizam o agir desse episcopado no seu serviço ao povo de Deus.

De modo que os registros escritos nos quais investigaremos a concepção de participação da CNBB constituem-se nosso objeto material de pesquisa. No entanto, isso não caracteriza que nosso texto seja de caráter documental; embora os textos da Conferência sejam instrumentos imprescindíveis de nossa análise, não são seu foco. O escopo principal é analisar os significados presentes no conjunto da construção da CNBB e que se relacionam com a participação. Em outros termos, trata-se dos elementos concretos e das conjunturas que os geraram e das características que a CNBB imprimiu no contexto socioeclesial. Assim, o objeto formal do nosso estudo seriam as características concretas de como a CNBB entende a participação.

A referência cronológica de análise é tomada a partir do pós-Concílio Vaticano II. Pois, na fase anterior ao Concílio, a configuração eclesial brasileira é ainda bastante incipiente, embora promissora, no que concerne à participação eclesial. Por fim, para o período que escolhemos analisar faz-se mister considerar ainda que seria inviável uma leitura analítica de todos os documentos promulgados pela CNBB.

A opção quanto a quais textos deveriam figurar em nossa análise não foi aleatória. Ela foi presidida pela lógica da relevância, isto é, de selecionar os escritos nos quais transparecesse o zelo pastoral do episcopado brasileiro em campos decisivos da vida socioeclesial. E, por conseguinte, que pudessem permitir constatar a convergência disso com a temática de nossa pesquisa. Sendo assim, procuraremos desenvolver nossa análise dos textos agrupando-os em três categorias: a) na construção formal da própria entidade episcopal, isto é, nos elementos formais de sua configuração organizacional; b) no exercício do múnus episcopal às comunidades de fé e celebração; c) no múnus episcopal para a sociedade, enquanto missão e presença no mundo, na sua ação pastoral e evangelizadora. Em síntese, são categorias dentro das quais será possível detectar o elemento implicativo do múnus episcopal com os diversos segmentos do povo de Deus, ou seja, de interação com realidades que não sejam estritamente episcopais[1].

Portanto, quanto possível, serão os próprios textos a veicular explícita e até profeticamente, como a CNBB concebe a participação, dando-se a intelegibilidade do conceito também de maneira indireta e deduzível. Por isso, o contexto de elaboração de alguns documentos condiciona a própria hermenêutica que se pode fazer deles. Daí, não ser possível omitir uma breve referência à 5ª Conferência de Aparecida.

1. A participação na construção formal da própria entidade episcopal

É fato que, como todas as demais Conferências Episcopais surgidas antes da década de 60, também a CNBB recebeu um novo influxo com a realização do Concílio Vaticano II. Embora já tenhamos buscado in-

---

[1] Mesmo dentro dessas categorias elencadas, tivemos de priorizar alguns documentos que fossem capazes de retratar sumariamente a densidade das opções do Episcopado. Nesse sentido, seguimos a orientação de um grande conhecedor da Igreja no Brasil que generosamente nos auxiliou na eleição dos textos que deveriam ser analisados – trata-se do professor e pesquisador José Oscar Beozzo.

Capítulo III

dividuar o seu traço de originalidade, mormente o esforço da Igreja no Brasil em assumir o espírito conciliar em seu contexto, acreditamos ser possível explorar algo ainda do seu processo de constituição e estruturação enquanto entidade episcopal.

Sendo assim, já houve precedentemente uma rápida menção aos chamados "Estatutos" da Conferência Episcopal, pois isso se constitui passagem obrigatória para se descrever sua história[2]. No entanto, agora é necessário nos determos mais analiticamente nesse quesito a fim de entendermos a concepção e a tensão subjacentes. E faremos isso pondo em tela exclusivamente o período pós conciliar[3].

Nota-se que gradativamente os "Estatutos" foram espelhando a consciência de que para a CNBB importavam e eram relevantes os representantes das Igrejas particulares. Fazia-se isso em vista de um processo decisório mais participativo que superava a mediação exclusiva dos metropolitas e das províncias eclesiásticas[4].

Antes, porém, de tratarmos do período pós-conciliar, é preciso mencionar que, enquanto ocorria a terceira sessão conciliar do Vaticano II, em 1964, a CNBB realizava concomitantemente sua 6ª Assembleia Geral. Nesta foram discutidos os Estatutos da Conferência, em vista das mudanças que deveriam acontecer, e foi eleita a nova direção da entidade, inclusive com a substituição daquele que fora seu secretário geral desde 1952 – dom Helder Camara. Além disso, houve uma assembleia extraordinária, ao longo dos três meses da última sessão do Concílio, de setembro a novembro de 1965, para discutir e aprovar o PPC[5].

Sobre o "Estatuto de 1965"[6], propriamente, constata-se por um lado que ele não expressava em sua globalidade toda a inspiração do evento conciliar, ou seja, compreensivelmente a CNBB não havia alcançado ainda uma

---

[2] Como bem foi sentenciado: "A história da CNBB e a de seus estatutos marcha quase no mesmo ritmo: estes acompanham ou promovem o crescimento e evolução daquela [...]". G.F. DE QUEIROGA, *CNBB: comunhão e corresponsabilidade*, 198.

[3] Sobre o primeiro "Regulamento" e os sucessivos "Estatutos" do período precedente ao Concílio Vaticano II, com seus aspectos positivos, carências e limites, cf. G.F. DE QUEIROGA, *CNBB: comunhão e corresponsabilidade*, 185-222. O "Regulamento de 1952" é considerado a medula do que é a CNBB, pois, apesar das várias alterações que sofrera, ele perdurou por dezenove anos, até o estatuto de 1971, cf. IBID., 185;423-424.

[4] Cf. G.F. DE QUEIROGA, *CNBB: comunhão e corresponsabilidade*, 208-209.

[5] Cf. J.O. BEOZZO, "A recepção do Vaticano II na Igreja do Brasil", 433-434.

[6] Cf. CNBB, "Estatutos da CNBB", *CM* 157-159 (1965) 40-47.

estruturação que a configurasse como uma conferência episcopal totalmente adequada aos moldes do Vaticano II[7]. No entanto, indubitavelmente, a teologia conciliar sobre o episcopado e a colegialidade despontavam nas linhas e entrelinhas dos estatutos como uma nova visão que passava a imperar a partir de então[8]. Isso corroborava que a Conferência Episcopal deriva essencialmente da missão episcopal. Outrossim, a própria estrutura organizativa que se montava permitia entrever a complexidade na qual a CNBB se transformara e a necessidade de maior colegialidade e descentralização em vista de uma pastoral de conjunto qualificada. Para isso, urgia a criação de estruturas que fossem promotoras de comunhão e participação[9]. Por fim, nessa redação estatutária transparecia a consciência da autoridade episcopal, como ordinária e própria, conforme o Concílio defendeu[10].

No período que sobremaneira nos interessa, temos o "Estatuto de 1971", complementado pelo Regimento 71. Este se constituía em um catalisador da riqueza histórica da CNBB naquele determinado momento e representava justamente o amadurecimento e a pujança das ideias conciliares (inclusive na sua terminologia)[11]. Ele refletia uma pastoral orgânica em vigência com base no PPC e fundamentava uma ampla participação com a profunda reflexão que exigiu para sua elaboração (durante mais de dois anos e discutido em três assembleias). Isso trans-

---

[7] A título de exemplo, basta verificar o que se afirma a respeito da natureza da CNBB e sobre os seus membros. Embora na prática tivessem sido abolidas as distinções entre os bispos, cf. G.F. DE QUEIROGA, *CNBB: comunhão e corresponsabilidade*, 229-231;254.

[8] De fato a CNBB foi capaz de algumas ousadias. A título de exemplo, na preparação do Vaticano II ela já contava com um pequeno grupo de peritos (clérigos e leigos/as) para estudarem os esquemas conciliares e assessorarem a Comissão Teológica dos bispos brasileiros. Nem mesmo o Concílio com seus mais de 800 consultores e membros de Comissões Preparatórias contava com leigos e, menos ainda, leigas participando desses trabalhos, cf. NOVOS ESTATUTOS DA CNBB, *Participação, comunhão, corresponsabilidade*, 10.

[9] "Na discussão dos estatutos, durante e logo após o Concílio, buscaram-se maneiras de se traduzir essa nova consciência eclesial prevendo-se diferentes graus de presença e participação de sacerdotes, religiosos/as e leigos/as nas assembleias da CNBB. Essa busca foi barrada pela insistência da Santa Sé de que a CNBB fosse uma conferência apenas do segmento episcopal da igreja, com exclusão dos demais membros do Povo de Deus". NOVOS ESTATUTOS DA CNBB, *Participação, comunhão, corresponsabilidade*, 7.

[10] "Elaborado na vigência do PE e em plena efervescência dos debates conciliares, não é de se admirar perceberem-se no E65 uma viva preocupação pastoral e uma consciência adiantada da colegialidade episcopal, na sua dupla face de comunhão e corresponsabilidade [...] Efetivamente no E65 vemos uma CNBB preocupada em desenvolver uma pastoral qualificada, em reforçar a comunhão e participação dos membros e adequar a própria estrutura operativa às formidáveis responsabilidades do momento". G.F. DE QUEIROGA, *CNBB: comunhão e corresponsabilidade*, 253.

[11] Para saber do Estatuto aprovado na 11ª. Assembleia Geral da CNBB, realizada em Brasília, de 16 a 27 de maio de 1970, cf. CNBB, "Estatuto da Conferência Nacional dos Bispos do Brasil", *CM* 220 (1971) 20-26. Para averiguar o Regimento que foi aprovado na 12ª. Assembleia Geral da CNBB, realizada em Belo Horizonte, de 09 a 17 de fevereiro de 1971, cf. G.F. DE QUEIROGA, *CNBB: comunhão e corresponsabilidade*, 452-461.

Capítulo III

parecia ao se determinar tanto a natureza como a finalidade da CNBB e na força colegial com a qual isso foi assumido[12].

De modo que para a Igreja no Brasil tornou-se imperiosa a necessidade de reestruturações, uma vez que o estatuto anterior (1965) já não respondia às exigências da instituição episcopal. Por exemplo, reclamava-se de participação mais ampla, de maior descentralização e de maior simplificação das estruturas que poderiam ser mais ágeis[13].

Destarte, pode-se observar que, se a primeira preocupação no imediato pós-concílio era reformular os estatutos para adequá-los às exigências da Santa Sé, posteriormente o foco foi de corresponder à realidade eclesial específica do contexto brasileiro. A Igreja no Brasil postulava, com base em sua pastoral orgânica em andamento, uma real participação de todo o povo de Deus[14]. Emergia assim uma fisionomia identitária da Conferência episcopal brasileira afinada e empolgada com o espírito conciliar, bastante colegiada e de cunho pastoralista. Se algo estava destoante das orientações da Santa Sé, devia-se à consciência sobre sua natureza enquanto Conferência episcopal[15]. Em última instância, a aspiração preponderante na CNBB era de se praticar uma efetiva comunhão com participação eclesial[16].

Desse modo, a CNBB se configurava como uma Assembleia de bispos, porém aberta e dialogante com os demais segmentos do Povo de Deus e solicitante da colaboração diversificada dos outros setores e

---

[12] Como reflexo dessa ação descentralizada pode-se citar os órgãos propriamente episcopais (Assembleia Geral, Comissão Representativa, Presidência, Comissão Episcopal de Pastoral e Secretariado Geral) que trabalham de forma colegial; os outros organismos eclesiais nacionais são consultivos: a Comissão Nacional do Clero e o Conselho Pastoral Nacional e Comissões Episcopais Regionais, cf. G.F. De Queiroga, *CNBB: comunhão e corresponsabilidade*, 285-305. "Cremos que esta estrutura de comunhão e participação, mesmo com as deficiências e limites que se podem apontar, instaurou definitivamente na CNBB uma sistemática de trabalho colegiado, sem que se perdesse substancialmente a eficiência e iniciativa". Ibid, 308.

[13] Para detalhes de todo o processo laborioso que se deu com as Assembleias que prepararam a elaboração do "Estatuto de 1971", cf. G.F. De Queiroga, *CNBB: comunhão e corresponsabilidade*, 261-272.

[14] Cf. Ibid., 272.

[15] No que concerne especificamente à composição dos membros da CNBB, no contexto das discussões do "Estatuto 1971", aspirava-se a uma participação mais ampla de membros qualificados do povo de Deus na Conferência, ou seja, de presbíteros, religiosos e leigos. No entanto, por orientação da Santa Sé, eles deviam estar restritos à qualidade de convidados e com direito de voto consultivo, cf. G.F. De Queiroga, *CNBB: comunhão e corresponsabilidade*, 278-284, e Sagrada Congregação dos Bispos, "Novo Estatuto eclesiástico da CNBB. Observações da Sagrada Congregação dos Bispos para fins de reconhecimento do Estatuto", 15-20.

[16] Isso se deduz da "tentativa inédita, mas parcialmente frustrada pela intervenção da Santa Sé, de cooptar também na conferência, com títulos diversos, representantes dos presbíteros, religiosos e leigos. Era um esforço de expressar juridicamente o que é crescentemente vivido em todos os níveis de Igreja no Brasil: a íntima colaboração entre pastores e fiéis, no refletir e decidir, executar e avaliar o trabalho de edificação do Corpo de Cristo". G.F. De Queiroga, *CNBB: comunhão e corresponsabilidade*, 307.

Bispos do Brasil

Igrejas particulares. Obviamente que, ao considerarmos as conquistas e valores que o "Estatuto de 1971" trouxe para a Igreja do Brasil, não nos eximimos de admitir também seus limites, mas que não foram capazes de cancelar seus méritos. Pelo contrário, pressupondo-os foi possível continuar o processo que sempre caracterizou a CNBB[17].

Ora, depois dos cinco anos de aprovação daqueles Estatutos pela Santa Sé, decidiu-se, com base no princípio conciliar de permanente revisão, pedir a prorrogação deles a fim de se criar uma comissão encarregada de fazer a necessária análise dos mesmos[18]. E na Assembleia Geral extraordinária, realizada em Itaici, de 18 a 25 de abril de 1978, houve a aprovação das poucas modificações nos tais Estatutos[19]. Contudo, naquele mesmo ano houve novamente por parte da Santa Sé orientações restritivas que enfatizavam como deveria compor-se a Conferência Episcopal brasileira[20].

De modo que no ano seguinte, na 17ª Assembleia Geral, fizeram-se os devidos ajustes e a votação das modificações[21]. Por fim, na Assembleia Geral seguinte estavam definitivamente votados e revistos o Regimento e o Estatuto para vigorar em vista do quinquênio 1980-1985[22].

Na sequência, vencido o período estipulado de cinco anos, na 23ª Assembleia Geral em 1985, houve votações concernentes a algumas adaptações dos Estatutos, segundo o espírito do novo Código de Direito Canônico Universal de 1983[23]. As observações e sugestões da Congregação para os bispos foram aprovadas na 24ª Assembleia Geral de 1986[24]. Assim, os Estatutos foram definitivamente aprovados em 16 de maio de 1986[25]. E a promulgação das emendas ao Estatuto Canônico da CNBB passou, então, a vigorar[26].

---

[17] Cf. G.F. DE QUEIROGA, *CNBB: comunhão e corresponsabilidade*, 312-317.
[18] Decisão tomada pela 15ª. Assembleia Geral, em Itaici – SP, cf. CNBB, "Estatutos da CNBB", *CM* 293 (1977) 397.
[19] Que mantinha inclusive a Comissão Nacional do Clero e a Comissão Nacional de Pastoral como órgãos da Conferência, cf. CNBB, "Estatuto da Conferência Nacional dos Bispos do Brasil", *CM* 307 (1978) 349-355.
[20] Pontuava-se que: "Sono note le perplessità suscitate da organismi come la Commissione nazionale del clero e la Commissione nazionale di pastorale per il modo con cui attraverso di esse si realizza la presenza di sacerdoti e laici negli organi della Conferenza episcopale". SAGRADA CONGREGAÇÃO PARA OS BISPOS, "Observações sobre os novos estatutos da CNBB", 750.
[21] Cf. CNBB, "Estatuto Canônico da CNBB", *CM* 319 (1979) 388-390.
[22] Cf. CNBB, "Regimento da CNBB", *CM* 329 (1980) 199-206 e ID., "Estatuto Canônico da CNBB", *CM* 329 (1980) 210-215.
[23] Cf. CNBB, "Atualização do Estatuto da CNBB em conformidade com o novo código de Direito Canônico", *CM* 388 (1985) 353-359.
[24] Cf. CNBB, "Adaptação do Estatuto Canônico da CNBB ao novo Código de Direito Canônico", *CM* 399 (1986) 398-400.
[25] Cf. CNBB, "Decreto de aprovação do Estatuto da CNBB", *CM* 400 (1986) 640;672.
[26] Para a versão definitiva, cf. CNBB, "Estatuto Canônico da CNBB", *CM* 400 (1986) 675-680.

Capítulo III

No entanto, em maio de 1989, a Congregação dos Bispos solicitava ao presidente da CNBB uma modificação estatutária referente aos bispos auxiliares que não podiam ser eleitos para os cargos de presidente e vice-presidente da CNBB. Frente a isso, a 28ª Assembleia Geral votou e aprovou este acréscimo ao Estatuto Canônico da Conferência Nacional dos Bispos[27].

Na verdade, portanto, durante praticamente três décadas a CNBB viveu sob a égide dos Estatutos que foram aprovados em 1970, mas que entraram em vigor em 1971. Pois as emendas e reformas havidas anteriormente não modificaram a sua estrutural essencial, senão que foram feitas em vista de algum ajuste ou adaptação (como ocorreu em 1985 em razão do novo Código de Direito Canônico).

Todavia, uma mudança maior na CNBB se projetava, pois a Carta Apostólica "Apostolos Suos", de 1998, desencadeou todo um processo de revisão dos estatutos porque tratava da natureza teológica e jurídica das Conferências Episcopais. Foi, então, nomeada, no ano seguinte, uma comissão especial para que começasse a preparar um anteprojeto de reforma estatutária[28]. Desse modo, na 39ª Assembleia Geral da CNBB chegou-se ao coroamenteo desse processo com a votação dos novos Estatutos[29]. Estes foram então aprovados e ratificados como o novo Estatuto Canônico da CNBB em 10 de abril de 2002.

Isso posto, importa agora a análise objetiva e sumária que segue, pois ela capta bem o significado dos novos Estatutos:

---

[27] Cf. CNBB, "Estatuto Canônico", *CM* 441 (1990) 602. Aqui cabe um registro histórico de uma implicação prática disso, pois "nas eleições para o quadriênio de 1987-1990, havia sido escolhido, para a presidência da CNBB, D. Luciano Mendes de Almeida, bispo auxiliar de D. Paulo Evaristo Arns de São Paulo. Roma apressou-se em nomeá-lo arcebispo de Mariana. Outro auxiliar de Dom Paulo, Dom Celso Queiroz, fora eleito para a Secretaria Geral da CNBB, por dois quadriênios sucessivos: 1987-1990; 1991-1994. Esse novo dispositivo serviu para barrar sua candidatura à presidência da CNBB, nas eleições para o quadriênio 1995-1998, visto que fora mantido ao longo de todo esse tempo como bispo auxiliar, inabilitando-o, portanto, para concorrer à presidência, como havia sucedido com os anteriores secretários gerais, desde 1968 [...]". Novos estatutos da cnbb. *Participação, comunhão, corresponsabilidade*, 5-6 [nota 2].

[28] Nesse ínterim é significativa uma carta do papa João Paulo II ao presidente da CNBB, em 19 de dezembro de 2000, que condicionava uma reforma estatutária que assegurasse a direção das atividades nas mãos dos bispos, cf. CNBB, "J. Paulo II, Carta ao Presidente da CNBB" *CM* 552 (2001) 803.

[29] Que foi, portanto, aprovado em 19 de julho de 2001. Aliás, o tema da Assembleia foi: "CNBB: Vida e organização a serviço de sua missão", cf. CNBB, "Tema central", *CM* 552 (2001) 793-814. Sucessivamente a CNBB, com permissão da Congregação para os Bispos, corrigiu em 19 de fevereiro de 2002 o texto. E, por fim, a 40ª. Assembleia Geral, em 10 de abril de 2002, confirmou e promulgou o referido texto, cf. CNBB, "Estatuto Canônico da Conferência Nacional dos Bispos do Brasil", *CM* 560 (2002) 586-607. Em 17 de abril de 2002 a mesma Assembleia aprovou o novo Regimento, cf. CNBB, "Regimento da CNBB", *CM* 560 (2002) 610-678. Posteriormente houve a publicação, cf. CNBB, *Estatuto Canônico da Conferência Nacional do Bispos do Brasil*, Doc 70.

O novo Estatuto da CNBB (o anterior tinha mais de 30 anos) tinha sido aprovado na Assembleia de julho de 2001, com expressiva maioria (só dois votos contrários e duas abstenções). Submetido ao reconhecimento da Santa Sé, recebeu recentemente alguns aprimoramentos, em diálogo entre a Presidência da CNBB e a Congregação dos Bispos. O novo Estatuto se diferencia do anterior em alguns pontos: dá mais poder de decisão e de representação à Presidência; aumenta o poder e o número de membros do Conselho Permanente, que será reunido ao menos três vezes por ano; substitui a antiga CEP – que, atualmente, é a única Comissão Episcopal de Pastoral, formada por nove bispos, cada um encarregado de um setor pastoral, e governa a CNBB junto com a Presidência – por um Conselho Pastoral, formado pelos presidentes das novas Comissões Episcopais Pastorais (dez permanentes, com a possibilidade de acrescentar mais uma ou duas temporárias). Esse Conselho, porém, não decide; supervisiona a execução da ação pastoral, a partir das determinações da Assembleia, do Conselho Permanente e da Presidência. É evidente a intenção de envolver um maior número de bispos na direção e orientação da Conferência. A prática mostrará se e quanto a nova estrutura é adequada e ágil. Outra preocupação do novo Estatuto é ressaltar o caráter "episcopal" da Conferência. Na prática, isso significa que os diferentes organismos ligados à CNBB (hoje constam no Diretório 11 organismos "da" CNBB, 9 organismos "relacionados com" a CNBB e 10 pastorais também "relacionadas") deverão definir mais claramente suas relações, podendo ganhar mais autonomia, mas não falar em nome da CNBB ou representá-la. Igualmente foi melhor definida a função dos assessores, e, nas assembleias, as sessões se tornaram ordinariamente privativas dos bispos, e não abertas a todos os colaboradores; estes serão convidados a participar de sessões específicas, que exijam ou tornem oportuna sua presença e competência. Sem maiores problemas, mas um pouco apressadamente (como reconheceu o próprio assessor jurídico), foi aprovado o Regimento, que permite a aplicação imediata do Estatuto e que também poderá ser facilmente reformado, se oportuno[30].

Ora, do exposto, aquilo que realmente mais nos interessa é a lúcida constatação das mudanças embutidas na reforma feita e o que isso tem a ver com nosso objeto de análise.

A reforma do Estatuto quis tornar a Conferência mais "episcopal". Tudo (ou quase) agora depende diretamente dos bispos. Representantes de outras categorias do povo de Deus, outros organismos e assessores, terão um papel distinto. Resta saber qual eclesiologia inspirará o conjunto. Uma eclesiologia em que os bispos pretendam monopolizar o

---

[30] A. Antoniazzi, "A 40ª Assembleia da CNBB: memória de 50 anos de história, empenho para um futuro aberto", 28.

Capítulo III

ministério na Igreja ou uma eclesiologia em que o episcopado seja o animador de uma comunidade eclesial "toda ministerial", o líder de um povo de Deus "sujeito histórico"?[31]

Sem nos deter analiticamente em torno da atmosfera gerada por causa dos diferentes posicionamentos e concepções eclesiológicas na ocasião das mudanças estatutárias, é bastante sintomático o registro feito por um jornal da época, isto é, no *Jornal do Brasil* de 24/06/01:

> Aprovado em 1970 e em vigor desde 1971 – com duas pequenas mudanças, em 1985 –, o único consenso em relação ao estatuto é o de que é hora mesmo de ele ser adequado aos novos tempos. A questão é como fazer a mudança. O que para uns deve ser uma simples adequação, para outros pode ensejar uma reforma ampla. A discussão está explicitando divergências ideológicas e expondo as diferentes tendências que dividem hoje os 300 bispos brasileiros entre progressistas, moderados e conservadores. Três projetos de mudança de estatuto foram distribuídos semana passada aos religiosos – um oficial, elaborado por comissão presidida pelo moderado dom Geraldo Majella Agnelo, arcebispo da Bahia –, e dois anteprojetos, um proposto pelos conservadores e outro pelos progressistas. Enquanto conservadores demonstram a intenção de fazer da CNBB uma conferência restrita a religiosos, progressistas brigam para abrir a entidade para a participação popular – o que, na linguagem clerical, eles chamam de "povo de Deus"[32].

De tal maneira, o percurso da evolução estatutária da CNBB, que sumariamente apresentamos, permite entrever uma dialética na compreensão da própria entidade a respeito da participação eclesial[33]. Em modo breve, a CNBB se caracterizou em seus primórdios como uma

---

[31] IBID., 31.

[32] D. SHOLL, "Regimento gera polêmica entre os bispos da CNBB". Portanto, as diferentes tendências dentro do episcopado podiam ser percebidas por meio dos três documentos propostos: 1) de uma comissão da CNBB: "Ante-projeto de Estatutos Canônicos da Conferência Nacional dos Bispos do Brasil"; 2) de um grupo informal de bispos, identificados como progressistas, que há três décadas se reúne, anualmente, para dias de oração e estudo: "Novos Estatutos da CNBB, Participação, Comunhão, Corresponsabilidade"; 3) de nove bispos do Rio de Janeiro: "Pressupostos para a Reforma dos Estatutos da CNBB" e "Sugerimos que os Estatutos [...]".

[33] "Para os setores mais harmonizados com Roma, os padres, religiosos e leigos, que participavam da CNBB, faziam parte, na prática, da direção da entidade. Por esse motivo, consideravam indispensável assegurar no novo estatuto que o planejamento das atividades da conferência estivesse exclusivamente nas mãos dos bispos [...] Os bispos sintonizados com a eclesiologia do enraizamento social visualizavam na reforma estatutária uma tentativa de reforçar a estrutura canônica da CNBB, em detrimento da estrutura pastoral. Para eles, a vitalidade da Igreja brasileira, mercê à complementação entre o clero e o laicato, e a capilaridade, conseguida com a presença atuante das comunidades, estavam seriamente ameaçadas". J.C. ESQUIVEL, *Igreja, Estado e política*, 319.

entidade altamente participativa, a ponto até mesmo de suscitar desaprovação de Roma sobre seu modo de organização e composição. Porém, em sua fase mais recente, deu indicações de um enquadramento institucional maior que reflete por sua vez em uma menor abertura, e consequente limitada participação, para o diferente não episcopal[34].

Enfim, por meio desse processo de formação e revisão dos Estatutos da CNBB, foi possível demonstrar um pouco da compreensão e prática da participação da Igreja no Brasil[35]. Pois o aparato institucional-formal é sempre reflexo de princípios em que se acredita e se pratica. Ulteriormente, quando ocorrerem novas mudanças estatutárias, elas permitirão novas análises a respeito do grau de participação na vida eclesial brasileira[36].

2. A participação no múnus episcopal às comunidades de fé e celebração

A liturgia é um outro campo bastante revelador do grau de consciência sobre a participação eclesial. E o episcopado brasileiro foi bastante sensível nesse sentido e se propôs a manter o elo entre fé e vida dentro das comunidades cristãs e, ao mesmo tempo, o respeito e o reconhecimento pelas expressões de religiosidade popular.

Isso pode ser comprovado por meio de um texto extremamente sucinto, que apresentava em grandes linhas, mas de maneira densa, a visão eclesiológica do episcopado que incluía o povo como agente na ação litúrgica com base na diversidade de ministérios, em vez de relegá-lo a mero expectador[37]. De modo que o escopo norteador era

---

[34] Ilustra isso o fato de que no Novo Estatuto as atribuições e o espaço dos assessores da CNBB ficaram bem delimitados, ou seja, seriam convocados de acordo com os temas em pauta. Havia assim uma redução da participação destes. Por outro lado, aumentava a chance de reuniões privativas dos bispos, cf. J.C. ESQUIVEL, *Igreja, Estado e política*, 321.

[35] No que diz respeito especificamente à última mudança de Estatuto, "o que estava em jogo na discussão não era apenas uma modificação formal dos estatutos, mas o controle e a direção do time eclesiástico. Dois modelos de Igreja confrontavam entre si. De um lado, aqueles que valorizavam o papel da hierarquia e o poder centralizador do papa; de outro, aqueles que pugnavam por uma CNBB mais autônoma e mais entrosada com as igrejas locais e com as organizações de leigos". J.C. ESQUIVEL, *Igreja, Estado e política*, 319-320.

[36] O Estatuto Canônico e o Regimento da CNBB vigentes, sem alterações ou acréscimos, é o de 2002. Segundo nos informou, em 16.09.2014, Frei Evaldo Xavier Gomes, OC, consultor canônico da entidade.

[37] Cf. CNBB, *Diretório para missas com grupos populares*, Doc 11. "O Diretório visava responder a uma situação de fato revelada em toda a sua extensão por pesquisa da CNBB: apenas 30% das celebrações dominicais das paróquias e comunidades eram realizadas pelos sacerdotes, enquanto 70% eram organizadas

Capítulo III

que a liturgia fosse capaz de se encarnar na experiência vivencial do povo simples[38].

O chamado "Diretório para missas com grupos populares" fora composto à luz das orientações do Vaticano II em favor de uma liturgia renovada e participativa (cf. SC 11; 14; 19; 30) e da segunda Conferência Episcopal latino-americana de Medellín (9,7). E, respectivamente, tanto na "Introdução" como nas "Observações finais" do documento, transparecia essa consciência:

> nós, Bispos, nos propomos facilitar uma penetração mais plena da liturgia no coração desta gente simples, através de uma forma de celebração que seja mais adequada à cultura e às circunstâncias que lhe são próprias [...] O presente Diretório não tem caráter preceptivo, mas visa apenas oferecer às Igrejas Particulares pistas que favoreçam a participação popular na Liturgia da Missa[39].

Portanto, a preocupação principal do Diretório era de "adequar a liturgia da missa ao modo de expressar-se, à cultura e à vivência do povo simples, sem, evidentemente, cair em vulgaridade e incorreção de linguagem"[40]. Em última instância o que se desejava era superar "um sério impasse: a inadequação das expressões litúrgicas dificulta a participação plena e frutuosa a que o povo tem direito"[41]. Conforme observado anteriormente, se estava resgatando as principais proposições conciliares e dos eventos eclesiais subsequentes no que se refere à vida litúrgica[42].

---

pelas equipes de celebração, formadas por agentes de pastoral ou por dirigentes leigos da própria comunidade. Esses números, na década de 90, alteraram-se para 15% e 85%, respectivamente". J.O. BEOZZO, *A Igreja do Brasil. De João XXIII a João Paulo II*, 219.

[38] "A elaboração de um Diretório para missa com grupos populares foi decidida a partir de uma conversa entre os responsáveis da liturgia na CNBB e Mons. Bugnini, secretário da Congregação para o Culto Divino, passando a ser preparado desde 1975. Estudado e discutido em todas as dioceses, o projeto, depois de emendado, foi aprovado [...]". J.O. BEOZZO, *A Igreja do Brasil. De João XXIII a João Paulo II*, 219. Portanto, na XV Assembleia Geral da CNBB (8 a 17 de fevereiro de 1977), o Diretório recebeu aprovação de 181 bispos, com apenas 3 votos contrários e 1 em branco, cf. CNBB, "Assuntos de liturgia", *CM* 293 (1977) 190. Na correspondência oficial do presidente da CNBB para a Sagrada Congregação dos Sacramentos e do Culto divino, afirmava-se que a aprovação do Diretório foi quase unânime, especificando que, na votação final, votaram mais de 200 bispos com apenas 3 votos contrários, cf. CNBB, "Correspondência oficial", *CM* 295 (1977) 592-593.

[39] CNBB, *Diretório para missas com grupos populares*, Doc 11, 3; 21.

[40] IBID., [1.4] 6.

[41] IBID., [1.6] 6.

[42] IBID., [1.7;1.8;1.12] 7-9.

Uma vez que o documento havia sido aprovado pelos bispos, praticamente por unanimidade, pode entrar em vigor. E, ao mesmo tempo, foi enviada cópia à Congregação para os Sacramentos e o Culto Divino, em Roma. No entanto, em carta de 4 de dezembro de 1979, era dada a resposta de desaprovação e se mandava suspender a aplicação do Diretório Litúrgico. A informação dada a respeito disso era simplesmente esta, que: "do Brasil chegaram a esta Congregação observações sobre o novo texto e críticas à excessiva liberdade concedida às Igrejas particulares, favorecendo assim o aparecimento de novos abusos ou permitindo a difusão de uma teologia de tipo 'popular', perigosa para a fé"[43]. Assim, os três votos contrários de membros da CNBB ao documento acabaram por sensibilizar mais a Congregação romana que a posição do colegiado dos bispos. Depois de quase três anos de penosa negociação, Roma exigia a retirada de circulação do "Diretório", com sua proibição de uso[44].

Na tentativa de compreender o que teria feito Roma se recusar a dar sua aprovação ao documento da Missa com grupos populares, está o testemunho de dom Clemente Isnard (então presidente da Comissão de Liturgia da CNBB) que ouvira do cardeal Knox, prefeito da Congregação dos Sacramentos e Culto Divino, que se deveria ter evitado a palavra "Diretório" para o documento. Seria essa expressão, por suas conotações jurídicas, que teria dificultado o andamento da confirmação em Roma[45]. No entanto, posteriormente, o cardeal Knox afirmara que:

> a reprovação do documento não se deve apenas ao título "Diretório" ou aos pontos criticados e já aceitos, mas principalmente a um princípio fundamental que deve ser mantido: "a liturgia não deve descer ao povo, mas o povo deve ser elevado à liturgia". Este princípio absoluto não se tinha mantido no Documento em questão[46].

---

[43] R. ALBERTI, "Orientações litúrgico-pastorais sobre a celebração da Missa", 238.

[44] Cf. IBID., 242-243. "No mesmo dia, antes que a CNBB pudesse dialogar sobre esta grave decisão que desautorizava toda uma Conferência Episcopal, exigindo a retirada de uso de um Diretório litúrgico, devidamente aprovado e em uso, o cardeal Knox transmitiu a todas as Nunciaturas de língua hispana e portuguesa e ao CELAM cópia da decisão e das cartas trocadas com a CNBB. E pediu que fossem publicadas no boletim da entidade". J.O. BEOZZO, *A Igreja do Brasil. De João XXIII a João Paulo II*, 221.

[45] Cf. CNBB, "Introdução aos assuntos de liturgia", *CM* 319 (1979) 457.

[46] R. ALBERTI, "Orientações litúrgico-pastorais sobre a celebração da Missa", 244. Para outros problemas, além dos litúrgicos, que a Congregação romana apontava, cf. IBID., 242-243.

Capítulo III

Ora, como balanço disso, vemos que o episcopado aspirava a uma participação ativa e consciente das pessoas simples nas celebrações litúrgicas. Em contrapartida, mesmo havendo unanimidade entre os bispos sobre as devidas adaptações que se deveriam fazer, foram, enquanto Conferência, desautorizados[47]. Apesar disso, na Assembleia geral de 1980, a maioria dos bispos votou pela continuidade de diálogo com Roma[48]. E quando a tentativa de diálogo levou a uma situação de impasse, o bispo responsável pela Liturgia da CNBB afirmou sua posição de modo claro, indicando para o

> significado negativo de um documento, aprovado quase unanimente por um numeroso episcopado, ser retirado de uso, quando nada tinha contra a fé ou a moral e quando se estava disposto a examinar as exigências do bem comum geral. Dada a repercussão já havida na imprensa e dadas as interpretações negativas de muitos, que não teriam acesso às fontes para avaliar seu real significado, este Documento se tornará para nós um documento-símbolo, cuja retirada de uso poderia ser reestudada, para não se desautorizar todo um episcopado com danos irreparáveis[49].

Ora, a insistência e imposição das orientações romanas foram muitas, a ponto de o texto ter sido refeito por outras duas vezes, inclusive com assessores da Congregação romana. Porém, ele se tornou tão descaracterizado daquilo a que os bispos brasileiros aspiravam, que na Assembleia geral da CNBB, em 1981, o texto foi rejeitado pelo episcopado. Decidindo-se que a votação sobre o documento fosse adiada e continuassem os contatos com Roma a fim de se conseguirem maiores adaptações da liturgia da Missa com o povo simples[50]. Por conseguinte, as adaptações litúrgicas da Igreja no Brasil seguiram sem um referencial oficial.

---

[47] Em contraste com aquilo que rezam os documentos: *SC* 22; *CD* 15 e *LG* 26 e 27.
[48] Cf. CNBB, "Diretório para missas com grupos populares", *CM* 329 (1980) 218.
[49] R. ALBERTI, "Orientações litúrgico-pastorais sobre a celebração da Missa", 244-245.
[50] O texto que recebeu um novo título não respondia mais à finalidade que os bispos tinham em mente. Por isso, na votação obteve 21 aprovações, 107 reprovações, 43 em branco e 20 com emendas. Isso dentro de um universo de 191 votantes, cf. CNBB, "Votação 4: 'Orientações litúrgico-pastorais sobre a celebração da Missa'", *CM* 341 (1981) 192.

Outrossim, houve outras iniciativas em vista de alcançar uma incultura-ção da liturgia, como foi com a "Missa da Terra sem Males"[51]. E também a "Missa dos Quilombos" foi expressão disso[52]. Todavia, ambas sofreram o mesmo destino do referido "Diretório", ou seja, a proibição da Congre-gação para os Sacramentos e o Culto Divino. A respeito das supracitadas missas, a Congregação romana alegou que: "a celebração eucarística deve ser somente memorial da morte e ressurreição do Senhor e não (trazer) reivindicação de qualquer grupo humano e racial"[53]. Embora muitos bispos tenham tentado suspender tal proibição, argumentando que no Brasil quase a metade da população é de origem africana e que, por isso, haveria neces-sidade de inculturação da liturgia, mas tudo foi em vão.

Enfim, o motivo dessa retrospectiva é indicar o quanto o episcopado brasileiro em seu múnus de guia pastoral fez pela participação eclesial no âmbito da fé celebrada. Em tudo, transparece o empenho manifesta-do em garantir e defender uma liturgia participativa e que fosse expres-são de uma fé proclamada e relacionada com as existências e culturas concretas das pessoas. Aliás, foi e continua sendo reclamada uma lin-guagem litúrgica que seja condizente com nossos tempos e contextos[54].

3. A participação no múnus episcopal – missão e presença no mundo

Dando continuidade ao intuito de colher dos escritos da CNBB pro-postas ou práticas de participação, vemos que a Igreja do Brasil a partir

---

[51] "Ela retoma o horizonte mítico dos povos guarani, que empreendiam grandes marchas messiânicas em busca da terra sem males, onde não havia mais doenças, nem opressão e morte. A poesia de Pedro Tierra e de D. Pedro Casaldáliga foi toda ela musicada por um indígena que aí colocou a melodia e o ritmo de seu povo. Ela foi concelebrada, pela primeira vez, por cerca de cinquenta bispos, na catedral de São Paulo, numa ação litúrgica de rara beleza e emoção, em profunda comunhão e solidariedade com os sofrimentos e a paixão, as lutas e as esperanças dos povos indígenas". J.O. BEOZZO, *A Igreja do Brasil. De João XXIII a João Paulo II*, 223. Para conhecer o texto, cf. P. CASALDÁLIGA – al., *Missa da Terra sem males*.

[52] Esta "evoca a saga dos escravos fugidos, transformando os quilombos (aldeias de negros escapados da escra-vidão) em terra de liberdade. Foi celebrada em Recife, no dia 20 de novembro de 1981, dia nacional da Cons-ciência Negra, pelo arcebispo negro D. José Maria Pires. O texto poético era novamente de Pedro Tierra e D. Pedro Casaldáliga, musicado por um dos maiores compositores e cantores negros do país, Milton Nascimento. Dava-se aí o reencontro, pela arte e pela celebração, com a cultura negra e sua profunda raiz espiritual presente na vida das classes populares do Brasil, mas ausente da liturgia oficial, branca e ocidental". J.O. BEOZZO, *A Igreja do Brasil. De João XXIII a João Paulo II*, 223. Sem dúvida que tal celebração era altamente provocativa à Igreja e à sociedade, cf. E. HOORNAERT, "A Missa dos quilombos chegou tarde demais?", 816-818.

[53] SAGRADA CONGREGAÇÃO PARA OS SACRAMENTOS E O CULTO DIVINO, "Carta da Sagrada Congregação para os Sacramentos e o Culto Divino a D. Ivo Lorscheiter", 258.

[54] Cf. J.O. BEOZZO, "Para uma liturgia com rosto latino-americano", 586-605.

Capítulo III

dos anos do Concílio passou a contar com uma estreita e fecunda colaboração entre bispos e teólogos. E o reflexo disso se mostra na qualidade e consistência dos documentos que foram por ela publicados ao longo desses anos. Com uma eficiente assessoria estes foram elaborados de forma democrática, discutidos e bem fundamentados[55]. De modo que esse bloco de documentos se torna representativo de um contexto sociopolítico-eclesial do Brasil. Eles permitem entrever como a CNBB concebeu e projetou sua consciência eclesial, motivando os cristãos e a Igreja no seu todo à sua responsabilidade na esfera do social, do econômico e do político[56]. É óbvio que tanto internamente, como na relação da Igreja no Brasil com Roma, não estiveram ausentes tensões e conflitos causados por conta dos posicionamentos e conteúdos dos documentos[57]. Em modo breve o quadro pode ser visualizado da seguinte maneira:

> é na relação dialética entre diversos fatores que se deve procurar uma compreensão histórica realista das mudanças da Igreja no Brasil, sem esquecer que as mudanças provocam também reações e efeitos indesejados. Enquanto a opção pelos pobres se consolidava, cresciam as queixas das classes médias com relação à "politização" da Igreja. Enquanto a pastoral reforçava seus laços efetivos com os movimentos populares, a lógica da instituição eclesiástica exigia um processo inverso de centralização e burocratização, que a evolução geral da sociedade facilitava. Enquanto muitos setores da Igreja se empenhavam mais profundamente no campo social e político, outros cerravam-se numa opção meramente "religiosa" ou pendiam para o moralismo[58].

Pressupondo, portanto, essa moldura contextual, iremos na sequência individuar, exclusivamente, o que possa estar relacionado à participação, sem analisar ou pormenorizar tanto outros aspectos igualmente relevantes. Destarte, faremos isso em dois momentos, ou seja, expondo primeiramente

---

[55] Cf. NOVOS ESTATUTOS DA CNBB. *Participação, comunhão, corresponsabilidade*, 11. Nossa opção de análise priorizará os documentos da CNBB, ou seja, aqueles publicados na "coleção azul". Pela razão óbvia de serem os textos oficiais da Conferência e por delimitar nosso objeto material. Contudo, quando se fizer imprescindível, citaremos algum texto de estudo da Conferência, pertencente à "coleção verde".

[56] "A virada se realiza nos anos 70. Enquanto os partidos políticos são calados, o episcopado se ergue a porta-voz da sociedade civil e clama por democracia, sobretudo a partir dos últimos meses de 1976. Nos dez anos seguintes, este empenho cresce e se consolida. Os próprios documentos da CNBB revelam uma evolução da doutrina, que, por sua vez, manifesta e reforça uma evolução das práticas da Igreja". A. ANTONIAZZI, "Igreja e democracia – enfoque histórico", 105.

[57] Para um entendimento lato e crítico da questão, cf. J.O. BEOZZO, "Igreja do Brasil e Santa Sé", 16-23.

[58] A. ANTONIAZZI, "Igreja e democracia – enfoque histórico", 107.

Bispos do Brasil

um bloco de documentos que geraram polêmica e que remetem para a responsabilidade dos cristãos e da Igreja com a dimensão social, econômica e política e, na sequência, os textos das "Diretrizes" para a ação eclesial[59].

3.1. *Alguns documentos significativos e marcantes da CNBB*

Principiamos por um documento dirigido ao povo de Deus e à sociedade brasileira pelos bispos da Comissão Representativa da CNBB[60]. Neste, os bispos se posicionaram profeticamente face ao contexto político ditatorial que o país estava vivendo e denunciaram alguns fatos que revelavam que aquele era "um sistema político cada vez mais centralizado e, em igual proporção, cada vez contando menos com a participação do povo"[61]. E dada a importância que atribuíam à participação e a fim de promovê-la no conjunto da sociedade, sentenciavam:

> Sem a consulta e a participação popular, os programas, projetos, planos oficiais, por melhores que possam ser, e mesmo se tiverem êxito material e econômico, mais facilmente levam à corrupção e não se justificam, quando não correspondem às necessidades e aspirações do povo[62].

No ano seguinte, em 1977, por ocasião do 25º aniversário da CNBB e durante a 15ª Assembleia Geral, os bispos novamente se pronunciaram a fim de apresentar princípios éticos e cristãos para orientar as soluções para os problemas que o país enfrentava[63]. E isso foi feito por meio de um significativo documento sobre a ordem política[64].

---

[59] Os textos mais antigos trazem somente o número de páginas, posteriormente, nos outros foram inseridos números internos também. Portanto, citaremos conforme consta.

[60] Cf. CNBB, *Comunicação pastoral ao Povo de Deus*, Doc 08. Antes, porém, a Comissão Episcopal de Pastoral já havia preparado um subsídio para servir de reflexão, cf. CNBB, *Igreja e política: subsídios teológicos*, Est 02.

[61] CNBB, *Comunicação pastoral ao Povo de Deus*, Doc 08, 15. Como eco ao que afirmamos anteriormente, aqui os próprios bispos admitem: "Para esta comunicação pastoral, pudemos contar com a preciosa e fraterna colaboração de padres, religiosos, religiosas e leigos". IBID., 5.

[62] CNBB, *Comunicação pastoral ao Povo de Deus*, Doc 08, 16. Para uma análise acurada do texto, cf. S. BERNAL, *CNBB – Da Igreja da cristandade à Igreja dos pobres*, 134-142.

[63] Curioso que "o Episcopado brasileiro chegou a uma surpreendente unanimidade na aprovação de um texto, cujo tema, cobrindo um terreno minado, poderia ter sido ocasião de uma grave ruptura. O documento, no próprio dia do encerramento da Assembleia, depois de uma penosa tramitação por 20 grupos de estudo e por comissões de redação, acabou sendo aceito por 210 votos contra 3 [...] O texto final foi o resultado de três redações preparatórias, à primeira das quais foram oferecidas 344 emendas; à segunda, 254, e à terceira 992". F.B. DE ÁVILA, "O documento da XV Assembleia da CNBB – 'Exigências cristãs de uma ordem política'", 3;5.

[64] Cf. CNBB, *Exigências cristãs de uma ordem política*, Doc 10. Posteriormente surgiu um outro texto de análise, cf. CNBB, *Subsídios para uma política social*, Est 24.

Capítulo III

Neste, emergia a consciência eclesial do processo de marginalização social ao qual a nação brasileira estava submetida[65]. Entre as afirmações contundentes, estava a de que: "Ser marginalizado é não poder participar livremente do processo de criatividade que forja a cultura original de um povo [...] Ser marginalizado é não ter possibilidade de participar. É ser privado do reconhecimento da dignidade que Deus conferiu ao homem"[66].

Diante disso, os bispos propunham explicitamente como meio de superação do quadro de marginalização social a educação para a participação ativa e consciente na ordem política[67]. E defendiam esse direito como sendo indeclinável para o verdadeiro e integral desenvolvimento de uma nação, afirmando: "Um povo se desenvolve quando cresce em liberdade e em participação, quando tem seus direitos respeitados ou ao menos dispõe de recursos primários de defesa [...]"[68]. Ademais, referindo-se ao preço social que todo desenvolvimento comporta, ponderavam que: "Tal preço não é justo quando não há equivalência entre o valor da prestação de cada um no esforço comum e o valor de sua participação na riqueza criada"[69].

Em 1980, na 18ª Assembleia Geral da CNBB, recebeu aprovação um texto que versava sobre os problemas da terra[70]. Conforme os bispos escreveram na época: "Este documento está voltado para a problemática da posse da terra em nosso país [...] sobre a questão social da propriedade fundiária"[71]. Em modo breve, tratava-se de um posicionamento da Igreja diante da alta concentração fundiária nas mãos de alguns em detrimento do grande número de pequenos produtores agrícolas que

---

[65] Malgrado se possa ponderar que neste documento: "aparece ainda o esquema autoritário do Magistério, pelo qual a política é submissa à moral; a Igreja (e, nela, a hierarquia) tem competência para indicar quais são as verdadeiras exigências éticas (e cristãs) da ordem política". A. Antoniazzi, "Igreja e democracia – enfoque histórico", 105.

[66] Cnbb, *Exigências cristãs de uma ordem política*, Doc 10, [23] 13.

[67] Cf. Cnbb, *Exigências cristãs de uma ordem política*, Doc 10, [25-32] 13-15.

[68] Ibid., [47] 20.

[69] Cf. Cnbb, *Exigências cristãs de uma ordem política*, Doc 10, [46] 20. Com este documento o Episcopado marcou uma clara posição política, cf. S. Bernal, *CNBB – Da Igreja da cristandade à Igreja dos pobres*, 166-179.

[70] Cf. Id., *Igreja e problemas da terra*, Doc 17. Outras reflexões e análises precederam o supracitado documento, cf. Cnbb, *Pastoral da terra*, Est 11 e Cnbb, *Pastoral da terra: posse e conflitos*, Est 13. Esse problema crucial tornou-se depois preocupação pastoral em todo o mundo, cf. Pontifício Conselho "Justiça e Paz". *Para uma melhor distribuição da terra. O desafio da reforma agrária*.

[71] Cnbb, *Igreja e problemas da terra*, Doc 17, [3] 3.

Bispos do Brasil

estavam sendo espoliados de suas terras. O grau de consciência crítica do episcopado transparece ao constatar que, em meio a tal situação, "o povo tem sido impedido de participar e decidir os destinos do país"[72].

Ademais, diante daquele quadro social os bispos constatavam com pesar: "Essa situação tornou-se exacerbada com o caminho do desenvolvimento econômico que vem sendo percorrido em nosso país, escolhido sem a participação popular. O modelo de desenvolvimento econômico adotado favorece o lucro ilimitado dos grandes grupos econômicos"[73]. E como compromisso pastoral afirmavam, entre outras coisas, que: "Nossa atuação pastoral, cuidando de não substituir as iniciativas do povo, estimulará a participação consciente e crítica dos trabalhadores nos sindicatos, associações, comissões e outras formas de cooperação [...]"[74].

Em sua 20ª Assembleia Geral, em 1982, a CNBB dedicou-se a refletir sobre o problema relacionado ao uso do solo urbano[75]. Ao modo daquilo que se fez a respeito da questão agrária, aqui também os bispos tomam uma clara posição de incentivo ao povo na reivindicação de seus direitos relacionados ao espaço urbano[76]:

> Consciente, cada vez mais, da capacidade do povo em resolver seus próprios problemas, a Igreja incentiva-o a participar de todas as decisões que lhe dizem respeito, apoiando as diversas formas de organização e mobilização populares, tais como os movimentos de defesa dos favelados[77].

Utilizando da metodologia do ver, julgar e agir no enfrentamento dessa questão sociopolítica, os bispos concluem com indicações de linhas de ação pastoral bastante concretas[78]. O texto, que passou por quatro redações, cau-

---

[72] IBID., [34] 12. Para uma ótima compreensão do texto, cf. BERNAL, S., *CNBB – Da Igreja da cristandade à Igreja dos pobres*, 197-206.

[73] CNBB, *Igreja e problemas da terra*, [36] 13. E para perceber que a Igreja estava realmente sintonizada com a luta dos segmentos sociais, cf. J.F. DA SILVA, "A situação agrária e a posição do movimento sindical dos trabalhadores rurais", 105-112.

[74] CNBB, *Igreja e problemas da terra*, Doc 17, [98] 34.

[75] Cf. CNBB, *Solo urbano e ação pastoral,* Doc 23. Na 19ª. Assembleia Geral da CNBB, em 1981, havia sido apresentado um painel em torno da mesma temática, cf. CNBB, *Propriedade e uso do solo urbano: situações, experiências e desafios pastorais*, Est 30.

[76] Para uma abordagem panorâmica sobre a pastoral urbana propriamente dita, cf. A. ANTONIAZZI, "A CNBB e a pastoral urbana: primeiros passos", 353-386.

[77] CNBB, *Solo urbano e ação pastoral,* Doc 23, [135] 42.

[78] Cf. IBID., [108-156] 37-45. O assunto é essencialmente um desafio pastoral, cf. BERNAL, S., *CNBB – Da Igreja da cristandade à Igreja dos pobres*, 207-215.

Capítulo III

sou forte repercussão na imprensa, despertando reações, tanto a favor como contra as propostas defendidas pelos bispos. Em geral, a contrariedade devia-se ao equívoco de que a Igreja estivesse contra a propriedade privada, quando, na verdade, ela evocava a hipoteca social que pesa sobre aquela[79].

Um outro momento sumamente importante do país no qual a CNBB se manifestou foi por ocasião da reconstrução do processo democrático do Brasil[80]. Por isso, durante a 24ª Assembleia Geral, em 1986, os bispos ofereceram elementos fundamentais em vista do processo constituinte, isto é, a preparação da nova Constituição brasileira[81]. Indubitavelmente, a Igreja despontou como a grande defensora dos direitos do povo brasileiro também nessa fase, sobretudo para salvaguar seu direito de participação.

Isso transparece tanto no texto produzido pela Assembleia dos bispos, como na ação pastoral e evangelizadora desenvolvida por toda a Igreja[82]. Os pastores afirmam enfaticamente que: "Só um povo que participe assumirá a futura Constituição como obra sua; saberá comprometer-se com ela e exigir seu cumprimento [...] é a participação da sociedade que deverá definir seu conteúdo"[83]. Portanto, o que unanimente o episcopado reivindicava eram "transformações profundas" na sociedade brasileira e não apenas uma democracia formal ou liberal, mas uma democratização econômica[84].

Ora, uma vez que havia sido promulgada a nova Constituição brasileira, em 1988, os bispos reunidos na 27ª Assembleia geral da CNBB,

---

[79] Sobre o impacto do documento na grande sociedade brasileira, cf. P. Rangel, "O último documento de Itaici. Introdução à leitura", 11-13. E para uma leitura crítica do documento do episcopado, cf. P. Rangel, "Solo urbano e ação pastoral. Notas de pé de página", 147-160.

[80] O que claramente a CNBB defendia era uma democracia participativa na qual o povo organizado fosse o sujeito político na organização do Estado, cf. O.C. Araújo, "O processo constituinte", 09-11. Nota-se claramente que "os bispos se apresentam, antes de tudo, como defensores da vontade popular e *fazem do tema da 'participação' (outro nome de democracia?!) o eixo central de seu texto*. Em geral, a participação da CNBB na campanha pela Constituinte é marcada por esse espírito, embora não esqueça 'reivindicações católicas' tradicionais (sobre família, escola etc.). Especialmente o amplo movimento das 'emendas populares' ao projeto da Constituição confirma, de fato, essa orientação da Igreja". A. Antoniazzi, "Igreja e democracia – enfoque histórico", 105 [destaque nosso].

[81] Cf. CNBB, *Por uma nova ordem constitucional*, Doc 36. E como desdobramento do empenho eclesial no momento significativo da história política brasileira, cf. CNBB, *Participação popular e cidadania: a Igreja no processo constituinte*, Est 60.

[82] Cf. CNBB, *Por uma nova ordem constitucional*, Doc 36, [13-17] 8-9; [85-86] 31-32. Não é por acaso que no texto o substantivo feminino "participação" aparece 52 vezes e o verbo "participar" consta 19 vezes.

[83] Ibid., [13;14] 8.

[84] Cf. A. Antoniazzi, "Igreja e democracia – enfoque histórico", 106-107.

Bispos do Brasil

em 1989, resolveram retomar o tema da democracia[85]. Visavam com isso ajudar na consolidação do processo de abertura democrática do país, com base em uma transformação profunda da sociedade que modificasse as relações sociais e garantisse a efetiva participação de todos os cidadãos[86].

Por isso, esses pastores são altamente explícitos ao observar que: "Na vida política presenciamos, frequentemente, a perda do sentido de corresponsabilidade e participação, que leva a uma falta de compromisso com o serviço do bem comum"[87]. No entanto, os bispos expressam esperança, dados os esforços sérios que existem para viver os valores do ideal democrático. Entre esses: "o crescente desejo de participação, em todos os níveis, que leva pessoas e grupos a sair da atitude de passividade e resignação, para assumir atitudes críticas, tomar iniciativas e promover a defesa de seus direitos"[88]. E afirmam sem titubear que:

> A democracia consiste na simultânea realização e valorização da liberdade da pessoa humana e da participação de todos nas decisões econômicas, políticas, sociais e culturais que dizem respeito a toda a sociedade. Assim, a democracia é a afirmação da responsável liberdade pessoal do cidadão e da liberdade social de participação[89].

É extremamente significativa a recomendação prática e taxativa que os bispos fizeram a partir do que estavam oferecendo como reflexão aos fiéis e à sociedade:

> A própria Igreja deve dar o exemplo: "a conversão começa por nós mesmos". Pastores e fiéis, podemos e devemos, permanentemente,

---

[85] Cf. CNBB, *Exigências éticas da ordem democrática*, Doc 42. Cada vez mais foi crescendo a consciência que para existir democracia é preciso vencer a exclusão, cf. CNBB – SETOR PASTORAL SOCIAL, "Democratizar: superar a exclusão social", 729-741.

[86] Há quem veja que as intenções do texto sejam: "1º – que o documento não quer discutir diretamente a questão da democracia como regime político, mas prioritariamente a questão do 'Ethos' que torna possível a democracia; 2º – que não propriamente a Igreja católica, mas a fé cristã contribui decisivamente para a difusão do 'Ethos' democrático [...]; 3º – o texto sugere implicitamente que não se poderia deixar de confrontar as atuais declarações de princípio da Igreja sobre a ética e a democracia com o comportamento histórico da própria Igreja católica e dos cristãos em geral, provavelmente para responder à conhecida e corrente objeção de que a Igreja está a favor da democracia apenas em certas situações históricas, nas quais lhe convém, ou seja, por oportunismo". A. ANTONIAZZI, "Igreja e democracia – enfoque histórico", 97-98.

[87] CNBB, *Exigências éticas da ordem democrática*, Doc 42, [41] 16-17.

[88] IBID., [56] 20.

[89] IBID., [66] 22.

Capítulo III

procurar atitudes e comportamentos mais adequados às exigências do Evangelho e, por isso mesmo, capazes de "abrir caminho para um tipo mais humano de sociedade". Embora na Igreja do Senhor Jesus o poder não venha do povo, nem seja exercido em nome do povo, queremos trabalhar generosamente para que se consolidem, em nossas dioceses e em nossas comunidades, o espírito de comunhão, o clima de corresponsabilidade, o respeito mútuo, a atitude de serviço e o florescimento de adequados mecanismos de participação (cf. Mt 20,25-28), excluídas todas as formas de autoritarismo arbitrário[90].

Durante a 38ª Assembleia Geral, em Porto Seguro – BA, em 2000, quando se celebravam os 500 anos de evangelização do Brasil, a CNBB lançou uma carta à sociedade brasileira[91]. Nessa ocasião especialmente, os bispos confessavam o interesse em continuar participando nas decisões de rumos para o país e, por isso, afirmavam que

A Igreja, para ser fiel ao Deus de Jesus Cristo, precisa colocar-se a serviço dos homens e mulheres, principalmente dos mais fracos, sobretudo quando a dignidade humana está ameaçada. Tudo o que afeta o ser humano afeta também a Igreja. Ela sente a desumanização, em suas múltiplas formas, como uma interpelação a si própria. Por isso, ela se preocupa em participar da construção de uma sociedade justa e solidária, promovendo a justiça e o amor e denunciando as injustiças[92].

Destarte, se por um lado, na medida em que se fez um inventário da ação eclesial foi possível constatar o quanto a Igreja deu sua contribuição no processo de consolidação de um projeto social e político para o país, mas por outro, notou-se também que havia muito ainda a ser alcançado[93]. Portanto, sem ufanismo foi preciso tomar consciência do presente para, em seguida, projetar-se confiantes para o futuro[94]. E,

---

[90] CNBB, *Exigências éticas da ordem democrática*, Doc 42, [107] 35-36.

[91] Cf. CNBB, *Brasil – 500 anos: diálogo e esperança. Carta à sociedade brasileira e às nossas comunidades*, Doc 65.

[92] CNBB, *Brasil – 500 anos: diálogo e esperança*, Doc 65, [14] 11-12. Um elemento crucial e indispensável para se situar e agir coerentemente é o conhecimento da realidade, ou seja, fazer uma análise de conjuntura. Por isso, os bispos a fizeram durante a 38ª. Assembleia Geral, buscando apontar as "luzes e sombras" que aquela data comemorativa evocava, cf. CNBB, "Brasil – 500 anos: início de uma nova caminhada?", 195-226.

[93] Cf. CNBB, "Vida com dignidade e esperança", 95-97.

[94] Cf. CNBB, *Brasil – 500 anos: diálogo e esperança*, Doc 65, [23-61] 15-35. Na verdade, os 500 anos representaram um marco para uma tomada crítica de consciência em vista de um futuro melhor, cf. J. COMBLIN, "Quinhentos anos de Brasil", 136-147.

Bispos do Brasil

nesse sentido, a grande indicação que o episcopado brasileiro apontou para a sociedade foi a da participação[95].

Por fim, remonta à longa data o empenho da CNBB em projetos que têm em vista solucionar o problema da fome que assola dezenas de milhares de brasileiros no país[96]. Justamente por isso, em 2002, durante a 40ª Assembleia geral e na celebração do jubileu de ouro da entidade, os bispos convocaram todas as pessoas para uma ação efetiva – um mutirão nacional – pela superação da miséria e da fome[97].

Seguindo a perspectiva que nos interessa destacar quanto à atuação da Conferência, soam realmente como evangélicas e éticas, e de amplo alcance, as exigências propostas: "a superação da fome e da miséria transcende a esfera eclesial e exige a participação de toda a sociedade na busca de soluções eficazes e urgentes e impõe um amplo debate, em âmbito nacional, sobre as prioridades das Políticas Sociais"[98]. E para que não resultasse em uma conclamação que se restrinjiria à indignação, mas sem compromissos e mudanças sociais, os bispos apontavam para algumas ações bem concretas[99]. E demonstravam uma consciência crítica diante dessa realidade, afirmando: "O resgate da dignidade dos pobres não pode limitar-se à assistência emergencial, mas exige a transformação da sociedade e da economia, numa nova ordem voltada para o bem comum"[100].

Em suma, desse percurso feito, emerge claramente que a CNBB sempre procurou garantir dentro de uma sociedade plural, mas majoritariamente cristã e católica, seu direito de participação na cena sociopolítica em assuntos envolvendo a vida e a dignidade da pessoa humana.

---

[95] A CNBB motiva intensamente os cidadãos para a participação democrática em todos os níveis, para que sejam corresponsáveis pela gestão dos bens públicos e tenham participação em conselhos etc., cf. CNBB, *Brasil – 500 anos: diálogo e esperança*, Doc 65, [36-37] 21-22. Enfim, são importantes a ação social e a parceria, pois "a participação democrática demanda não apenas instrumentos jurídicos que a facilitem, mas sobretudo a presença ativa de organizações que a sustentem e uma 'cultura' que a motive". IBID., [41] 23.
[96] Uma visão detalhada e aprofundada sobre isso pode se conseguir por meio da exímia tese doutoral, cf. L.G. SCUDELER, *A consciência eclesial da fome e da situação dos famintos nos documentos da Conferência Nacional dos bispos do Brasil*.
[97] Cf. CNBB, *Exigências evangélicas e éticas de superação da miséria e da fome. "Alimento, dom de Deus, direito de todos"*, Doc 69. Na verdade, esse documento dos bispos se insere no grande horizonte e contexto do pobre e da pobreza, cf. C.C. DOS SANTOS, "Superar a miséria e a fome: desafio às Igrejas do Novo Milênio", 559-577.
[98] CNBB, *Exigências evangélicas e éticas de superação da miséria e da fome*, Doc 69, [54] 26.
[99] Cf. IBID., [58-65] 27-30. Para uma noção dos desdobramentos que a iniciativa da CNBB teve, como o Mutirão Nacional para a Superação da Miséria e da Fome, cf. E. BOZZETTO – al., "As lições de um mutirão", 18-23. Paulatinamente houve uma globalização da solidariedade, cf. M. LENZ, "Um balanço positivo", 70-71.
[100] CNBB, *Exigências evangélicas e éticas de superação da miséria e da fome*, Doc 69, [20] 15.

Capítulo III

3.2. As *"Diretrizes"* como projeto evangelizador da Igreja no Brasil

Para ampliar esse quadro que retrata a consciência eclesial da Igreja no Brasil sobre a participação, mormente por meio da CNBB, optamos em pontuar alguns aspectos da sua ação pastoral ou evangelizadora contidas em suas "Diretrizes gerais"[101].

Nesse sentido, conforme referido no capítulo anterior, a Igreja no Brasil no imediato pós-Concílio, adotou o Plano de Pastoral de Conjunto que inicialmente foi aprovado para vigorar entre 1966-1970. No entanto, tendo recebido confirmação, sua vigência se estendeu para os anos de 1971-1974 e completado por dois planos (1971-1972 e 1973-1974) de organismos nacionais da CNBB.

Portanto, os principais elementos que pretendemos colher engloba o período que vai de 1975 a 2015, segundo os registros de planejamento da CNBB[102]. Por uma razão óbvia de espaço, não analisaremos os planos bienais de atividades da Comissão Episcopal de Pastoral (CEP), mas nos restringeremos às "Diretrizes" (DGAP e DGAE)[103].

Posto isso, interessa-nos, ao modo como fizemos com os documentos, realçar os elementos que nos possibilitam entender a participação segundo a visão da CNBB.

Tomamos como ponto de partida a 14ª Assembleia Geral da CNBB, ocorrida em 1974, e na qual foi tomada a decisão de manter as diretrizes presentes no PPC, porém fazendo as devidas adaptações exigidas pelo Concílio e com base em elementos teológicos e pastorais que eram cor-

---

[101] Afinal, é pertinente a observação de que: "Nada como um estudo completo de sequência de *Diretrizes Gerais* para compreender a caminhada pastoral da Igreja no Brasil nos últimos 50 anos". A.C. DE QUEIRÓZ, "Compreendendo as diretrizes", 27. E para um breve histórico do surgimento e retomada das Diretrizes, M.C. DE FREITAS, *Uma opção renovadora*, 90-92.

[102] "Em 1975, começa a era das *Diretrizes Gerais da Ação Pastoral*. Estas não se constituíam verdadeiramente num plano pastoral, mas apresentavam um objetivo geral com algumas perspectivas pastorais nascidas das análises que se faziam do contexto brasileiro e da inserção da Igreja nele. Tiveram a sabedoria de resgatar as seis linhas de trabalho do PPC, que continuaram dando a estrutura básica para os trabalhos da CNBB. As *Diretrizes* persistem até os dias de hoje e foram se tornando um instrumento pastoral muito importante para a Igreja no Brasil". M.J. DE GODOY, "A CNBB e o processo de evangelização do Brasil", 392.

[103] "As DGAP não traçam propriamente uma linha de ação, nem um plano. Levantam questionamentos, análises, reflexões. E deixam às Igrejas locais e aos grupos de cristãos a tarefa de formular, nas situações concretas, os planos de ação [...] não é um decreto que fixa irrevogavelmente os rumos da ação pastoral. É mais um instrumento de diálogo e reflexão entre os Bispos, com suas preocupações pastorais, e os cristãos da base". A. ANTONIAZZI, "As 'Diretrizes gerais da ação pastoral' (1983-1986)", 498.

respondentes. Além disso, definiram-se algumas áreas prioritárias para a ação pastoral da Igreja naquele período[104].

Ora, em se tratando de entender a situação daquele momento, os bispos constatavam que muitas decisões políticas eram tomadas por uma elite, prescindindo da participação do povo[105]. Por sua vez, em termos pastorais detectava-se um grande esforço em aprimorar a organização existente em vista de favorecer a participação ativa e corresponsável dos fiéis e de atingir os grupos distantes ou marginalizados, eclesialmente[106]. Acima de tudo, merece ser destacada a importante constatação de que:

> Entre os progressos que o espírito de integração e de comunhão trouxe à pastoral, deve ser assinalada ainda a multiplicação dos órgãos de coordenação, planejamento e decisão colegial da ação pastoral. A criação dos Conselhos Pastorais, a multiplicação das assembleias diocesanas e dos "sínodos" locais, a invenção de formas originais de ministérios de coordenação diocesana ou setorial contribuem para fazer participar mais eficaz e responsavelmente as diversas forças do povo de Deus na comum responsabilidade pastoral[107].

E no que se refere especificamente à Conferência Episcopal se reconhecia que:

> A testemunhar a intensidade da participação da CNBB no processo de renovação pastoral estão suas Assembleias (oito entre 1965 e 1974, contra seis entre 1953 e 1964), seus documentos e suas inúmeras atividades nacionais, enquanto os Secretariados Regionais, de recente fundação, assumiam papel decisivo[108].

Sendo assim, é demasiadamente significativo que, ao tratar das linhas fundamentais de trabalho, o episcopado defenda a corresponsabilidade de todos na missão da Igreja. E esta deve se traduzir também

---

[104] Disso resultou o texto que temos, cf. CNBB, *Diretrizes gerais da ação pastoral da Igreja no Brasil 1975-1978*, Doc 4. Na verdade, havia uma parcela de bispos dentro da CNBB que preferiria redefinir totalmente as diretrizes, ou seja, definir novos objetivos, nova sistematização etc., mas que foi derrotada. Contudo, a sensação que prevalecia era de exigência de mudanças, cf. A. ANTONIAZZI, "Simples observações sobre as Diretrizes Pastorais aprovadas pela XIV Assembleia da CNBB", 504-513. As quatro prioridades introduzidas foram: Comunidades eclesiais de base, família, religiosidade popular e pastoral de grupos de influência.
[105] Cf. CNBB, *Diretrizes gerais da ação pastoral da Igreja no Brasil 1975-1978*, Doc 4, [1.2.3.] 9-10.
[106] Cf. IBID., [2.3] 12.
[107] Cf. IBID., [2.6] 13.
[108] IBID., [2.7] 14.

Capítulo III

pela participação de todos nas decisões que interessam a todo o corpo eclesial[109]. Nesse sentido, afirma-se que:

> As estruturas eclesiais de corresponsabilidade e de coparticipação assumiram formas diversas no decorrer da História. Em nosso tempo, o Concílio Vaticano II, as disposições da Santa Sé e a experiência pastoral instituíram várias formas concretas de participação de todos os fiéis – diretamente ou através de representantes – na elaboração das decisões que afetam a vida pastoral e comunitária (Conselhos Pastorais, Assembleias, "sínodos" locais etc.). Tais instituições [...] devem ser mantidas e desenvolvidas, sempre visando a maior participação de todos na ação comum[110].

Destarte, sem repetir os mesmos elementos de participação no âmbito da vida pastoral da Igreja, conforme já delineado no PPC, detectamos uma linha de continuidade e insistência da CNBB nessa direção.

O ano de 1979 representa um marco muito importante na vida eclesial brasileira, pois a CNBB em sua 17ª Assembleia Geral tomou a decisão de reformular as "Diretrizes da ação pastoral"[111]. E fez isso à luz das conclusões da III Conferência Geral do Episcopado latino-americano em Puebla[112]. Indubitavelmente, Puebla representa um referencial importante para a evangelização neste contexto eclesial[113]. Por isso, os bispos afirmaram que "A participação e comunhão hão de tomar forma concreta na sociedade civil e na Igreja"[114]. Na esteira disso, sentenciaram também que "A continuidade e o desenvolvimento das CEBs como modelos concretos de comunhão e participação sejam manifestações claras da opção pelos pobres"[115].

---

[109] Cf. CNBB, *Diretrizes gerais da ação pastoral da Igreja no Brasil 1975-1978*, Doc 4, [3.2] 38.

[110] IBID., [3.2] 38-39.

[111] Cf. CNBB, *Diretrizes gerais da ação pastoral da Igreja no Brasil 1979-1982*, Doc 15. Nestas aparece um novo objetivo geral, que substitui o do PPC. Para entender a mudança que ocorreu, os novos enfoques teológico-pastorais dados, em perspectiva analítica, cf. M.C. DE FREITAS, *Uma opção renovadora*, 195-244; A.A. DE MELO, *A evangelização no Brasil. Dimensões teológicas e desafios pastorais. O debate teológico e eclesial (1952-1995)*, 39.

[112] Puebla havia modificado a visão orgânica da pastoral, concentrando-a na evangelização e dando ênfase na análise da realidade, cf. A. ANTONIAZZI, "As 'Diretrizes gerais da ação pastoral' (1983-1986)", 494.

[113] É suficiente recordar-se que "algo mais foi obtido em Puebla, quando se fundamentou teologicamente em eclesiologia de 'comunhão e participação' e se fez dela um critério de crítica da própria sociedade". A. ANTONIAZZI, "Planejamento pastoral", 109. O binômio é tomado como um objetivo a ser alcançado também na Igreja, ou seja, nesta e na sociedade, ID., "Comunhão e Participação. Como Puebla usa suas palavras-chaves", 274. Para outros elementos, cf. ID., "Pistas para iniciar o estudo do documento de Puebla", 99-107.

[114] CNBB, *Diretrizes gerais da ação pastoral da Igreja no Brasil*, Doc 15, [34] 21. E a respeito da "participação e comunhão" nestas Diretrizes, cf. M.C. DE FREITAS, *Uma opção renovadora*, 237-239.

[115] CNBB, *Diretrizes gerais da ação pastoral da Igreja no Brasil*, Doc 15, [61.3] 30.

Bispos do Brasil

E tratando especificamente do laicato, os bispos declaravam que "A participação do laicato no planejamento pastoral atenda à necessária corresponsabilidade a nível não apenas de execução como no nível de decisão"[116]. Enfim, o episcopado mostrava-se bastante decidido sobre aquilo que visava: "Comprometidos com a Evangelização a partir da opção pelos pobres, pelo caminho da participação e comunhão, há um resultado a obter: uma sociedade nova, justa e fraterna"[117]. É isso que condicionou todo o esforço da Igreja no Brasil naquele período, ou seja, uma evangelização que fosse libertadora.

Na sequência houve a 21ª Assembleia Geral da CNBB, em 1983, que determinou que a ação pastoral se organizaria fundamentada em seis linhas ou dimensões: comunitária e participativa, missionária, catequética, litúrgica, ecumênica e profético-transformadora. E como destaques pastorais teria: jovens, Comunidades eclesiais de base, vocacões e ministérios, famílias, leigos e mundo do trabalho[118].

Dentre os muitos elementos relevantes de que o texto é portador, interessa-nos destacar a impostação da evangelização numa crescente dinâmica de participação e comunhão[119]. Nesse sentido, ao tratarem dos fundamentos eclesiológicos os bispos afirmavam que "No âmbito intraeclesial, essa exigência de participação e comunhão encontra seu fundamento na igual dignidade dos filhos de Deus"[120].

E recordavam que "a comunhão e a participação de todos os membros do povo de Deus devem crescer nos vários níveis da organização e estrutura eclesiais. Diversos organismos inspirados no Concílio Vaticano II têm surgido para tornar efetivas a participação e a comunhão na Igreja"[121]. E daí realçavam "a importância de se fortalecerem mecanismos permanentes de participação, que favoreçam sobretudo nos leigos,

---

[116] IBID., [5.2.8] 38.

[117] IBID., [41] 23.

[118] Cf. CNBB, *Diretrizes gerais da ação pastoral da Igreja no Brasil 1983-1986*, Doc 28. O texto divide-se basicamente em três partes: objetivo geral (que ocupa mais da metade do documento), linhas ou dimensões gerais da ação pastoral e os destaques. Para uma rica análise comparativa do objetivo geral, cf. A. ANTONIAZZI, "As 'Diretrizes gerais da ação pastoral' (1983-1986)", 495-497. Uma menção interessante é que "a partir de agora, o ensinamento de João Paulo II influenciará decisivamente nas diretrizes". A.A. DE MELO, *A evangelização no Brasil*, 41.

[119] Cf. CNBB, *Diretrizes gerais da ação pastoral da Igreja no Brasil 1983-1986*, Doc 28, [56-64] 50-56.

[120] CNBB, *Diretrizes gerais da ação pastoral da Igreja no Brasil 1983-1986*, Doc 28, [60] 52.

[121] IBID., [61] 52-53.

Capítulo III

homens e mulheres, a consciência de sua presença ativa à Igreja e que lhes possibilitem crescer na vivência da comunhão eclesial"[122].

Afinal de contas, "a prática da participação vai contribuindo substancialmente para o crescimento da consciência da corresponsabilidade de todos os membros do Povo de Deus na missão evangelizadora e na vivência mais profunda da comunhão dentro da própria Igreja"[123].

Em suma, outra passagem nodal do texto é a que se refere às características de uma sociedade justa e fraterna; entre as quais nomeia a participação de todos como traço distintivo e decisivo para que possa existir aquela[124].

Na 25ª Assembleia Geral da CNBB, em 1987, foram aprovadas as Diretrizes para um outro quadriênio[125]. Similar ao documento anterior, aqui também são três partes que compõem o texto, sendo a mais densa a primeira que trata do "objetivo geral", que por sua vez sofreu algumas poucas alterações ou precisões[126]. Em razão das avaliações que foram feitas com base nas práticas pastorais e das reflexões teológicas[127]. Os destaques ou setores principais da ação evangelizadora da Igreja foram assim elencados: meios de comunicação social, juventude e família[128].

Portanto, por mais de uma década, ou seja, de 1979 a 1990, as "Diretrizes" foram recebendo alguma nova luz e matizes a cada novo quadriênio, mas conservando sempre sua proposta original. Assim, conseguiram iluminar o trabalho pastoral da Igreja no Brasil, projetado em torno de um programa de "Evangelização Libertadora", que incluía uma "crescente participação e comunhão".

---

[122] IBID., [62] 53-54.

[123] IBID., [63] 55.

[124] Cf. IBID., [68] 59-63.

[125] Cf. CNBB, *Diretrizes gerais da ação pastoral da Igreja no Brasil 1987-1990*, Doc 38.

[126] "Ao se referir à realidade vivida pelo povo brasileiro, explicitou-se o aspecto político por sua emergência sempre maior no horizonte da sociedade e consequências para a ação pastoral. As verdades que constituem o conteúdo fundamental da evangelização são agora introduzidas pela expressão 'anunciando', que indica melhor sua presença permanente, e não apenas inicial, em todo o processo. Além disso, trata-se da 'plena' verdade, que exclui qualquer reducionismo. A opção preferencial pelos pobres recebe nova precisão com o termo 'evangélica'. Por sua vez o objetivo visado pela evangelização é agora explicitado numa dupla dimensão: 'formar o povo de Deus' e 'participar da construção de uma sociedade justa e fraterna'. A dimensão escatológica da evangelização é agora expressa pela palavra 'sinal', com toda riqueza de conotações teológicas que ela carrega em si". A.C. DE QUEIRÓZ, "Apresentação", 6-7.

[127] Cf. M.C. DE FREITAS, *Uma opção renovadora*, 93.

[128] Para uma boa síntese do texto, embora enfocando a perspectiva bíblica, cf. A.L.V. RIBEIRO, "Motivações bíblicas do documento de Diretrizes da ação pastoral da Igreja no Brasil (1987-1990)", 107-119.

Bispos do Brasil

No entanto, em 1991, ocorreu a 29ª Assembleia Geral da CNBB, que tinha como incumbência eleger a nova presidência e elaborar as DGAP para o período de 1991-1994. Todavia, a Assembleia apenas apontou alguns elementos e delegou a um grupo de bispos a preparação de um texto, que posteriormente foi submetido ao Conselho Permanente para aprovação, resultando nas "Diretrizes" para o novo quadriênio[129]. Como de praxe, houve, anteriormente, uma ampla consulta aos agentes e organismos de pastoral e às dioceses sobre o assunto[130]. Mas entre os acontecimentos históricos que contribuíram para a definição destas Diretrizes, queremos destacar aquele que possibilitou uma participação ainda mais efetiva dos segmentos da vida eclesial na composição das Diretrizes, foi a "Assembleia Nacional dos Organismos do Povo de Deus", criada em 1991.

Entre as inúmeras perspectivas que se abrem com essas novas Diretrizes é sumamente relevante destacar que, quando discorre sobre os evangelizadores, afirma:

> Constata-se também que a presença dos leigos e seus serviços na comunidade eclesial dão-se, com frequência, num clima de suplência do ministro ordenado. Esta situação levou, quer à clericalização de muitos leigos, quer à sua permanência numa condição diminuída e dependente em face de uma Igreja fortemente centrada no clero. Sua participação nas decisões pastorais, com efetiva responsabilidade, é ainda muito reduzida[131].

Sendo o pano de fundo da reflexão a evangelização, emerge com força a consciência de que é necessária uma melhor articulação na pastoral, ou seja, essa se coloca como condição indispensável para se afrontar os novos desafios, sobretudo o da modernidade[132]. Para isso seriam de grande valia os seguintes princípios: 1) da variedade-com-

---

[129] Cf. CNBB, *Diretrizes gerais da ação pastoral da Igreja no Brasil 1991-1994*, Doc 45, [261] 103. E para um comentário apropriado sobre esse itinerário, cf. A. ANTONIAZZI, "Novas diretrizes para a ação pastoral da Igreja no Brasil?", 21-25.

[130] Em vista de outras elucidações desse processo, cf. W. AMADO, "Preparação das Diretrizes Gerais da Ação Pastoral da Igreja no Brasil – 1991/1994", 955-963.

[131] CNBB, *Diretrizes gerais da ação pastoral da Igreja no Brasil 1991-1994*, Doc 45, [261] 103.

[132] A respeito desse assunto, cf. A. ANTONIAZZI, "Como repensar a pastoral face aos desafios da modernidade?", 415-440.

Capítulo III

plementariedade, 2) da autonomia, 3) da subsidiariedade e 4) da participação responsável[133]. Obviamente que nos é pertinente aquilo que se apresenta sobre este último:

> Pelo princípio da *participação responsável*, a articulação deve envolver o maior número possível de interessados, seja na reflexão, seja na decisão, seja na execução, seja na avaliação. A participação não suprime as responsabilidades específicas e nem as nivela. É fundamental ter claro e definir com nitidez, dentro de um grande processo participativo, as competências, de acordo com a natureza das decisões[134].

Em suma, a abordagem feita sobre a modernidade focou três principais aspectos: o individualismo, o pluralismo cultural e religioso, as contradições sociais e suas causas estruturais. Diante disso foram propostas novas ênfases pastorais correspondentes: valorização da pessoa e da experiência subjetiva, vivência comunitária e diversificação das formas de expressão eclesial, presença mais significativa da Igreja na sociedade. E por fim, nesse processo se constatava que existiam:

> Os novos sujeitos históricos, sejam sociais, religiosos ou eclesiais, manifestam-se e apresentam-se ora como o "novo" diante do "estabelecido", ora como o "divergente" diante do "definido", ora como o "dissidente" diante do "oficial". Caracteriza-os, inicialmente, a tendência ao questionamento, à denúncia, à contestação e à reivindicação. Mas progridem para a proposta de novas relações e de novas estruturas, em que haja maior participação e maior autonomia, em vista à construção de uma nova sociedade e de uma Igreja rejuvenescida, numa nova humanidade[135].

Seguindo a série, durante a 33ª Assembleia Geral da CNBB, em 1995, foram aprovadas as Diretrizes para o quadriênio de 1995-1998[136]. Dessa vez a própria Assembleia discutira e aprovara o texto na íntegra e este se apresentava mais denso que as Diretrizes anteriores[137]. Além

---

[133] CNBB, *Diretrizes gerais da ação pastoral da Igreja no Brasil 1991-1994*, Doc 45, [289] 112.

[134] IBID., [293] 113.

[135] IBID., [301] 117.

[136] Cf. CNBB, *Diretrizes gerais da ação evangelizadora da Igreja no Brasil 1995-1998*, Doc 54. O horizonte que se descortina para a projeção evangelizadora da Igreja nessas Diretrizes contempla o Jubileu do ano 2000 e dos 500 anos do início da evangelização em nosso país.

[137] Para se conhecer o processo de elaboração que culminou no citado documento, cf. A. ANTONIAZZI, "Novidades nas 'Diretrizes gerais da ação evangelizadora da Igreja no Brasil 95-98'", 2-3; 7-8.

disso, a novidade é que passaram a se chamar "Diretrizes Gerais da Ação Evangelizadora".

Isso denotava muito mais que uma simples alteração de nomenclatura[138]. O motivo real tinha a ver com a distinção que há entre ação evangelizadora e ação pastoral. Ora, a primeira realiza-se em vista dos batizados que perderam o entusiasmo pela vivência da fé, ao passo que a segunda destina-se às comunidades cristãs já estruturadas eclesialmente[139]. Portanto, pressupondo todo o esforço que já fora feito, notava-se que outros desafios surgiam para a ação eclesial[140]. E isso pode ser constatado com base na seguinte afirmação que encontramos:

> Um novo empenho da Igreja na Evangelização se justifica pela insistência do Magistério pontifício e episcopal para poder enfrentar três desafios principais na vida dos católicos de hoje: o *secularismo*, o *"devastador e humilhante flagelo"* da situação de pobreza em que vivem milhões de brasileiros, o *pluralismo religioso*, que exige o diálogo e o anúncio missionário[141].

Em termos redacionais nota-se que o objetivo geral das Diretrizes, que indica os rumos de toda a ação (a eclesiologia), ficou propriamente invariável, quando se compara com as Diretrizes anteriores. Houve ape-

---

[138] "Em 1995, depois de uma experiência de vinte e cinco anos, as *Diretrizes* ganham nova perspectiva, na tentativa de abrir mais a Igreja para uma nova realidade, mais complexa e desafiadora. A análise da realidade brasileira apontava para uma configuração bastante diferenciada, sobretudo no que se refere à realidade cultural e religiosa. Percebia-se a urgência de fazer com que a Igreja se tornasse mais 'agressiva' nos seus métodos evangelizadores. Acostumada a trabalhar com pequenos grupos, a Igreja se via retraída no contato com a massa. Novos movimentos surgiam dentro e fora dela, mostrando que era preciso mudar o discurso e o método para atingir a multidão que ficava marginalizada diante da estratégia pastoral de pequenos grupos. Assim, as *Diretrizes* passaram a se chamar *Diretrizes Gerais da Ação Evangelizadora da Igreja no Brasil*. Da Ação Pastoral para a Ação Evangelizadora – essa passagem sinalizava o anseio por mudança no método pastoral e por maior abertura às massas católicas afastadas". M.J. DE GODOY, "A CNBB e o processo de evangelização do Brasil", 394.

[139] Ademais, é preciso perceber que: "As diretrizes de 1987-1990 e de 1991-1994 revelam, crescendo substancialmente, que entre o anúncio do Evangelho e o compromisso pela promoção humana e libertação integral da pessoa humana há uma estreita e profunda conexão, com laços profundos de ordem antropológica, teológica e da caridade evangélica. Mas são as diretrizes gerais da ação evangelizadora da Igreja no Brasil, de 1995 a 1998, que assumem plenamente, e em maneira explícita, a dimensão da justiça e da libertação como parte constitutiva da missão evangelizadora da Igreja". A. SELLA, "Compromisso pela justiça: constitutivo ou não da evangelização?", 590.

[140] As Diretrizes se apoiavam principalmente na análise das mudanças da sociedade nos anos 80, referendada pelos dados do censo de 1991.

[141] R.D. ASSIS, "Apresentação", 8. Foram vários condicionamentos que colocaram em cena a ação evangelizadora da Igreja: a "A Evangelização no Mundo Contemporâneo", a "Missão do Redentor", a "Preparação ao Terceiro Milênio", as propostas do Ano Missionário e do V Congresso Missionário latino-americano (COMLA).

Capítulo III

nas um acréscimo no início, a fim de se sintonizar com a Igreja universal para a celebração do jubileu do ano 2000[142]. Mas aquilo que emergiu com força aqui foi a consciência eclesial de que a missão evangelizadora deve ser assumida por todos na Igreja. Dito de outro modo, afirmava-se que *"a principal responsabilidade da renovação missionária de toda a Igreja está na Igreja particular* (que geralmente é uma Diocese)"[143]. Em razão disso será preciso levar em conta o quadro sociocultural e religioso complexo com desafios específicos que caracterizam a sociedade brasileira, ou seja, deve-se escapar de proposições genéricas, a fim de se alcançar a sociedade nova, justa, solidária e não excludente[144].

Nesse sentido, entre as orientações práticas que foram dadas pode-se destacar a de que "todos procurem fortalecer e estender a ativa participação na cidadania, em todos os níveis da vida social, de modo que o exercício da democracia se torne efetivo através do exercício de direitos e deveres para com a sociedade por parte de todos"[145]. Além do mais, "A todo cristão reconheça-se a condição de *sujeito*, no sentido pleno do termo, abrindo espaço para a experiência subjetiva e pessoal da fé, valorizando o sacerdócio comum dos fiéis e o consenso na fé de todo o povo de Deus"[146]. E os bispos proclamavam que: "É necessário valorizar e articular os mecanismos de comunhão e participação em todos os níveis e melhorar a comunicação interna na Igreja para criar um clima de corresponsabilidade"[147].

Por último, ao tratar dos evangelizadores, discorria-se sobre o papel dos leigos/as vistos como protagonistas da nova evangelização. Portanto, sobre o laicato sublinhava-se: "A ação evangelizadora dos leigos implica no aprofundamento de sua identidade e missão específica, atra-

---

[142] Para uma visão sintética e de conjunto dos capítulos, cf. A. ANTONIAZZI, "Novidades nas 'Diretrizes gerais da ação evangelizadora da Igreja no Brasil 95-98'", 6-7. Para uma dimensão essencial da vida cristã que também não ficou descuidada, cf. C.M. ANDREATTA, "Na força do Espírito do Ressuscitado. Algumas reflexões sobre a espiritualidade das Diretrizes gerais da ação evangelizadora no Brasil (1995-1998)", 48-56. E no que concerne à relação entre cristologia e pastoral, cf. B. CANSI, "Imagens de Cristo nas Diretrizes gerais da ação evangelizadora da Igreja no Brasil (1995-1998) e as novas práticas", 875-902.

[143] CNBB, *Diretrizes gerais da ação evangelizadora da Igreja no Brasil 1995-1998*, Doc 54, [103] 64. Para tanto existe um novo esquema teológico que inclui a inculturação e as quatro exigências ou aspectos da evangelização (serviço, diálogo, anúncio, testemunho de comunhão).

[144] Cf. IBID., [112-172] 69-96.

[145] CNBB, *Diretrizes gerais da ação evangelizadora da Igreja no Brasil 1995-1998*, Doc 54, [204] 115.

[146] IBID., [262] 141.

[147] IBID., [286] 149.

vés de uma adequada formação, assim como na sua articulação e organização em Conselhos"[148]. Formulado com outras palavras, tratava-se de salvaguardar aos leigos/as a formação e organismos permanentes de sua participação.

Posteriormente, aconteceu a 37ª Assembleia Geral da CNBB, na qual foram aprovadas as Diretrizes do quadriênio 1999-2002[149]. Essas novas Diretrizes fizeram a atualização da análise da realidade, correspondente às mudanças dos anos 90, porém mantiveram a mesma meta das precedentes. Ademais, foram incorporadas em seu texto algumas citações da Exortação pós-sinodal "Ecclesia in America" de 1999[150].

Em se tratando do novo contexto social que se evocava, os bispos constatavam como "consequência do domínio da economia sobre a vida social é o esvaziamento da participação política [...] dificultada também pela fragmentação da sociedade civil de um lado, e pela complexidade da administração pública ou pela ineficiência do Estado em muitas áreas"[151]. Em outros termos, tratava-se do "predomínio da economia sobre a política e da tecnologia sobre o trabalho. Consequências graves dessas tendências são a perda de confiança dos cidadãos na política e, portanto, o enfraquecimento da participação e do exercício da democracia"[152].

Destarte, não se nota nenhum acréscimo ou avanço substancial no que concerne à participação, além daquilo que já individuamos nas Diretrizes anteriores[153]. Aliás, a moldura esquemática dos textos é igual[154].

---

[148] IBID., [308] 163.

[149] Cf. CNBB, *Diretrizes gerais da ação evangelizadora da Igreja no Brasil 1999-2002*, Doc 61. E teve também a edição aprovada de outro texto significativo, cf. CNBB, *Missão e ministérios dos cristãos leigos e leigas*, Doc 62.

[150] Cf. A. ANTONIAZZI, "Diretrizes da Igreja e virada do milênio (tendências, conflitos, perspectivas)", 2. Para entender outras razões explícitas que levaram à opção de seguir na esteira das Diretrizes anteriores, cf. IBID., 2.

[151] CNBB, *Diretrizes gerais da ação evangelizadora da Igreja no Brasil 1999-2002*, Doc 61, [128-129] 84-85.

[152] A. ANTONIAZZI, "Diretrizes da Igreja e virada do milênio (tendências, conflitos, perspectivas)", 3. Em vista de um quadro mais amplo dos desafios frente à ação evangelizadora da Igreja, cf. IBID., 4-6.

[153] "As DGAE 1999-2002, com suas duzentas páginas e a riqueza de dados, de análises, de ponderações teológicas, de orientações pedagógicas e pastorais, constituem pequena e preciosa enciclopédia da ação evangelizadora. Por outro lado, sabe-se que quanto mais alto o número das questões abordadas e das palavras usadas, tanto menor o número dos leitores que poderão dominar o assunto". A. ANTONIAZZI, "Diretrizes da Igreja e virada do milênio (tendências, conflitos, perspectivas)", 6.

[154] Entretanto, é curioso que nas Diretrizes precedentes quando se tratava das causas das mudanças e perspectivas (III capítulo), aparecia escrito "limites da participação", cf. CNBB, *Diretrizes gerais da ação evangelizadora da Igreja no Brasil 1995-1998*, Doc 54, 69 [sumário]. Enquanto que nestas Diretrizes, na mesma sessão, encontramos: "obstáculos à participação", cf. CNBB, *Diretrizes gerais da ação evangelizadora da Igreja no Brasil 1999-2002*, Doc 61, 67. O que explicaria essa alteração de termo?

Capítulo III

Contudo, dada a alteração que ocorre em alguma passagem do texto, cabe suspeitar de um relativo retraimento na consciência evangelizadora da Igreja[155].

No entanto, uma linha interpretativa mais benevolente julga que essas Diretrizes, mais que uma mera repetição das anteriores, corroboram na verdade o espírito participativo presente na vida eclesial e social[156]. Afinal, seria impossível cancelar tal característica da trajetória e ação pastoral da Igreja no Brasil. Pois os bispos mesmos confessam que: "os Planos e Diretrizes das últimas décadas visaram a eficácia pastoral, desenvolvendo nas Igrejas Particulares e entre elas a comunhão e a participação, a colegialidade e a corresponsabilidade"[157].

Enfim, a iminência do novo milênio reclamava que a Igreja fosse mais que nunca decidida pela participação e favorável a ela, pois se estava por inaugurar um tempo novo e auspicioso. E os bispos estavam cônscios disso, mas preferiram enfrentar com cautela e de modo implícito os desafios que estavam surgindo[158].

A 41ª Assembleia Geral da CNBB pôde colocar em prática o seu novo Estatuto, aprovado na assembleia anterior. Além disso, elegeu para o quadriênio 2003-2007 a nova presidência e os presidentes das novas Comissões Episcopais (que substituíam a antiga CEP – Comissão episcopal de pastoral)[159]. E no que concerne propriamente às Diretrizes, a Assembleia estudou, debateu, emendou e aprovou um texto que havia sido preparado anteriormente por uma comissão encarregada disso[160].

---

[155] É o que se diagnostica nessas diretrizes 1999-2002, pois "apesar de retomar, no número 77, o apelo de que a fidelidade à missão de Jesus consiste em não separar a salvação da promoção da justiça e da libertação, esquecem porém, a última parte do número 72 das diretrizes anteriores, onde estava explicitado que 'Essa dimensão é, pois, constitutiva de sua missão evangelizadora'. Esquecimento ou mutilação?". A. SELLA, "Compromisso pela justiça: constitutivo ou não da evangelização?", 591.

[156] O que não se pode perder de vista, por outro lado, é que "a atitude preguiçosa de simplesmente repetir as Diretrizes anteriores não terá sentido, ou seria uma grave irresponsabilidade, começando o século XXI". A. ANTONIAZZI, "Diretrizes da Igreja e virada do milênio (tendências, conflitos, perspectivas)", 8.

[157] CNBB, Diretrizes gerais da ação evangelizadora da Igreja no Brasil 1999-2002, Doc 61, [63] 42. Todavia, inegavelmente existiram algumas tensões subjacentes no campo pastoral, cf. A. ANTONIAZZI, "Diretrizes da Igreja e virada do milênio (tendências, conflitos, perspectivas)", 6-8.

[158] Pois, "uma revisão mais profunda das Diretrizes e um planejamento pastoral pensado especificamente para o início do século XXI foram adiados para 2001 e os anos imediatamente seguintes". A. ANTONIAZZI, "Diretrizes da Igreja e virada do milênio (tendências, conflitos, perspectivas)", 2.

[159] Foi bastante significativa a renovação dos quadros da CNBB, cf. A. ANTONIAZZI, "Nova etapa para a CNBB? Diretrizes para o período de 2003-2007", 1.

[160] Desse processo resultou o texto que temos, cf. CNBB, Diretrizes gerais da ação evangelizadora da Igreja no Brasil 2003-2006, Doc 71. Na realidade o período alcança até 2007, em razão da V Conferência do CELAM.

É facilmente notável que o texto dessas Diretrizes ficou mais condensado, ao compararmos com as precedentes. Evitou-se repetir o estilo de enciclopédia pastoral. O que explica tal brevidade foi a escolha por somente três "eixos" ou "âmbitos" para tratar da atual realidade sociocultural e não tomá-la em toda a sua complexidade[161]. De tal modo que essas Diretrizes 2003-2006 são as primeiras do século XXI e do 3º Milênio cristão e trazem a marca de algumas circunstâncias e fatos, tais como: a celebração do Jubileu do ano 2000; a Carta Apostólica *Novo millennio ineunte* e o resultado do censo do IBGE de 2000 informando da evasão de católicos[162]. Em tudo isso, o relevante e decisivo é o propósito claro dessas Diretrizes em "*dar continuidade à rica herança de experiência e reflexão pastoral* acumuladas nas últimas décadas e, ao mesmo tempo, discernir as *respostas pastorais aos novos desafios*, que estão emergindo e que deverão marcar os próximos anos"[163].

Nesse documento é possível obter também alguns aportes no que tange à participação na Igreja, sempre, segundo o entendimento ou a prática do episcopado brasileiro. Sendo assim, é compreensível que uma vez mais se insistia que "*os cristãos são também impulsionados pelo Espírito a participar da vida política*, para que a própria organização da sociedade seja cada vez mais impregnada de valores evangélicos. Esta participação política, motivada pela fé, pode assumir diferentes formas [...]"[164]. Mas é sobretudo relevante a percepção que os bispos expressam ao afirmar que:

> A busca de uma *democracia plena*, ou de uma *"democracia participativa"*, faz parte hoje dos ideais de muitos cidadãos, inclusive de muitos jovens. Na verdade, nossa democracia não tem oferecido a todos opor-

---

[161] Para saber das partes do documento e dos específicos conteúdos, cf. A. ANTONIAZZI, "Nova etapa para a CNBB? Diretrizes para o período de 2003-2007", 4; B.B. DOS SANTOS, "Diretrizes gerais da ação evangelizadora da Igreja no Brasil", 71-79, e O.P. SCHERER, "A eclesiologia das Diretrizes gerais da ação evangelizadora da Igreja no Brasil (CNBB)", 132-137.

[162] Cf. O.P. SCHERER, "A eclesiologia das Diretrizes gerais da ação evangelizadora da Igreja no Brasil (CNBB)", 131-132.

[163] CNBB, *Diretrizes gerais da ação evangelizadora da Igreja no Brasil 2003-2006*, Doc 71, [6] 11. "As DGAE não podem ser acusadas nem de continuísmo nem de infidelidade à caminhada da CNBB e da Igreja no Brasil. Tentam o caminho que a realidade exige: a adaptação, o avanço, construído sobre o que continua como válido fundamento". A. ANTONIAZZI, "Nova etapa para a CNBB?", 7.

[164] CNBB, *Diretrizes gerais da ação evangelizadora da Igreja no Brasil 2003-2006*, Doc 71, [42] 32. Para mais elementos, cf. IBID., [167-169] 102-104.

Capítulo III

tunidades de participação adequada nos benefícios da sociedade [...] Hoje, novos avanços são possíveis e desejáveis: *inclusão de um maior número de cidadãos nos processos de decisão política; democratização da informação; descentralização do poder quanto possível; maior participação popular na administração pública*[165].

Um assunto ou fenômeno que emergiu com a conotação de desafio para a ação evangelizadora foi o da perda do número de fiéis na Igreja católica durante a década de 90[166]. No entanto, diante disso foi evocado e destacado um fato sumamente positivo, ou seja, que o catolicismo "ganhou em participação ativa dos fiéis na vida eclesial, na evangelização e no compromisso social"[167].

E ao se projetarem algumas linhas de ação, os bispos apregoavam que:

> É necessário tomar consciência que a ação pastoral deve dar muito mais valor à pessoa enquanto tal, com suas exigências e expectativas. Muitos passos já foram dados para a maior participação e valorização dos fiéis leigos, considerados como membros vivos da comunidade eclesial e testemunhas de Cristo no mundo [...] Longo caminho, porém, temos ainda a percorrer para superar o clericalismo subjacente na mentalidade de parte dos leigos e de parte do clero[168].

Nesse sentido, desejando que as comunidades pudessem ser lugares verdadeiros de "comunhão e participação", exigia-se explícita e corajosamente delas que fossem:

> "*comunidade fraterna, onde as diferentes vocações não escondam a igual dignidade de todos os fiéis* nem desestimulem a participação ativa de todos; [...] formação de *comunidades menores*, de dimensão humana, de participação mais direta e pessoal; [...] que todos os fiéis, homens e mulheres, diretamente ou por meio de representantes eleitos, *participem* quanto possível não só da execução, mas também do *planejamento e das decisões* relativas à vida eclesial e à ação pastoral, bem como

---

[165] IBID., [173] 106.

[166] "Pela primeira vez, um plano de ação pastoral faz uma longa referência ao mapa religioso do Brasil. Trata-se de uma consideração geral. Tomando como base os dados do último censo, o texto das Diretrizes cita a diminuição do número dos que se declaram católicos [...] As observações das Diretrizes procuram relativizar um pouco os dados do censo. Afirmam que, neste período, cresceu na Igreja a participação ativa". B.B. DOS SANTOS, "Diretrizes gerais da ação evangelizadora da Igreja no Brasil", 76.

[167] CNBB, *Diretrizes gerais da ação evangelizadora da Igreja no Brasil 2003-2006*, Doc 71, [60] 42.

[168] IBID., [104] 64.

Bispos do Brasil

da *avaliação*; para isso promovam-se, periodicamente, assembleias e sínodos do povo de Deus, e sejam mantidos, em todos os níveis, conselhos pastorais, como recomenda o Concílio, Puebla o reafirma, inclusive através de explícito compromisso dos bispos, e os Códigos de Direito Canônico preceituam; ofereçam aos fiéis oportunidades reais tanto de *informação* sobre os assuntos da vida eclesial quanto de *formação* cristã, sem a qual dificilmente poderão participar, consciente e responsavelmente, na comunidade; [...] incentivem na Igreja uma *opinião pública* para alimentar o diálogo entre os seus membros, condição de progresso para seu pensamento e ação. Com a ausência da opinião pública, faltar-lhe-ia qualquer coisa de vital[169].

Destarte, ressoava com clareza nesse documento um apelo para que se levasse em conta o princípio: "É preciso garantir a *mais ampla escuta de todo o povo de Deus*"[170]. Chegava-se a admitir que a "presença feminina, predominante nos trabalhos de base, deverá ter maior acesso às responsabilidades de direção e à participação nas decisões importantes da vida eclesial"[171].

Em suma, movidos pela convicção eclesiológica de comunhão, os bispos constatavam que na verdade muito podia estar resvalando na questão prática da participação[172]:

A tarefa de construir "comunhão e participação" deve ser encarada com *continuidade e perseverança*. Exige uma mudança de mentalidade, que muitas vezes ainda não aconteceu. Em alguns casos, existem queixas de retrocesso na prática da comunhão e participação para um "clericalismo" incompatível com os ideais evangélicos e a eclesiologia da comunhão[173].

---

[169] IBID., [105] 65-67. As Diretrizes incentivam comunidades eclesiais acolhedoras e participativas, mas sem cair no puramente emocional, cf. ID., [139-151] 87-93.

[170] IBID., [106] 68.

[171] CNBB, *Diretrizes gerais da ação evangelizadora da Igreja no Brasil 2003-2006*, Doc 71, [107] 68.

[172] Mais que uma eclesiologia presente nas DGAE, temos algumas preocupações eclesiais dos bispos, cf. O.P. SCHERER, "A eclesiologia das Diretrizes gerais da ação evangelizadora da Igreja no Brasil (CNBB)", 137-141.

[173] CNBB, *Diretrizes gerais da ação evangelizadora da Igreja no Brasil 2003-2006*, Doc 71, [108] 69. Obviamente que para tudo isso se deverá levar em conta cada contexto e situação, pois "as DGAE não são o planejamento pastoral já pronto, nem manual para orientar a atuação de indivíduos. São instrumento para que uma comunidade, um grupo ou uma instituição planejem sua ação, confrontando com sua realidade local as diretrizes nacionais (fundadas na tradição evangélica e no magistério da Igreja universal)". A. ANTONIAZZI, "Nova etapa para a CNBB? Diretrizes para o período de 2003-2007", 8. Nesse sentido, a título de exemplo dos canais que se abrem a partir dessas Diretrizes, cf. M.J. DE GODOY, "Espiritualidade presbiteral e Diretrizes gerais da ação evangelizadora da Igreja no Brasil", 16-24.

Capítulo III

Como de praxe, foi na 46ª Assembleia Geral, em 2008, depois de muito estudo e sugestões, que o documento recebeu aprovação do que fora anteriormente preparado[174]. De modo que o texto final sempre reflete circunstâncias e eventos eclesiais que acabam por influenciá-lo. E dessa vez, foi a 5ª Conferência Geral do episcopado latino-americano, celebrada no Brasil, que incidiu diretamente sobre a ação pastoral brasileira[175]. Todavia, nada disso significou comprometimento ou descaracterização da trajetória eclesial própria. Portanto, é facilmente observável que:

> As atuais *Diretrizes* foram definidas à luz de dupla preocupação: manter o quadro de referência das anteriores e enriquecê-las com as melhores indicações da Conferência de Aparecida. Vários fatores facilitaram isso. A indicação da missão como grande objetivo de Aparecida veio reforçar a opção pela primazia da evangelização por parte das *Diretrizes da Igreja no Brasil*. A retomada do método Ver-Julgar-Agir levou Aparecida a partir da realidade, como nossas diretrizes sempre fizeram. A insistência na comunidade e a preocupação com a sociedade desigual e injusta são outros pontos de encontro. Isso não significa que Aparecida não representou nada de novo ou importante para a Igreja no Brasil. A conferência enriqueceu nossa caminhada pastoral com a insistência na conversão pastoral, com a preocupação central na formação dos discípulos missionários, com a alegre proclamação do encontro e da presença de Jesus Cristo. Ao mesmo tempo nossas diretrizes encontraram em Aparecida atualização dos "rostos" de Jesus nos pobres, como Puebla havia apresentado[176].

Tendo então presente o amplo horizonte sob o qual essas Diretrizes 2008-2010 se projetaram, podemos agora destacar algumas das contribuições que foram dadas em torno da participação.

Logo na introdução, entre os vários agradecimentos elencados, encontra-se um muito digno de menção, pois fazia referência a um segmento significativo da vida eclesial: "Reconhecemos a cooperação, participação e abnegada dedicação das mulheres na Igreja e na sociedade, em sua bus-

---

[174] Como fruto disso, temos esse importante instrumento motivador da pastoral orgânica da nossa Igreja. Mais que um documento da CNBB, é, na verdade, da Igreja no Brasil, pois recolhe as contribuições dos diversos âmbitos eclesiais, cf. CNBB, *Diretrizes gerais da ação evangelizadora da Igreja no Brasil 2008-2010*, Doc 87. Para uma breve síntese do texto, cf. A. BRIGHENTI, "Diretrizes gerais da ação evangelizadora da Igreja no Brasil (resumo sintético)", 671-688.

[175] Dada a importância desse evento, o abordá-lo-emos em separado nas páginas seguintes. Conforme fizemos em capítulo anterior com as demais Conferências.

[176] A.C. DE QUEIRÓZ, "Compreendendo as diretrizes", 28.

ca de participação efetiva 'na vida eclesial, familiar, cultural, social e econômica, criando espaços e estruturas que favoreçam maior inclusão'"[177].

No que se refere a alcançar tanto a "conversão pessoal" quanto a "conversão pastoral" em vista da missão, despontava como decisiva "uma espiritualidade de comunhão e participação"[178]. A "conversão pastoral" requer, sobretudo dos presbíteros, um novo modo de coordenar e viver em uma Igreja que é, toda ela, ministerial e missionária, "a fim de que haja efetiva participação dos cristãos leigos e leigas na vida da comunidade e em sua missão evangelizadora"[179].

O estado permanente de missão que as Diretrizes assumiram remete a uma Igreja que participa ativamente da construção da sociedade justa e solidária[180]. Isso transparece meridianamente quando os bispos afirmaram:

> "o encontro com Jesus Cristo nos pobres é uma dimensão constitutiva de nossa fé em Jesus Cristo". Desse modo, dá-se sentido pleno a toda ação social da Igreja através dos discípulos missionários, que participam responsavelmente na construção de uma sociedade mais justa, na reabilitação da ética e da política, no trabalho por uma cultura da corresponsabilidade[181].

Por conseguinte, indicavam que cabe aos leigos, devidamente formados e atuando como sujeitos eclesiais, o papel de interlocutores com a sociedade. Pois somente assim e com organização e articulação dos leigos teremos um laicato adulto e maduro[182]. E ao tratar da corresponsabilidade e participação dos leigos em conselhos pastorais e administrativo-financeiro, admitiam que: "Somente a força de comunidades que valorizam a participação e a transparência é capaz de respaldar os fortes questionamentos que temos a respeito de certo tipo de administração dos bens comuns"[183].

---

[177] CNBB, *Diretrizes gerais da ação evangelizadora da Igreja no Brasil 2008-2010*, Doc 87, [3] 14. E as linhas de ação são consonantes a isso, cf. IBID., [126] 101-102.

[178] Cf. IBID., [8] 17.

[179] IBID., [175] 130.

[180] Realmente a Igreja no Brasil assumiu com empenho a Missão Continental, segundo a Conferência de Aparecida e na esteira do que propõem as supracitadas Diretrizes, pressupondo para isso a conversão pastoral e que cada comunidade eclesial fosse o principal sujeito na evangelização, cf. CNBB, *Projeto nacional de evangelização: o Brasil na missão continental*, Doc 88.

[181] CNBB, *Diretrizes gerais da ação evangelizadora da Igreja no Brasil 2008-2010*, Doc 87, [59] 53.

[182] Cf. IBID., [86;99] 72-73; 81.

[183] IBID., [164b] 121-122. Ainda sobre a participação social e política do laicato, cf. IBID., [187] 139.

Capítulo III

E ao abordar a dimensão comunitária as Diretrizes propunham que: "Haja um grande empenho por uma efetiva participação de todos nos destinos das comunidades, pela diversidade de carismas, serviços e ministérios para assegurar maior vitalidade missionária à Igreja [...]"[184]. E reforçava tal disposição ao instar: "Importa testemunhar a efetiva participação de todos nos destinos da comunidade. A comunhão de amor se manifesta na diversidade de carismas, serviços e ministérios [...]"[185].

Por fim, a grande motivação que essas Diretrizes nos oferecem para uma postura eclesial altamente participativa pode ser deduzida da recordação de que existe a "consciência planetária e a percepção de que fazemos parte de uma única família universal"[186].

Na 49ª Assembleia Geral da CNBB, em 2011, foram aprovadas as Diretrizes da ação evangelizadora que vigoraram até o quadriênio de 2011-2015[187]. A elaboração do documento requereu um processo longo e participativo, mas que acabou permitindo que o texto obtivesse um consenso inédito dentro da história da CNBB[188], embora paire alguma dúvida sobre o real significado de tal unanimidade alcançada[189].

De qualquer modo, essas Diretrizes que inauguram a segunda década do século XXI prometiam uma repercussão da Conferência de Aparecida, da celebração do jubileu de ouro do Concílio Vaticano II e da preparação do Sínodo sobre a Nova Evangelização[190]. No novo ob-

---

[184] IBID., [162] 119-120.

[185] IBID., [163] 120.

[186] IBID., [23] 29.

[187] Cf. CNBB, *Diretrizes gerais da ação evangelizadora da Igreja no Brasil 2011-2015*, Doc 94. Para uma visão sumária do texto, cf. A. BRIGHENTI, "As novas Diretrizes de ação evangelizadora da Igreja no Brasil (2011-2015)", 911-925. A propósito, ocorreu de 26 a 29 de agosto de 2014 na sede da CNBB, em Brasília, a reunião do CONSEP (Conselho Episcopal Pastoral) para avaliar e atualizar estas DGAE 2011-2015 e já projetar as próximas.

[188] Cf. J.B. DA SILVA, "As diretrizes da ação evangelizadora da Igreja no Brasil 2011-2015", 3. E para saber sinteticamente do processo que culminou no atual documento, cf. IBID., 3-5.

[189] Em outras palavras, isso pode ser reflexo "de o texto final ter realmente traduzido o sentimento da maioria e do momento (o *kairós*) vivido pela Igreja no Brasil? Ou, olhando as coisas numa perspectiva pessimista, essa facilidade na aprovação revelaria certo desinteresse, talvez certo cansaço por parte dos bispos? [...] mais de uma pessoa observou que, nos últimos anos – talvez nos últimos 15 anos –, a Igreja do Brasil perdeu a cultura do planejamento". J.B. DA SILVA, "As diretrizes da ação evangelizadora da Igreja no Brasil 2011-2015", 3; 6. Quiçá, algumas observações críticas que se fazem expliquem tal situação acima referida, cf. P. SUESS, "Quo vadis, ecclesia? Discernimentos sobre o rumo da Igreja no Brasil a partir das Diretrizes gerais da CNBB (2011-2015)", 789.

[190] Cf. L.U. STEINER, "Apresentação", 11. No entanto, observa-se que: "Nas Diretrizes de 2011, o Documento de Aparecida e a Exortação Apostólica *Verbum Domini*, de Bento XVI, são amplamente respaldados. A assunção do 'mais profundo espírito do Concílio Vaticano II' (139), por ocasião do seu cinquentenário, que as DGAE 2011 mencionam e prometem, ficou apenas documentada como um lembrete para os próximos anos, sem aprofundamento". P. SUESS, "Quo vadis, ecclesia?", 790.

jetivo geral fixado para o período 2011-2015, tornaram-se patentes os elementos de continuidade e de significativas mudanças que ocorreram em relação à tradição evangelizadora da Igreja no Brasil da qual as Diretrizes são portadoras[191]. Somente a um olhar incauto poderia escapar certa alteração de rota dos rumos eclesiais brasileiros[192].

Quanto ao conteúdo propriamente, já existem análises pertinentes que conseguem ponderar bem sobre a grandeza e os limites que o documento contém[193]. Em termos de estrutura do texto, encontramos também algumas novidades. Em primeiro lugar, um capítulo dedicado às "Indicações de operacionalização" com o escopo de motivar e oferecer subsídios às Igrejas particulares e a outros segmentos eclesiais para que realizem o planejamento pastoral[194]. Em segundo lugar, a substituição dos "desafios do mundo" por "urgências da Igreja" na ação evangelizadora[195].

Do exposto, importa indicar ainda a reflexão que se faz em torno do laicato, fazendo eco às proposições da Conferência de Aparecida: "Deve ser sempre mais valorizada a atuação do laicato na animação das comunidades. Não há como prescindir de sua participação na 'elaboração e execução de projetos pastorais a favor da comunidade'"[196]. E na esteira disso se lê também: "Para uma Igreja comunidade de comunidades, é imprescindível o empenho por uma efetiva participação de todos

---

[191] Para uma análise fundamentada e crítica sobre a continuidade e as mudanças significativas dos Objetivos gerais das Diretrizes, bem como sobre a opção pelos pobres e a análise da realidade, presentes no documento, cf. P. Suess, "Quo vadis, ecclesia?", 790-796.

[192] Desde as DGAE 2003-2006 vêm sendo delineadas mudanças na ação evangelizadora da Igreja no Brasil. E as DGAE 2011-2015 representam uma expressão forte desse "ajuste pastoral". De modo que diante disso se requer um "ajuste evangélico" das Diretrizes, cf. F. Aquino Júnior, "'Novas' Diretrizes da ação evangelizadora. 'Ajuste pastoral'!?", 926-931.

[193] "As palavras-chave, na ordem das Diretrizes de 2011 são: evangelizar, Jesus Cristo, Espírito Santo, Igreja discípula, missionária e profética (sem respaldo significativo no próprio texto das Diretrizes), Palavra de Deus, Eucaristia, (finalmente!) a opção preferencial pelos pobres, vida e Reino". P. Suess, "Quo vadis, ecclesia?", 792. De modo que, para uma leitura mais profunda do que funcional das Diretrizes, deve-se considerar as três palavras carregadas de sentido e que confluem para a almejada "conversão pastoral". São os substantivos: "alteridade" e "gratuidade" e o adjetivo: "profético", cf. Ibid., 799-800. Enfim, essas Diretrizes propõem como sujeito da evangelização uma Igreja que seja discípula, missionária e profética.

[194] Mais à frente retomaremos esse assunto em sua vertente positiva, mas agora é oportuno notar que a proposta dos "sete passos metodológicos, as próprias DGAE nem sempre seguem [...] Aos sete passos metodológicos correspondem sete perguntas [...] Infelizmente, as perguntas bem feitas não podem romper o círculo de giz eclesiocêntrico previamente estabelecido". P. Suess, "Quo vadis, ecclesia?", 798.

[195] Cf. P. Suess, "Quo vadis, ecclesia?", 796-799. A pertinente observação é que: "Não podemos trocar desafios por urgências! E as Diretrizes admitem que as urgências elencadas nem sempre correspondem aos desafios reais (131)". Ibid., 797.

[196] Cnbb, Diretrizes gerais da ação evangelizadora da Igreja no Brasil 2011-2015, Doc 94, [63] 55-56. E sobre a atuação dos leigos(as) cf. Ibid., [71] 61.

Capítulo III

nos destinos da comunidade, pela diversidade de carismas, serviços e ministérios"[197]. Por conseguinte, tratando da diversidade ministerial, adverte que: "Urge aos pastores 'abrir espaços de participação aos leigos e a confiar-lhes ministérios e responsabilidades, para que todos na Igreja vivam de maneira responsável seu compromisso cristão'"[198].

Por fim, nestas Diretrizes a concepção eclesial de participação aparece preponderantemente em modo mais estratégico e difuso. A moldura delineada pelo texto pressupõe que o quadro da ação evangelizadora seja feito por um processo de planejamento pastoral nas dioceses e que o mesmo seja participativo em todos os níveis e envolvendo todos os membros da comunidade eclesial[199]. Todavia, faltou associar essa obra de arte com o engajamento e a participação da Igreja na construção de uma sociedade justa, fraterna e solidária como sendo o objetivo geral de toda a ação evangelizadora. Afinal, isso foi algo que esteve presente desde as primeiras diretrizes e diz respeito à pertinência da Igreja para e na sociedade[200].

Na 53ª Assembleia Geral da CNBB, em 2015, foram aprovadas as Diretrizes Gerais da ação evangelizadora que vigoram atualmente, ou seja, para o quadriênio de 2015-2019[201]. Pois, em sua Assembleia Ordinária de 2014, a CNBB havia tomado a resolução de continuar com a mesma estrutura das DGAE 2011-2015, porém atualizando-as à luz da Exortação apostólica *Evangelii Gaudium* do papa Francisco. Ademais, optou-se por um texto que fosse mais sucinto e que desse prosseguimento à aplicação do Documento de Aparecida que passou a inspirar toda a Igreja a uma "conversão pastoral e missionária". Afinal são inúmeros os projetos em curso na Igreja do Brasil que nasceram, certamente, dessa nova conjuntura eclesial inaugurada naquela Conferência.

Tratando do texto das DGAE 2015-2019, importa notar que ele reproduz doze números, integralmente, das anteriores, e cinquenta e um

---

[197] CNBB, *Diretrizes gerais da ação evangelizadora da Igreja no Brasil 2011-2015*, Doc 94, [104] 79.

[198] IBID., [104] 80.

[199] Portanto, talvez estes sejam uns dos trechos mais significativos sobre a participação no documento. Pois apontam para o instrumental imprescindível para garantir e definir a efetiva participação eclesial, cf. CNBB, *Diretrizes gerais da ação evangelizadora da Igreja no Brasil 2011-2015*, Doc 94, [121-125] 91-93.

[200] Cf. F. AQUINO JÚNIOR, "'Novas' Diretrizes da ação evangelizadora. 'Ajuste pastoral'!?", 931. A responsabilidade para realizar isso recai uma vez mais sobre os leigos, cf. CNBB, *Diretrizes gerais da ação evangelizadora da Igreja no Brasil 2011-2015*, Doc 94, [71] 61; [115] 86-87.

[201] Cf. CNBB, *Diretrizes gerais da ação evangelizadora da Igreja no Brasil 2015-2019*, Doc 102.

parcialmente, mas contém sessenta e oito números que são totalmente novos. À ênfase cristológica, a partir dos conceitos de gratuidade e alteridade, acrescentou-se aquela principal da centralidade do Reino de Deus. Além disso, explicitou-se mais a dimensão eclesiológica à medida que fez ressoar o apelo do papa Francisco para uma "Igreja em saída". No entanto, constatamos que não há grandes avanços ou novidades em relação ao que já foi indicado anteriormente. Em todo caso, vamos destacar algumas passagens do texto que são densas de significado eclesial e estão relacionadas diretamente com nosso conceito em questão.

A primeira menção digna de nota é daquela relativa às causas da evasão de fiéis da comunidade eclesial. Entre as diversas situações geradoras disso menciona-se uma que é fortemente relevante, ou seja, "a tendência de centralização excessiva, mais do que exercício da comunhão e participação"[202]. E outro elemento que podemos destacar é a insistência que se faz para o engajamento do laicato na sociedade civil por meio das diversas instâncias existentes, ou seja,

> a Igreja reconhece a importância da *atuação no mundo da política* e incentiva leigos e leigas, especialmente os jovens, à participação ativa e efetiva nos diversos setores voltados para a construção de um mundo mais justo, fraterno e solidário. Daí, a urgência na formação e apoio aos cristãos leigos e leigas para que atuem nos movimentos sociais, conselhos de políticas públicas, associações de moradores, sindicatos, partidos políticos e outras entidades, sempre iluminados pelo Ensino Social da Igreja[203].

Em sintonia com a *Evangelii Gaudium*, as Diretrizes apontam alguns riscos e consequências da "mudança de época" que vivemos, especialmente para o âmbito religioso e, em particular, para a Igreja Católica. Dentre as muitas, queremos destacar uma que se refere diretamente ao nosso objeto de estudo, ou seja, a chamada "crise do compromisso comunitário"[204]. Sem dúvida, isso atinge e compromete seriamente a participação eclesial. No entanto, no seu conjunto o texto parece ca-

---

[202] CNBB, *Diretrizes gerais da ação evangelizadora da Igreja no Brasil 2015-2019*, Doc 102, [26] 31.
[203] IBID., [68] 55.
[204] IBID., [26] 31.

Capítulo III

recer de uma formulação similar a essa posição referente ao âmbito eclesial, ou seja, deveria enfatizar a participação das pessoas na própria Igreja do modo como faz para a sociedade civil. De modo que prevalece, então, uma visão unilateral da participação.

E como tem sido marcante nos últimos anos, na vida eclesial brasileira, a ideia da Igreja como "comunidade de comunidades", as atuais DGAE retomam esse princípio sentenciando que

> Para uma Igreja comunidade de comunidades, é imprescindível o empenho por uma efetiva *participação de todos* nos destinos da comunidade, pela diversidade de carismas, serviços e ministérios. Para isso, faz-se necessário promover:
> a) a *diversidade ministerial*, na qual todos, trabalhando em comunhão, manifestam a única Igreja de Cristo, sejam eles leigos, leigas, ministros ordenados, consagrados e consagradas. Urge aos pastores "abrir espaços de participação aos leigos e a confiar-lhes ministérios e responsabilidades, para que todos na Igreja vivam de maneira responsável seu compromisso cristão" [...].
> d) a formação e a atuação de *assembleias, conselhos* e *comissões,* tanto em âmbito pastoral como em âmbito econômico-administrativo. Os leigos, corresponsáveis com o ministério ordenado, atuando nessas assembleias, conselhos e comissões, tornam-se cada vez mais envolvidos na comunidade por meio do planejamento, execução e na avaliação de suas atividades. Estes organismos são instrumentos que levam à valorização dos diferentes serviços pastorais e podem ser um meio para evidenciar a necessidade de todos os membros da comunidade eclesial tornarem-se sujeitos corresponsáveis na ação evangelizadora;
> e) a articulação das ações evangelizadoras, através da *pastoral orgânica e de conjunto* [...]. Instrumento privilegiado de uma pastoral orgânica e de conjunto é o planejamento, com a participação de todos os membros da comunidade eclesial na projeção da ação evangelizadora, tanto no processo de discernimento como na tomada de decisão e avaliação[205].

Enfim, a Igreja do Brasil vive o processo de recepção da *Evangelii Gaudium,* ao mesmo tempo que se esforça para colocar em prática as principais orientações da Conferência de Aparecida. Portanto, mesmo que a participação eclesial não se constitua seu principal foco, aparece de certo modo contemplada, isto é, de modo implícito e indireto.

---

[205] CNBB, *Diretrizes gerais da ação evangelizadora da Igreja no Brasil 2015-2019*, Doc 102, [107] 73-75.

4. A Conferência de Aparecida e a nova estação eclesial

Por representar um ponto de confluência dentro da ação pastoral e evangelizadora na Igreja do Brasil e um marco importante e condicionador das opções ulteriores que foram e serão feitas, apresentaremos brevemente a V Conferência Geral do Episcopado Latino-Americano. Sobretudo, as perspectivas que se abriram e as que se podem abrir ainda com base nela para a participação na Igreja. Nesse processo, a figura do papa Francisco liga-se estreitamente a Aparecida e se torna uma menção obrigatória e imprescindível[206].

4.1. *A "quintessência" de Aparecida ou sua "eclesiogênese"*[207]

Principiamos tratando sobre o lugar no qual ocorreu a Conferência. Os locais que sediaram as quatro conferências anteriores eram ambientes marcadamente religiosos, mas não populares (seminários, conventos etc.). Verdadeiras fortalezas que não deixaram de influenciar o olhar e o horizonte daqueles que lá estavam seguros e protegidos, porém distantes dos problemas e anseios do nosso povo. Por conseguinte, evocar Aparecida traz subitamente à nossa memória expressões populares de peregrinação, de simplicidade, de piedade, de religiosidade e fé filial. O Santuário de Aparecida é o oásis espiritual para milhões da nossa gente que ali externa e extravasa sua esperança em Deus e sua crença na intercessão materna e próxima de Maria. É exatamente dentro desse contexto que transcorreu a V Conferência, ou seja, de fé popular da gente simples. A evidência de que isso produziu marcas e teve relevância está na confissão que os próprios bispos fizeram: a "multidão de peregrinos de todo o Brasil e a de outros países da América ao Santuário nos edificaram e evangelizaram"[208].

---

[206] O então cardeal Mario Bergoglio, arcebispo de Buenos Aires, foi presidente da comissão de redação do documento conclusivo da V Conferência de Aparecida.

[207] Parte do que será exposto aqui se baseia em um artigo nosso a respeito, cf. M.A. DA SILVA, "Rumos e encruzilhadas de Aparecida", 121-134. E para informações adicionais, cf. C.C. DOS SANTOS, "A Conferência de Aparecida: chaves de leitura", 300-325.

[208] CELAM, *Documento de Aparecida. Texto conclusivo da V Conferência Geral do Episcopado Latino-Americano e do Caribe*, [3] 10. Daqui pra frente = DAp. E os sinais edificantes destes encontros ficaram eternizados no reconhecimento e na apreciação feitos pela Assembleia sobre a religiosidade popular, cf. DAp., [258-265] 120-123.

Capítulo III

Acrescenta-se ainda o fato de que o Santuário, como centro de peregrinações, conseguiu, durante esse evento, alargar seu alcance de sede da Conferência até outras localidades, pois à sua sombra ocorreu o significativo Fórum de Participação. Foram verdadeiras mobilizações dos mais variados setores eclesiais, como o "Seminário Latino-americano de Teologia", realizado em Pindamonhangaba; a "Romaria" das Cebs, da Pastoral Operária e da Pastoral da Juventude, de Roseira até Aparecida, e a "Tenda dos Mártires", erguida próximo do local onde foi encontrada a imagem de Aparecida. Além disso, esta foi a Conferência de maior irradiação de informações pelo uso dos meios de comunicação. Isso possibilitou que, mesmo à distância, muitos pudessem acompanhar e tomar conhecimento dos desdobramentos da Assembleia e quiçá até mesmo influenciar, por meio de sugestões que posteriormente pudessem ser assumidas oficialmente como contribuição à Assembleia.

Destarte, Aparecida não foi somente um lugar geográfico da realização dessa Conferência, mas um "lugar teológico" de uma nova impostação eclesial. Ela acolheu e definiu a missão com base na sensibilidade religiosa do povo. Assim, a configuração simbólico-religiosa de Aparecida permitiu perceber que a Igreja pode entrar numa outra fase.

4.2. *O Documento da V Conferência*

O "Documento Final" reflete um aspecto importante do evento, mas que não esgota toda a grandeza deste. Aliás, esta não foi a preocupação primeira da Conferência de Aparecida. Pois, tão relevante quanto o registro documental foi a preparação participativa que a antecedeu e é agora, acima de tudo, a sua recepção criativa pelas Igrejas[209].

Nesse sentido, as Conferências Episcopais estiveram muito atuantes na preparação da Assembleia, por meio do "Documento de Participação",

---

[209] Embora seja necessário reconhecer que "Documentos, tal como o de Aparecida, por serem fruto de uma assembleia pluralista, convergência de diferentes tendências e sensibilidades, inevitavelmente saem marcados por contradições. Entretanto, as diferentes proposições nem sempre têm o mesmo peso. Há afirmações hegemônicas que perpassam todo o Documento e que fazem parte do espírito do texto e há afirmações residuais, mais periféricas, que entraram no texto para que outras proposições pudessem também ser contempladas, mas que não exprimem o espírito do Documento". A. BRIGHENTI, *Para compreender o Documento de Aparecida: o pré-texto, o con-texto e o texto*, 73.

se comparado com as Conferências anteriores. Em especial, a Igreja do Brasil ofereceu uma rica contribuição com base naquilo que recebeu das mais diversas instâncias consultadas[210]. Entretanto, ela infelizmente não se viu melhor contemplada no Documento final de síntese – documento de trabalho/consulta[211]. De modo que todas estas iniciativas refletem a consciência e o desejo de um agir deliberativo da Igreja continental que busca realizar criativamente sua colegialidade por meio e com base nessas conferências que sempre supõem maior participação.

De qualquer modo, a respeito do Documento Final desta Conferência, sumariamente, pode-se afirmar que:

> O texto se apoia sobre a viga mestra da consciência da fé cristã confrontada com os desafios da realidade atual. Da percepção desse confronto surge dupla constatação: uma triste e dolorosa, outra esperançosa e programática. A dor vem da evidente perda de relevância, consistência e presença da Igreja católica no continente latino-americano [...] A esperança nasce da aposta de que é possível sacudir os católicos para verdadeira conversão [...][212]

No que concerne especificamente à participação, encontramos no documento proposições que corroboram o que vimos precedentemente. Por exemplo, quando se afirma que: "Os leigos devem participar do discernimento, da tomada de decisões, do planejamento e da execução"[213]. Além disso, tem como ponto de insistência também a valorização da dignidade e da participação das mulheres na vida eclesial[214]. Em suma, a impostação eclesiológica pressupõe a participação ativa na Igreja[215].

Enfim, a respeito do documento é razoável admitir que "se fez o possível e, diante das expectativas, ele não poderia ter sido melhor"[216]. Pois, de nada adianta ficar exigindo que o texto fosse mais operacional

---

[210] Cf. CNBB, "Síntese das contribuições da Igreja no Brasil à Conferência de Aparecida", 403-432. Em especial, aquilo que propõe sobre as estruturas de comunhão e participação, cf. IBID., 412-413.

[211] Cf. CELAM, *Síntese das contribuições recebidas para a V Conferência geral*.

[212] J.B. LIBANIO, "Conferência de Aparecida", 24.

[213] DAp., [371] 170.

[214] Cf. DAp., [451-458] 202-205.

[215] Pois afirma que "a Igreja particular se renove constantemente em sua vida e ardor missionário. Só assim pode ser, para todos os batizados, casa e escola de comunhão, de participação e solidariedade". DAp., [167] 85. Entretanto, não deixa de ser significativo que a palavra "participação" apareça somente 40 vezes no documento, ao passo que "comunhão" conste 134 vezes.

[216] L.R. BENEDETTI, "Olhar sociológico para o documento de Aparecida", 08.

e menos exortativo, quando sua natureza é antes de tudo pastoral e visando todo um continente que comporta tantas diversidades e peculiaridades, apesar dos inúmeros aspectos comuns[217].

4.3. *Sobre a "arquitetura" de Aparecida*

Havia na Conferência uma reivindicação para que fosse retomado o método ver, julgar e agir. Alguns episcopados já tinham sinalizado para isso no "Documento de Participação". Pois este método era reclamado pela sua pertinência em relação à missão da Igreja no mundo no qual ela se encontra, pois esta não tem finalidade em si mesma e, por isso, deve conhecer a realidade na qual está inserida.

Contudo, em razão das tensões presentes, decidiu-se durante a Conferência que seria assumido tal método, porém com outra modalidade[218], ou seja, tomando-o enquanto perspectiva das três partes do documento que coincidem por sua vez com os três momentos lógicos do método. Assim, parte da metodologia prevaleceu, mas a acentuação fortemente eclesiológica tornou-se contrastante com aquilo que é próprio do método[219]. E confirma a descaracterização do método enquanto tal o fato de, antes da leitura da realidade, se introduzir um capítulo de conotação espiritualista sobre o sujeito que olha a realidade. Seria a Igreja triunfante e agradecida!

Quanto à opção pelos pobres, que se tornou a marca da Igreja latino-americana, há um caráter de fidelidade e continuidade ao que se propôs a partir de Medellín. Todavia, exige da Igreja que siga aprofundando e buscando sempre mais coerência com este princípio atual e necessário para sua missão. Afinal, é consenso que "a opção pelos pobres continua

---

[217] Para o resumo do Documento com suas próprias palavras e as mudanças entre o texto original (elaborado pela Assembleia) e o oficial (aprovado pelo papa), cf. A. BRIGHENTI, *Aparecida em resumo: o documento oficial com referência às mudanças efetuadas no documento original*.

[218] A verdade é que: "O documento se propõe seguir o método ver-julgar-agir, retomando velha tradição herdada da Ação Católica. Mas não o segue fielmente [...]". L.R. BENEDETTI, "Olhar sociológico para o documento de Aparecida", 03.

[219] Em outros palavras: "Mesmo mantendo o método ver-julgar-agir, o Documento Final revelou antes uma postura de quem partiu do julgar em todos os momentos. E esse julgar já se considera possuído sem dúvidas e sem questionamentos. Nesse sentido, o texto causa certo mal-estar em inteligências afeitas à criticidade moderna". J.B. LIBANIO, *Conferências Gerais do Episcopado Latino-Americano*, 133.

sendo a pedra de toque da Igreja"[220]. Nessa esteira, ainda que se coloquem reticências à eclesiologia do Documento no seu conjunto[221], foi muito feliz a afirmação de que "a Igreja é morada de povos irmãos e casa dos pobres"[222]. Esta, além de uma bela definição eclesiológica, permite também pensar na própria identidade da Igreja latino-americana e no seu projeto evangelizador a partir dos pobres.

4.4. *Duas novas imagens a partir de Aparecida*

Dentre os vários pontos temáticos que poderíamos destacar a partir dessa Conferência e que tomaram forma enquanto aspirações e projetos no Documento Final, optamos por evidenciar dois[223]. Pois nos parecem os mais exigentes e, ao mesmo tempo, os que talvez façam surtir mais transformações nas atuais configurações eclesiais.

Em primeiro lugar, a dimensão missionária da Igreja. De um lado, a motivação para isso nascia da percepção de acomodação pastoral existente em grande parte das Igrejas e, consequentemente, com perda de relevância e de terreno para outras denominações religiosas mais "agressivas". Por outro lado, da própria dinâmica interna da fé cristã--católica sentia-se o "mandato" de re-evangelizar "o continente da esperança", pois a missão não é algo facultativo, mas caracteriza e dá identidade.

Em razão disso, a V Conferência propôs a chamada "missão continental". A Igreja deve estar aberta para uma ação no mundo e nas culturas, isto é, sua finalidade é o Reino de Deus chegando até as pessoas, e não ela mesma (eclesiocentrismo)[224]. Aliás, a segunda parte do documento, que é a mais longa, tem a grandeza em redefinir a vida cristã como discipulado e lhe dar uma nova impostação. Enquanto na última parte, exige-se da Igreja uma conversão pastoral. Quer colocá-la em es-

---

[220] B. Ferraro, "Opção pelos pobres no Documento de Aparecida", 13.

[221] Cf. J.B. Libanio, *Conferências Gerais do Episcopado Latino-Americano*, 118; 132.

[222] DAp., [8] 12.

[223] Para uma visão sobre outros temas, cf. P. Suess, *Dicionário de Aparecida: 42 palavras-chave para uma leitura pastoral do Documento de Aparecida*.

[224] Apesar de haver constatação que pontue: "O documento parte de Deus e de seu 'lugar de concretização', a Igreja católica. Trata-se de documento eclesiocêntrico: a Igreja falando de si e para si". L.R. Benedetti, "Olhar sociológico para o documento de Aparecida", 03.

Capítulo III

tado permanente de missão porque a dimensão missionária é essencial à eclesialidade. E nisso ganha uma vez mais valor o protagonismo dos leigos que são missionários e discípulos[225].

Porém, é sobejamente sabido que para se efetivar esse anseio da Igreja requer-se de fato uma conversão, primeiramente de mentalidade eclesial e depois de disposição relacional em tratar os leigos como adultos e parceiros na pastoral[226]. Caso contrário, esse projeto não passará de mais uma boa intenção fadada ao fracasso[227]. Portanto, trata-se de um caminho novo no processo de evangelização[228]. E importa ter lucidez suficiente para perceber o alcance da utopia plantada nesta Conferência[229].

Um segundo ponto merecedor de destaque e que está em estreita relação com o anterior refere-se às paróquias. É bastante eloquente o grau de consciência que se demonstra a respeito destas[230]. Se de fato se quer pensar numa Igreja missionária é urgente modernizar os meios e métodos e isso necessariamente passa pela renovação da estrutura paroquial que atualmente é centralizadora e burocrática.

Ora, "o mundo urbano exige nova configuração de paróquia. É preciso discernir os sinais dos tempos (expressão que ficou esquecida nas úl-

---

[225] Para aprofundar essa temática, cf. S.C.D. SCOPINHO, "O laicato na Conferência Episcopal latino-americana de Aparecida", 78-102.

[226] Não faltam suspeitas e que se formulam desse modo: "A meu ver, não é aberto nenhum caminho novo para o laicato, que é convocado a assumir a parte do leão da evangelização e missão continental". M.C. BINGEMER, "O documento não tem o profetismo e o sopro libertador que caracterizou Medellín e Puebla".

[227] Vale o realismo de recordar que "existe el peligro de que permanezcan en la superficie y que se haga un buen discurso sin consecuencia y sin aplicación. Como ha sucedido con la Conferencia de Santo Domingo en el año 1992. Ahí se dijo que los protagonistas de la evangelización serían los laicos. Pero nada se ha hecho. Nada se ha hecho para permitirles y darles de hecho una formación, una preparación, una autoridad con que pudieran tomar el papel de evangelización en la sociedad latinoamericana. Entonces esas son palabras vacías. El problema es que es fácil permanecer con palabras vacías, discursos vacíos". J. COMBLIN, "Caminos de Apertura en la V Conferencia del Celam".

[228] "Em termos práticos, a conferência pretende desencadear a grande missão continental. Em linguagem futebolística, a Igreja pensa numa evangelização 'corpo a corpo', abordando diretamente, em primeiro lugar, aqueles fiéis que abandonaram a prática religiosa, especialmente a missa dominical. Mas não num espírito de proselitismo, e sim de amor ao irmão". J.B. LIBANIO, "Conferência de Aparecida", 24.

[229] "O projeto da Conferência de Aparecida é ambicioso. Trata-se de nada menos do que uma inversão radical do sistema eclesiástico. Há séculos a pastoral da Igreja está concentrada na conservação da herança do passado [...] De acordo com o projeto de Aparecida, tudo vai ser orientado para a missão. A realização prática desse projeto vai exigir o século XXI inteiro. Com efeito, os bispos lançaram esse projeto, mas agora o primeiro problema consiste em convencer o clero. A presente geração não está preparada para essa inversão das suas tarefas. Vai ser necessário mudar radicalmente a formação e preparar novas gerações sacerdotais bem diferentes da atual. Fazer toda a Igreja ser missionária é uma tarefa gigantesca". J. COMBLIN, "O projeto de Aparecida", 03.

[230] Isso ecoa assim em Aparecida: "Um dos maiores desejos que se têm expressado nas Igrejas da América Latina e do Caribe, motivando a preparação da V Conferência Geral, é o de uma valente ação renovadora das Paróquias [...]". DAp., [170] 86.

timas décadas) para aplicar os projetos que sejam respostas evangélicas ao moderno jeito de viver"[231]. Nesse sentido deve-se fazer da paróquia um ambiente dinâmico e vivo enquanto expressão de fé. Para tanto, devem ganhar relevância dentro deste âmbito os ministérios, ou seja, a fisionomia paroquial deve ser de uma Igreja de comunhão e participação priorizando os serviços em vista da construção do Reino de Deus. Para isso são muito válidas as ações pastorais que a Conferência propõe no que se refere à presença feminina, entre estas, a de: "Garantir a efetiva presença da mulher nos ministérios que na Igreja são confiados aos leigos, assim como também nas instâncias de planificação e decisão pastorais, valorizando sua contribuição"[232]. Consequentemente, o maior ganho estará em proporcionar eficácia na evangelização, pois estruturas pesadas e burocráticas não colaboram em nada para que o evangelho se torne experiência de fé comunitária para as pessoas. Mesmo que a prioridade não seja atingir e trazer de volta os católicos afastados, a Igreja alcançará isso à medida que as paróquias forem espaços mais oxigenados pela liberdade, promovendo a participação e o compromisso comunitário de fé das pessoas[233].

Portanto, é irrefutável que o Documento Final, por mais que seja importante e deva refletir muito desses aspectos levantados, representa apenas um momento de todo o desdobramento que significou a realização da Assembleia[234]. Na verdade, o espírito desta é que imprimirá marcas indeléveis na alma da Igreja latino-americana. Das conferências passadas, mais que os valiosos textos produzidos, herdamos o significado permanente que se reflete nas opções que a Igreja faz e continua acreditando. Assim, Aparecida teve a grandeza de dar um novo impulso missionário à Igreja latino-americana e caribenha.

---

[231] P.F. Bassini, "Conferência de Aparecida: e agora?", 17.

[232] DAp., [458] 205.

[233] Seguindo exatamente esta esteira é que a Conferência episcopal brasileira se dispôs a trabalhar para a inovação das paróquias, cf. CNBB, *Comunidade de comunidades: uma nova Paróquia*, Doc 100.

[234] Houve temas que tiveram menos brilho no conjunto dos resultados da V Conferência e outros que foram até mesmo completamente eclipsados. Portanto, foram esses os temas que poderiam ter sido mais desenvolvidos e aprofundados ou trabalhados com base em outro enfoque: diálogo inter-religioso, ecumenismo, âmbito social, ministérios, Teologia da libertação, sexualidade, Novos Movimentos Eclesiais e negritude.

Capítulo III

4.5. *Consciência eclesial de* finis operis, *mas não de* finis laboris!

À guisa de conclusão, é preciso admitir que somente uma Igreja, marcada pelo espírito da sinodalidade, participação e comunhão, se configurará com menos clericalismo e terá os leigos/as participando efetivamente na obra da evangelização como sujeitos adultos[235]. Por isso, a CNBB ofereceu uma ímpar contribuição dentro desse processo, pois, desde sua organização interna até sua atuação no meio e junto da sociedade civil e na orientação das comunidades eclesiais, insistiu e defendeu uma ampla e efetiva participação de todas as pessoas.

Destarte, como tentativa de recolher e englobar sua ação e consciência em torno da participação, podemos considerar que esse conceito para a CNBB tem a conotação de: exercício efetivo de um direito inalienável da pessoa humana e cristã e uma meta a ser alcançada em todos os âmbitos e níveis, desde o social até o eclesial, a fim de se evitar qualquer tipo de exclusão. É a missão do Povo de Deus na qual todos os membros são sujeitos e com suas respectivas competências. É a transparência da vida de comunhão entre as pessoas.

E, em vista do que ainda resta ser alcançado, terá de se manter a fidelidade ao Espírito, entendido e evocado como *Zeitgeist* (o espírito dos tempos), com todas as implicações práticas que isso acarreta[236]. Afinal, sobre um segmento eclesial específico, mas exemplar, admite-se que:

> não é mais possível pensar uma Igreja em que se exclua a participação e corresponsabilidade dos leigos na missão [...] Os leigos e leigas devem ser reconhecidos e valorizados, não somente nas equipes de liturgia e catequese, mas também no ministério teológico, nas coordenações, assembleias de planejamento, conselhos pastorais e econômicos e em outras instâncias de decisão, tendo em vista a missão comum em favor do Reino de Deus[237].

---

[235] A emergência do laicato como sujeito eclesial implica nova mentalidade, mudança na configuração eclesial etc., cf. M.F. MIRANDA, "É possível um sujeito eclesial?", 55-82. Afinal, "só na medida em que a autoridade eclesiástica é capaz de ouvir, dialogar, abrir espaços de participação e potenciar os fiéis, eles poderão ser realmente *sujeitos eclesiais*". IBID., 77.

[236] Como indicativo da continuidade desse espírito e processo participativo, temos o mais recente estudo da CNBB. Um texto que foi preparado por uma Comissão e depois refletido e aprovado na Assembleia Geral dos bispos, em 2014, e que segue sendo estudado nas Igrejas locais do Brasil. Nele está demonstrado todo o empenho da Igreja para que o laicato seja de fato sujeito eclesial, com participação consciente, ativa e adulta, cf. CNBB, *Cristãos leigos e leigas na Igreja e na sociedade*, Est 107.

[237] IBID., [128] 76-77. Há sinais auspiciosos, como, por exemplo, de: "Efetivar um processo de participação, dos vários sujeitos eclesiais, especialmente dos cristãos leigos e leigas no âmbito nacional [...]". IBID., [233] 123.

Bispos do Brasil

Em razão disso tudo que buscamos expor, tem sentido resgatarmos esse conceito que poderá incutir tanto uma consciência de corresponsabilidade maior como um dinamismo novo na vida eclesial. E o próprio episcopado brasileiro dá provas desse convencimento ao afirmar que:

> Para que leigos e leigas possam superar o clericalismo e crescer em suas responsabilidades, é preciso fomentar a sua participação nas comunidades eclesiais, nos grupos bíblicos, nos conselhos pastorais e de administração paroquial. O empenho para que haja a participação de todos nos destinos da comunidade supõe reconhecer a diversidade de carismas, serviços e ministérios dos leigos, até mesmo confiando-lhes a administração de uma paróquia, quando a situação o exigir, como prevê o Código de Direito Canônico[238].

Portanto, há uma estrada aberta que poderá ser ainda mais alargada e consolidada, em vista de valorizarmos as potencialidades e qualidades de todos que respondem com disposição à convocação divina de fazerem parte da Igreja de Jesus Cristo. Sem menosprezar as conquistas já realizadas, poderemos avançar ainda mais.

---

[238] CNBB, *Comunidade de comunidades: uma nova Paróquia*, Doc 100, [211] 111-112.

CONSIDERAÇÕES FINAIS

Em razão da própria temática abordada neste livro, é óbvio que não caberia aqui uma conclusão que tivesse a pretensão de ser cabal. Pois, mesmo que seja necessário pressupor um caminho já feito, despontam-se ainda muitas possibilidades de respostas e de articulações entre episcopado e laicato. De modo que o mais sensato é ter clareza dos grandes eixos e pontos referenciais que sustentam essa reflexão para que se consiga continuar valorizando e ampliando o alcance de seus significados e ações na Igreja e na sociedade. Por sua vez, o elemento aglutinador e critério para se avaliar a pertinência e relevância dessas realidades, conforme demonstramos, é necessariamente a participação. Este conceito tem o poder de tornar nossa compreensão mais cristalina, tanto ao que se refere ao passado como em relação ao futuro eclesial. Portanto, pode-se considerar que a única maneira de finalizar esse percurso seja deixar em aberto as muitas formas para se avançar e aprofundar os principais elementos que foram sendo sumariamente apresentados.

No entanto, para auxiliar nisso, podemos resgatar e apontar algumas proposições nucleares que explicitamente ou de modo mais disseminado estiveram presentes no desenvolvimento da nossa exposição. Destarte, esse ensejo permitirá e inspirará outras reflexões e ponderações em vista de se aprofundar o assunto sob outros ângulos.

Primeiramente importa ressaltar que o episcopado foi se desenvolvendo gradativamente enquanto estrutura eclesial na História. Pois no início epísco-po-presbítero eram termos intercambiáveis dados a quem sucedia os apóstolos no atendimento pastoral nas Igrejas que os apóstolos tinham fundado. O certo é que o Episcopado garantiu à Igreja, imediatamente posterior ao período neotestamentário, a sua unidade e ortodoxia frente aos desafios da sua missão apostólica em desenvolvimento. Pois, a partir da figura do bispo, tida como referência e ponto de unidade, articulada com os presbíteros e diáconos, foi se construindo esse ministério pastoral específico dentro da tradição de fé da Igreja. Nesse sentido, não se pode preterir de mencionar a busca de consenso que caracterizou o agir dos bispos na transmissão da fé[1].

Ademais, desde o século III o bispo recebe o título de *Pater pauperum*[2]. É um sinal de como se configura o episcopado em sua dimensão paraclética. Trata-se, em última instância, de compreender que a estrutura hierárquica da Igreja se insere numa perspectiva eclesiológica, desde sempre entendida como Igreja Povo de Deus. Na qual cada ofício ou ministério, com seus dons e carismas, está a serviço de todos e todas, especialmente dos que carecem de maior proteção e defesa, os pobres. De modo que, estando definida dessa forma, o episcopado é visto pela Igreja Católica como sendo de direito divino, ou seja, algo que nem o papa pode abolir, visto fazer parte da constituição da Igreja de Cristo. Porém, o próprio texto conciliar (LG 21) é prudente o suficiente em não precisar histórica, nem terminalógica, nem teologicamente a concreta articulação desse ministério.

Portanto, tem-se de levar em conta o fato de que tornar-se bispo significa entrar na comunidade (colégio) dos bispos que formam o Episcopado. Assim, o episcopado remete para a ideia de que o colégio apostólico se perpetua na ordem dos bispos – LG 20. Ademais, outras afirmações são igualmente importantes, por exemplo, de que os bispos são sucessores dos apóstolos (LG 18, 20), do colégio dos apóstolos (LG 22); recebem a plenitude do sacramento da ordem (LG 21); junto com o papa, e nunca sem ele, os bispos constituem um Colégio e por isso têm a solicitude pela

---

Cf. J. COLSON, L'épiscopat catholique. Collégialité et primauté dans les trois premiers siècles de l'Église, Paris: Cerf 1963.
[2] Cf. E. SCHILLEBEECKXY, Por uma Igreja mais humana, São Paulo 1989, 304-207.

Considerações finais

Igreja Universal (LG 23; CD 6). Cada bispo tem o cuidado pastoral em sua própria diocese com a missão de ensinar (LG 25), de santificar (LG 26) e autoridade para governar em nome de Cristo (LG 27). Portanto, nisso tudo está presente o estatuto eclesiológico do episcopado, ou seja, o bispo enquanto tal é revestido de uma dupla dimensão. De um lado está vinculado a uma Igreja particular (referido à sua Igreja de modo intrínseco), de outro, está vinculado às exigências de comunhão com a Igreja universal. E isso tem de ser conjugado de maneira inseparável e equilibrada.

De modo que o Concílio Vaticano II, ao atribuir o governo de cada bispo a uma porção do Povo de Deus – a diocese, indica também para a necessária "solicitude pastoral" que todo bispo deve ter pela Igreja Universal. Assim, o bispo não possui autoridade soberana e isolada do conjunto da vida eclesial, mas tem uma responsabilidade (não jurisdição) e missão perante toda a Igreja. Isso corrobora o senso de unidade de fé e de corresponsabilidade pela evangelização do mundo.

Por conseguinte, o Concílio Vaticano II declarou que a ordenação (no texto conciliar aparece a expressão "consagração", mas que foi substituída pelo novo ritual pós-conciliar por aquela mais adequada) episcopal é um sacramento, e que através deste o bispo é inserido no Colégio Episcopal. Assim, este Colégio tem poder pleno e supremo sobre a Igreja inteira. E tal disposição é de direito divino, isto é, pertence à sua própria constituição e estrutura. Portanto, está superada a mentalidade pré-conciliar que distinguia entre poder de jurisdição (que procedia do papa) e a potestade de ordem ou de santificar (que tinha origem sacramental). É a ordenação, enquanto origem sacramental da totalidade do ministério episcopal que constitui alguém como membro do Colégio, obviamente que em comunhão hierárquica. A "*missio canonica*" continua sendo necessária, porém não como fonte das funções; mas para que sejam exercidas legitimamente. Em suma, o fato de reunificar a título de princípio, "ordem e jurisdição" (LG 27), cria afinidade com a teologia ortodoxa, pois assegura pleno direito a esse ministério.

Todavia, o bispo governa o seu rebanho em nome de Cristo e não do papa, graças ao seu poder regular e próprio (isto é, não delegado) – LG 27. Constituído como pastor, o bispo recebe uma missão e uma responsabilidade das quais não pode se eximir, sem que haja prejuízos para o conjunto eclesial –

LG 23. Obviamente que está pressuposto nisso um governo que se realiza na unidade da Igreja e sob a autoridade do poder supremo que nela existe (LG 22). Pois, a comunhão hierárquica implica em uma relação com o primado. Contudo, o reconhecimento de um centro referencial e dinamizador do catolicismo não pode fazer que as dioceses sejam simples sucursais de Roma e nem que seus respectivos bispos sejam executores e repetidores de ordens superiores. Pois, cada diocese é, em sentido pleno e verdadeiro, "Igreja"; e não parte de um corpo maior administrativo. De modo que a compreensão da Igreja é de uma "comunhão de Igrejas". A ação pastoral que o bispo tem a incumbência de coordenar deve ser capaz de imprimir um rosto próprio à sua Igreja. Os bispos com potestade própria, ordinária e imediata nas dioceses são vigários de Cristo (seguindo uma antiga tradição), e não do papa!

Por sua vez, o Concílio ao fundamentar sacramentalmente no Espírito a transmissão de poder, é portador de um significado ímpar, quando se pensa na questão do Direito dentro da Igreja. Porque este tipo de enraizamento obriga a uma impostação menos secular do direito, isto é, conforma-o ao Espírito de Cristo com consequências práticas nas relações que o bispo estabelece com seus colaboradores – LG 27 e 28. Essa radicação da função episcopal na sacramentalidade impedirá um retrocesso à figura de mero administrator. É significativo que o Concílio apresenta em primeiro lugar o serviço à Palavra, antes das funções de santificar e governar (LG 25). Isso porque o *Kerygma* foi e continua sendo momento primeiro na eclesiogênese. Por fim, todo ministério na Igreja deve ser entendido como concretização do mistério sacramental da Ordem. Nesse sentido, o poder de ordem de um bispo não é essencialmente diferente daquele do papa. E ao se reconhecer ao bispo a plenitude do sacerdócio (LG 21) não se lhe atribui que ele é toda a Igreja ou que somente ele a representa. Mas que é "princípio e fundamento visível de unidade" (LG 23).

Conforme tanto sublinhamos nas páginas precedentes, o Concílio incentiva e promove a criação das Conferências Episcopais que refletirão a ação eclesial a partir da pluriformidade de situações pastorais dos vários países e continentes – LG 23. Na verdade esse organismo eclesial é resultante da estrutura colegial da Igreja. O Vaticano II resgatou, a despeito da centralização de poder na figura papal, uma práxis antiga da Igreja que era a atividade colegial e de corresponsabilidade pastoral dos bispos (LG 22 foi um dos textos mais laboriosos do Vaticano II). Portanto, as Conferências episcopais são um modo de "concreta aplicação" do chamado "*affectus collegialis*". O princípio que está na base disso é de evitar a centralização e reconhecer o direito de participação e corresponsabilidade do Episcopado em questões que sejam de comum preocupação de todos os dirigentes eclesiásticos.

Por conseguinte, a Conferência por princípio jamais se afirmará como uma Igreja Nacional ou irá coarctar a legítima autonomia do bispo em sua diocese. O que está em jogo é que haja de fato mecanismos e estruturas eclesiais que expressem a comunhão que é da essência da Igreja. É certo que sem uma regularização jurídica dos princípios eclesiológicos (por melhores que sejam), torna-se inviável e impraticável a sonhada descentralização de poder e decisão, bem como o direito das Conferências de exercerem uma participação mais direta e real em matérias que são primariamente de seus interesses. Em síntese, a proeza ou o mérito do Vaticano II está em ter revitalizado a colegialidade na Igreja. O limite seria de projetar a colegialidade apenas para o âmbito hierárquico. Todavia, além de resgatar um dos melhores elementos da grande Tradição eclesial, o Concílio mostra-se em sintonia com a sensibilidade atual da sociedade que prefere o exercício colegial de autoridade e de decisão. Em outras palavras, é a participação que passa ser mais valorizada e praticada em todos os âmbitos.

No horizonte teológico do Concílio o equilíbrio consiste em integrar harmoniosamente em uma perspectiva de comunhão, Primado e Colégio; ao invés de os justapor ou opor. Importante notar que o Vaticano II nunca adjetiva o Primado como sendo "de jurisdição". A ponto de o papa ter de tornar-se o primeiro a potencializar e promover o ministério dos bispos como colégio. Nesse sentido, é digno de nota o quanto o papa Francisco tem feito para se efetivar esse ideal dentro da realidade eclesial.

Embora a ação oficial da Igreja seja reconhecidamente do bispo (segundo as letras do Concílio); na prática não se pode desconsiderar que são os presbíteros quem animam pastoralmente e dirigem efetivamente a vida das comunidades eclesiais. Por isso a qualificação dos presbíteros de auxiliares

Bispos do Brasil

do bispo não revela toda a realidade (LG 28). Mesmo porque o ministério presbiteral é exercido em nome de Cristo, ainda que sob a direção do bispo (PO 2). Aliás, nesse quesito nunca é demais sublinhar que não basta o bispo ser a cabeça do presbitério, é preciso que seja também seu coração[3]. Ademais, deve ter prioridade na missão do bispo como pastor o propósito de garantir um lugar ativo dos leigos e das leigas na vida eclesial, ou seja, de promover a participação e a vivência adulta da fé desses que são igualmente sujeitos eclesiais. Foi exatamente nessa direção que vimos apontando o desenrolar da CNBB na história brasileira, enquanto expressão de um compromisso coletivo dos bispos do Brasil com o laicato.

Quiçá, um ponto nodal para se estreitar ainda mais a relação do episcopado com laicato seja o de impostar em modo adequado a nota característica de "apostolicidade" da Igreja. Em outros termos, trata-se de entender que a apostolicidade da Igreja não tem que ver somente com os bispos, mas é um atributo de toda a comunidade eclesial. Por isso, imprescindíveis não são apenas os fundadores, mas também os construtores – categoria que engloba a grande maioria que compõe a vida eclesial, ou seja, os fiéis leigos e leigas que se entregam corajosamente pela construção do Reino de Deus.

Enfim, para qualquer ministério eclesial há sempre uma simbiose entre o elemento pessoal e o sinodal/colegial. E, no caso específico do Episcopado, a conjugação é paradigmática, pois o ofício episcopal se constrói colegialmente a serviço da unidade e da comunhão. Os sínodos não existem somente para que os bispos participem deles, mas eles próprios devem ser promotores de um exercício permanente da sinodalidade na Igreja, bem como devem cuidar para que haja a celebração periódica de sínodos na vida de suas Igrejas[4]. Com isso, podemos afirmar peremptoriamente que, quando o episcopado é fiel à tradição da sinodalidade/colegialidade, promoverá e defenderá um laicato participativo em todas as instâncias da Igreja e comprometido com os destinos promissores e justos da sociedade humana.

---

[3] Cf. J. CHEMELLO, "Tarefa do bispo no acompanhamento dos presbíteros", in Aa.Vv. O ministério Episcopal, São Paulo: Loyola, 1989, 31.
[4] Cf. M. DORTEL-CLAUDOT, L'évêque et la sinodalité dans le nouveau CIC, NRT 106 (1984) 641-657.

BIBLIOGRAFIA

1. Magistério

Catecismo da Igreja Católica, Petrópolis 1993.

CDF, *Instrução sobre alguns aspectos da "Teologia da Libertação"*, São Paulo 1984.

_____, *Instrução sobre a Liberdade cristã e a libertação*, São Paulo 1986.

Celam, *A Igreja na atual transformação da América Latina à luz do Concílio. Conclusões de Medellín*, Petrópolis 1969[2].

_____, *Evangelização no presente e futuro da América Latina. Conclusões da Conferência de Puebla*, São Paulo 1979[4].

_____, *Nova evangelização. Promoção Humana. Cultura cristã. Conclusões da IV Conferência do Episcopado Latino-Americano. Santo Domingo. Texto oficial*, São Paulo 1992.

_____, *Síntese das contribuições recebidas para a V Conferência geral*, São Paulo 2007.

_____, *Documento de Aparecida. Texto conclusivo da V Conferência Geral do Episcopado Latino-Americano e do Caribe,* S. Paulo/Brasília 2007.

Comisión teológica internacional, "La apostolicidad de la Iglesia y la sucesión apostólica (1973)", in C. Pozo, ed., *Documentos 1969-1996*, Madrid 1998, 62-76.

_____, "Temas selectos de Eclesiología (1984)", in C. Pozo, ed., *Documentos 1969-1996,* Madrid 1998, 329-375.

Compêndio do Vaticano ii, *Constituições – Decretos – Declarações*, Petrópolis 2000[29].

Concílio Plenário Latino-Americano, *Acta et Decreta Concilii Americae Latinae*, Cidade do Vaticano 1999.

Concílio Plenário, *COR/REB* 1 (1939) 450-490.

Concílio Ecumênico Vaticano II, "Constitutio de Sacra Liturgia *Sacrosanctum Concilium*" (4.12.1963), in *Enchiridion Vaticanum. Documenti del Concilio Vaticano II*, I, Bologna 1985[13], 16-95.

Concílio Ecumênico Vaticano II, "Decretum de Instrumentis Communicationis Socialis *Inter Mirifica*" (04.12.1963), in *Enchiridion Vaticanum. Documenti del Concilio Vaticano II*, I, Bologna 1985[13], 96-117.

_____, "Constitutio Dogmatica de Ecclesia *Lumen Gentium*" (21.11.1964), in *Enchiridion Vaticanum. Documenti del Concilio Vaticano II*, I, Bologna 1985[13], 120-263.

_____, "Decretum de Ecclesiis Orientalibus Catholicis *Orientalium Ecclesiarum*" (21.11.1964), in *Enchiridion Vaticanum. Documenti del Concilio Vaticano II*, I, Bologna 1985[13], 264-285.

_____, "Decretum de Oecumenismo *Unitatis redintegratio*" (21.11.1964), in *Enchiridion Vaticanum. Documenti del Concilio Vaticano II*, I, Bologna 1985[13], 286-325.

_____, "Decretum de Pastorali Episcoporum munere in Ecclesia *Christus Dominus*" (28.10.1965), in *Enchiridion Vaticanum. Documenti del Concilio Vaticano II*, I, Bologna 1985[13], 328-383.

_____, "Decretum de Pastorali Episcoporum munere in Ecclesia *Christus Do*, "Decretum de accommodata renovatione Vitae Religiosae *Perfectae caritatis*" (28.10.1965), in *Enchiridion Vaticanum. Documenti del Concilio Vaticano II*, I, Bologna 1985[13], 384-413.

_____, "Decretum de Institutione Sacerdotali *Optatam Totius*" (28.10.1965), in *Enchiridion Vaticanum. Documenti del Concilio Vaticano II*, I, Bologna 1985[13], 416-449.

_____, "Declaratio de Educatione Christiana *Gravissimum Educationis*" (28.10.1965), in *Enchiridion Vaticanum. Documenti del Concilio Vaticano II*, I, Bologna 1985[13], 450-475.

_____, "Declaratio de Ecclesiae habitudine ad religiones non-christianas *Nostra Aetate*" (28.10.1965), in *Enchiridion Vaticanum. Documenti del Concilio Vaticano II*, I, Bologna 1985[13], 476-485.

Bibliografia

Concílio Ecumênico Vaticano II, "Constitutio Dogmatica de Divina Revelatione *Dei Verbum*" (18.11.1965), in *Enchiridion Vaticanum. Documenti del Concilio Vaticano II*, I, Bologna 1985[13], 488-517.

_____, "Decretum de Apostolatu Laicorum *Apostolicam Actuositatem*" (18.11.1965), in *Enchiridion Vaticanum. Documenti del Concilio Vaticano II*, I, Bologna 1985[13], 518-577.

_____, "Declaratio de Libertate Religiosa *Dignitatis Humanae*" (7.12.1965), in *Enchiridion Vaticanum. Documenti del Concilio Vaticano II*, I, Bologna 1985[13], 578-605.

_____, "Decretum de Activitate Missionali Ecclesiae *Ad Gentes Divinitus*" (7.12.1965), in *Enchiridion Vaticanum. Documenti del Concilio Vaticano II*, I, Bologna 1985[13], 608-695.

_____, "Decretum de Presbyterorum Ministerio et Vita *Presbyterorum Ordinis*" (7.12.1965), in *Enchiridion Vaticanum. Documenti del Concilio Vaticano II*, I, Bologna 1985[13], 698-769.

_____, "Constitutio Pastoralis de Ecclesia in Mundo Huius Temporis *Gaudium et Spes*" (7.12.1965), in *Enchiridion Vaticanum. Documenti del Concilio Vaticano II*, I, Bologna 1985[13], 772-965.

Congregação para os Bispos, "Status teológico e jurídico das Conferências dos bispos. "Instrumentum laboris" da Congregação para os Bispos", *Sedoc* 21 (1989) 463-476.

Episcopado Brasileiro, "Pastoral Coletiva de 1890", in Rodrigues, A.M.M., ed., *A Igreja na República*, IV, Brasília 1981, 17-58.

_____, *Pastoral Coletiva do Episcopado Brasileiro; ao clero e aos fiéis das duas províncias eclesiásticas do Brasil*, Rio de Janeiro 1900.

_____, *Pastoral Collectiva dos Senhores Arcebispos e Bispos das Províncias ecclesiasticas de S. Sebastião do Rio de Janeiro, Marianna, S. Paulo, Cuyabá e Porto Alegre*, Rio de Janeiro 1915.

João XXIII, "Discurso de S. S. o Papa João XXIII ao conselho episcopal Latino-Americano", *REB* 19 (1959) 176-182.

_____, "Carta de João XXIII ao Episcopado da América Latina", *REB* 22 (1962) 461-463.

João Paulo II, "Discurso ao episcopado brasileiro em Fortaleza – 10/07/1980", in *Todos os pronunciamentos do papa no Brasil*, São Paulo 1980[3].

João Paulo II, *"Carta Apostólica. Tertio millennio adveniente"* [acesso: 10.09.2014], *http://gsearch.vatican.va/search?q=cache:GV5dxAa0UsYJ:www.vatican.va/holy_father/john_paul_ii/apost_letters/documents/hf_jp-ii_apl_10111994_tertio-millennio-adveniente_po.html+Tertio+millennio+adveniente&site=default_collection&client=default_frontend&output=xml_no_dtd&proxystylesheet=default_frontend&ie=UTF-8&access=p&oe=ISO-8859-1.*

_____, "Carta Apostólica sob forma de "Motu Proprio" acerca da natureza teológica e jurídica das Conferência dos bispos", *Sedoc* 31 (1998) 178-194.

_____, *"Exortação apostólica pós-sinodal Pastores gregis"* [acesso: 14.10.2015], http://w2.vatican.va/content/john-paul-ii/pt/apost_exhortations/documents/hf_jp-ii_exh_20031016_pastores-gregis.html.

Bento XVI, "Abertura do Congresso eclesial da diocese de Roma" [acesso: 23.11.2015], http://w2.vatican.va/content/benedict-xvi/pt/speeches/2009/may/documents/hf_ben-xvi_spe_20090526_convegno-diocesi-rm.html

_____, "Congresso Internacional promovido pelo Pontifício Conselho "Justiça e Paz" para o 50° aniversário da "Mater et Magistra" de João XXIII" [acesso: 23.11.2015], http://w2.vatican.va/content/benedict-xvi/pt/speeches/2011/may/documents/hf_ben-xvi_spe_20110516_justpeace.html

Francisco, *Evangelii gaudium. A alegria do evangelho,* São Paulo 2013.

_____, "Aos bispos responsáveis do Conselho Episcopal Latino-americano (CELAM) por ocasião da reunião geral de coordenação", *SEDOC* 46 (2013) 73-80.

Francisco, "Encontro com o episcopado brasileiro", *SEDOC* 46 (2013) 49-60.

_____, "Comemoração do cinquentenário da instituição do Sínodo dos bispos (2015)" [acesso: 27.03.2017], http://w2.vatican.va/content/francesco/pt/speeches/2015/october/documents/papa-francesco_20151017_50-anniversario-sinodo.html

Pontifício Conselho "Justiça e Paz", *Para uma melhor distribuição da terra. O desafio da reforma agrária*, São Paulo 1998.

Bibliografia

PONTIFÍCIO CONSELHO "JUSTIÇA E PAZ", *Compêndio da doutrina social da Igreja*, São Paulo 2011[7].

SAGRADA CONGREGAÇÃO DOS BISPOS, "Novo Estatuto Eclesiástico da CNBB. Observações da Sagrada Congregação dos Bispos para fins de reconhecimento do Estatuto", in *CM* 220 (1971) 15-20.

_____, "Sagrada Congregação para os Bispos. Observações sobre os novos estatutos da CNBB", in *CM* 311 (1978) 749-751.

SAGRADA CONGREGAÇÃO PARA OS SACRAMENTOS E O CULTO DIVINO, "Carta da Sagrada Congregação para os Sacramentos e o Culto Divino a D. Ivo Lorscheiter", in *CM* 354 (1982) 258.

DA VIDE, S.M., *Constituições primeiras do Arcebispado da Bahia*, 79, Brasília 2007.

SÍNODO DOS BISPOS, "Assembleia extraordinária do Sínodo dos bispos", *Sedoc* 18 (1986) 791-846.

_____, "Relatio Finalis", *Sedoc* 18 (1986) 828-846.

SYNODE EXTRAORDINAIRE, *Célébration de Vatican II*, Paris 1986.

2. Fontes Documentais e outras publicações da CNBB

2.1. Documentos da CNBB

CNBB, *Diretrizes gerais da ação pastoral da Igreja no Brasil 1975-1978*, Doc 4, São Paulo 1975.

_____, *Comunicação pastoral ao Povo de Deus*, Doc 8, São Paulo 1976.

_____, *Exigências cristãs de uma ordem política*, Doc 10, São Paulo 1977.

_____, *Diretório para missas com grupos populares*, Doc 11, São Paulo 1977.

_____, *Subsídios para Puebla*, Doc 13, São Paulo 1978.

_____, *Diretrizes gerais da ação pastoral da Igreja no Brasil 1979-1982*, Doc 15, São Paulo 1980[3].

_____, *Igreja e problemas da terra*, Doc 17, São Paulo 1980.

_____, *Solo urbano e ação pastoral*, Doc 23, São Paulo 1982.

_____, *As comunidades eclesiais de base na Igreja do Brasil*, Doc 25, São Paulo 1982.

_____, *Diretrizes gerais da ação pastoral da Igreja no Brasil 1983-1986*, Doc 28, São Paulo 1984[5].

Bispos do Brasil

CNBB, *Carta aos agentes de pastoral e às comunidades*, Doc 33, São Paulo 1985.

_____, *Por uma nova ordem constitucional: declaração pastoral*, Doc 36, São Paulo 1986.

_____, *Diretrizes gerais da ação pastoral da Igreja no Brasil 1987-1990*, Doc 38, São Paulo 1987.

_____, *Exigências éticas da ordem democrática*, Doc 42, São Paulo 1989.

_____, *Diretrizes gerais da ação pastoral da Igreja no Brasil 1991-1994*, Doc 45, São Paulo 1991.

_____, *Orientações pastorais sobre a Renovação Carismática Católica*, Doc 53, São Paulo 1994.

_____, *Diretrizes gerais da ação evangelizadora da Igreja no Brasil 1995-1998*, Doc 54, São Paulo 1995.

_____, *Rumo ao novo milênio*, Doc 56, São Paulo 1996[8].

_____, *Diretrizes gerais da ação evangelizadora da Igreja no Brasil 1999-2002*, Doc 61, São Paulo 1999.

_____, *Missão e ministérios dos cristãos leigos e leigas*, Doc 62, São Paulo 1999.

_____, *Brasil - 500 anos: diálogo e esperança. Carta à sociedade brasileira e às nossas comunidades*, Doc 65, São Paulo 2001[3].

_____, *Olhando para a frente*, Doc 66, São Paulo 2001[6].

_____, *Exigências evangélicas e éticas de superação da miséria e da fome – Alimento, dom de Deus, direito de todos*, Doc 69, São Paulo 2002[5].

_____, *Estatuto Canônico da Conferência Nacional dos Bispos do Brasil*, Doc 70, São Paulo 2002.

_____, *Diretrizes gerais da ação evangelizadora da Igreja no Brasil 2003-2006*, Doc 71, São Paulo 2003.

_____, *Projeto nacional de evangelização (2004-2007). Queremos ver Jesus: caminho, verdade e vida*, Doc 72, São Paulo 2004[4].

_____, *Plano de Emergência para a Igreja do Brasil*, Doc 76, São Paulo 2004[2].

_____, *Plano de Pastoral de Conjunto* (1966-1970), Doc 77, São Paulo 2004.

_____, *Diretrizes gerais da ação evangelizadora da Igreja no Brasil 2008-2010*, Doc 87, São Paulo 2008[3].

_____, *Projeto nacional de evangelização: o Brasil na missão continental. "A alegria de ser discípulo missionário"*, Doc 88, São Paulo 2008[2].

Bibliografia

CNBB, *Diretrizes gerais da ação evangelizadora da Igreja no Brasil 2011-2015*, Doc 94, São Paulo 2011[3].

_____, *Comunidade de comunidades: uma nova Paróquia. A conversão pastoral da Paróquia*, Doc 100, São Paulo 2014.

_____, *Cristãos leigos e leigas na Igreja e na sociedade. Sal da terra e luz do mundo (Mt 5, 13-14)*, Doc 105, São Paulo 2016.

_____, *Diretrizes gerais da ação evangelizadora da Igreja no Brasil 2015-2019*, Doc 102, São Paulo 2015.

2.2. Estudos da CNBB

CNBB, *Igreja e política: subsídios teológicos*, Est 2, São Paulo 19742.

_____, *Pastoral da terra*, Est 11, São Paulo 1976.

_____, *Pastoral da terra: posse e conflitos*, Est 13, São Paulo 1977.

_____, *Subsídios para uma política social*, Est 24, São Paulo 1979.

_____, *Propriedade e uso do solo urbano: situações, experiências e desafios pastorais*, Est 30, São Paulo 1981.

_____, *Leigos e participação na Igreja: reflexão sobre a caminhada da Igreja no Brasil*, Est 45, São Paulo 1986[2].

_____, *Participação popular e cidadania: a Igreja no processo constituinte*, Est 60, São Paulo 1990.

_____, *A Igreja Católica diante do pluralismo religioso no Brasil*, I, Est 62, São Paulo 1991.

_____, *Missão e Ministérios dos Leigos e Leigas Cristãos: o serviço à vida e à esperança*, Est 77, São Paulo 1998[2].

_____, *Cristãos leigos e leigas na Igreja e na sociedade*, Est 107, Brasília 2014.

2.3. Estatutos da CNBB

CNBB, "Estatutos da CNBB", *CM* 157-159 (1965) 40-47.

_____, "Estatuto da Conferência Nacional dos Bispos do Brasil", *CM* 220 (1971) 20-26.

_____, "Estatutos da CNBB", *CM* 293 (1977) 397.

_____, "Estatuto da Conferência Nacional dos Bispos do Brasil", *CM* 307 (1978) 349-355.

Cnbb, "Estatuto Canônico da CNBB", *CM* 319 (1979) 388-390.

_____, "Regimento da CNBB", *CM* 329 (1980) 199-206.

_____, "Estatuto Canônico da CNBB", *CM* 329 (1980) 210-215.

_____, "Atualização do Estatuto da CNBB em conformidade com o novo código de Direito Canônico", *CM* 388 (1985) 353-359.

_____, "Adaptação do Estatuto Canônico da CNBB ao novo Código de Direito Canônico", *CM* 399 (1986) 398-400.

_____, "Decreto de aprovação do Estatuto da CNBB", *CM* 400 (1986) 640;672.

_____, "Estatuto Canônico da CNBB", *CM* 400 (1986) 675-680.

_____, "Estatuto Canônico", *CM* 441 (1990) 602.

_____, "J. Paulo II. Carta ao Presidente da CNBB" *CM* 552 (2001) 803.

_____, "Tema central", *CM* 552 (2001) 793-814.

_____, "Estatuto Canônico da Conferência Nacional dos Bispos do Brasil", *CM* 560 (2002) 586-607.

_____, "Regimento da CNBB", *CM* 560 (2002) 610-678.

2.4. Outras publicações da CNBB

Cnbb, *Ser cristão é participar. Texto-base*, Brasília 1970.

_____, "Ata da Assembleia de fundação da CNBB", *CM* 241 (1972) 58-61.

_____, "Relatório sobre os trabalhos da Presidência e da CEP no período 1971-74", *CM* 266 (1974) 1133-1137.

_____, "Assuntos de liturgia", *CM* 293 (1977) 190.

_____, "Correspondência oficial", *CM* 295 (1977) 592-593.

_____, "Subsídios para Puebla", *REB* 38 (1978) 327-341.

_____, "Introdução aos assuntos de liturgia", *CM* 319 (1979) 454-459.

_____, "Diretório para missas com grupos populares", *CM* 329 (1980) 218.

_____, "Votação 4: "Orientações litúrgico-pastorais sobre a celebração da Missa''", *CM* 341 (1981) 192-193.

_____, "Sobre a "Missa dos Quilombos", *CM* 354 (1982) 258.

_____, *Comunicação para a verdade e a paz. Manual*, Brasília 1989.

_____ – Setor Pastoral Social, "Democratizar: superar a exclusão social", *Sedoc* 26 (1994) 729-741.

_____, "Vida com dignidade e esperança", *Sedoc* 31 (1999) 95-97.

Bibliografia

CNBB, "Brasil – 500 anos: início de uma nova caminhada?", *Sedoc* 33 (2000) 195-226.

_____, "Síntese das contribuições da Igreja no Brasil à Conferência de Aparecida", *PerspTeol* 38 (2006) 403-432.

_____, *Igreja particular, movimentos eclesiais e novas comunidades. Subsídios doutrinais*, 3, Brasília 2009.

_____, *Mensagem ao Povo de Deus sobre as Comunidades Eclesiais de Base*, São Paulo 2010[2].

3. Bibliografia Geral

AGOSTINI, N., *As Conferências episcopais: América Latina e Caribe*, Aparecida 2007.

ALBERTI, R., "Orientações litúrgico-pastorais sobre a celebração da Missa", in *CM* 341 (1981) 237-251.

ALMEIDA, A.J., "Novos ministérios na Igreja do Brasil", *Conv* 25 (1990) 413-422.

ALVES, M.M., *A Igreja e a política no Brasil*, São Paulo 1979.

AMADO, W., "Preparação das Diretrizes Gerais da Ação Pastoral da Igreja no Brasil – 1991/1994", *REB* 50 (1990) 955-963.

ANDREATTA, C.M., "Na força do Espírito do Ressuscitado. Algumas reflexões sobre a espiritualidade das Diretrizes gerais da ação evangelizadora no Brasil (1995-1998)", *ESTEF* 17 (1996) 48-56.

ANGELINI, G. - *al., I laici nella Chiesa*, Leumann 1986.

DOS ANJOS, M.F. – CARRANZA, B., "Para compreender as novas comunidades católicas, *Conv* 45 (2010) 458-477.

ANTOINE, C., *L'Église et le pouvoir au Brésil. Naissance du militarisme*, Paris 1971.

ANTÓN, A., "Principios fundamentales para una teología del laicado en la Eclesiología del Vaticano II" *Greg* 68 (1987) 103-155.

_____, "Fundamentación teológica de las Conferencias Episcopales", *Greg* 70 (1989) 205-232.

_____, "Ejercen las Conferencias Episcopales un *Munus Magisterii?*", *Greg* 70 (1989) 439-494.

_____, "El "*Munus Magisterii*" de las Conferencias Episcopales. Horizonte teológico y criterios de valorización", *Greg* 70 (1989) 741-778.

ANTÓN, A., "Eclesiología posconciliar: esperanzas, resultados y perspectivas para el futuro", in R. LATOURELLE, ed., *Vaticano II: balance y perspectivas*, Salamanca 1989, 275-294.

_____, "La 'recepción' en la Iglesia y eclesiología", *Greg* 77 (1996) 57-96; 437-469.

_____, "La carta apostólica MP "Apostolos Suos" de Juan Pablo II", *Greg* 80 (1999) 263-297.

_____, "Le conferenze episcopali: un aiuto ai vescovi", *CivCatt* 150 (1999) 332-344.

ANTONIAZZI, A., "Simples observações sobre as Diretrizes Pastorais aprovadas pela XIV Assembleia da CNBB (Itaici, 19-27nov.74)", *Atualiz* 5 (1974) 504-513.

_____, "Pistas para iniciar o estudo do Documento de Puebla", *Atualiz* 10 (1979) 99-107.

_____, "Comunhão e Participação. Como Puebla usa suas palavras-chave", *Atualiz* 10 (1979) 265-277.

_____, "Evangelização: conteúdo e critérios. Segundo o Documento de Puebla", *Atualiz* 10 (1979) 345-362.

_____, "Libertar para a Comunhão e Participação", *Conv* 13 (1980) 33-45.

_____, "O que é Pastoral. Subsídios para uma reflexão", *Atualiz* 14 (1983) 3-18.

_____, "As 'Diretrizes gerais da ação pastoral' (1983-1986)", *Atualiz* 14 (1983) 493-498.

_____, "Igreja e democracia – enfoque histórico", in CNBB - SEMINÁRIO "Exigências éticas da ordem democrática", *Sociedade, Igreja e democracia*, São Paulo 1989, 97-112.

_____, "Planejamento Pastoral. Reflexões críticas", *PerspTeol* 21 (1989) 101-112.

_____, "Como repensar a pastoral face aos desafios da modernidade?", *Atualiz* 22 (1991) 415-440.

_____, "Novas diretrizes para a ação pastoral da Igreja no Brasil?", *VPast* 32 (1991) 21-25.

_____, "Interrogações em forma de respostas. Observações sobre a Conferência e as conclusões de Santo Domingo", *PerspTeol* 25 (1993) 93-102.

Bibliografia

ANTONIAZZI, A., "Novidades nas 'Diretrizes gerais da ação evangelizadora da Igreja no Brasil 95-98'", *VPast* 36 (1995) 2-8.

_____, "O projeto de evangelização da CNBB: Rumo ao Novo Milênio", *PerspTeol* 29 (1997) 75-86.

_____, "Diretrizes da Igreja e virada do milênio (tendências, conflitos, perspectivas)", *VPast* 41 (2000) 2-8.

_____, "Estruturas de participação nas igrejas locais", in M.F. Dos Anjos, ed., *Bispos para a esperança do mundo: uma leitura crítica sobre caminhos de Igreja*, São Paulo 2000, 195-236.

_____, "A 40ª Assembleia da CNBB: memória de 50 anos de história, empenho para um futuro aberto", *VPast* 43 (2002) 27-31.

_____, "A CNBB e a eclesiologia ao longo de cinquenta anos (1952-2002)", *Conv* 37 (2002) 461-475.

_____, "Nova etapa para a CNBB? Diretrizes para o período de 2003-2007", *VPast* 44 (2003) 3-9.

_____, "A CNBB e a pastoral urbana: primeiros passos", in Inp, ed., *Presença pública da Igreja no Brasil (1952-2002): Jubileu de Ouro da CNBB*, São Paulo 2003, 353-386.

AQUINO JÚNIOR, F., "'Novas' Diretrizes da ação evangelizadora. 'Ajuste pastoral'!?", *REB* 71 (2011) 926-931.

_____, "Panorama eclesial com o papa Francisco", *REB* 75 (2015) 990-1006.

ARAÚJO, E.M., *Dom Helder Camara. Profeta-peregrino da justiça e da paz. Pensamento teológico e antropológico*, Aparecida 2012.

ARAÚJO, J.C.S., *Igreja Católica no Brasil: um estudo de mentalidade ideológica*, São Paulo 1986.

ARAÚJO, O.C., "O processo constituinte", *Teocom* 16 (1986) 09-11.

ARNS, P.E., *Brasil: nunca mais*, Petrópolis 1985[11].

ASSIS, R.D., "Apresentação", in CNBB, *Diretrizes gerais da ação evangelizadora da Igreja no Brasil 1995-1998*, Doc 54, 7-9.

DE ÁVILA, F.B., "O documento da XV Assembleia da CNBB – 'Exigências cristãs de uma ordem política'", *Sínt* (1977) 3-19.

AZZI, R., "Dom Antônio de Macedo Costa e a reforma da Igreja do Brasil", *REB* 35 (1975) 693-701.

_____, "Catolicismo popular e autoridade eclesiástica na evolução histórica do Brasil", *RelSoc* 1 (1977) 125-149.

Azzi, R. "A Igreja Católica no Brasil no período de 1950 a 1975", *Rel-Soc* 2 (1977) 79-109.

_____, *Os bispos reformadores: a segunda evangelização no Brasil*, Brasília 1992.

_____, *A neocristandade: um projeto restaurador*, São Paulo 1994.

_____, "Presença da Igreja na sociedade brasileira: Região Sudeste (1952-2002)", in Inp, ed., *Presença pública da Igreja no Brasil (1952-2002): Jubileu de Ouro da CNBB*, São Paulo 2003, 289-310.

_____, *A Igreja Católica na formação da sociedade brasileira*, Aparecida 2008.

Barreiro, A., "Eclesialidade e consciência eclesial das Cebs", *Persp-Teol* 14 (1982) 301-326.

Barros, M., "Helder, o Dom de Deus que o munho ganhou", *REB* 59 (1999) 697-698.

Barros, P.C., "Colegialidade episcopal no Vaticano II. O Concílio convida-nos a resgatar um dado fundamental da tradição eclesial", *PerspTeol* 37 (2005) 199-224.

De Barros, R.C., *Brasil: uma Igreja em renovação. A experiência brasileira de planejamento pastoral*, Novos caminhos 1, Petrópolis 1967.

_____(servus mariae), *Para entender a Igreja do Brasil: a caminhada que culminou no Vaticano II (1930-1968)*, Petrópolis 1994.

_____, "Gênese e consolidação da CNBB no contexto de uma Igreja em plena renovação", in Inp, ed., *Presença pública da Igreja no Brasil (1952-2002): Jubileu de Ouro da CNBB*, São Paulo 2003, 13-69.

_____, "A CNBB e o Estado brasileiro durante o interlúdio espartano (A Igreja e o governo militar de 1964 a 1985), in Inp, ed., *Presença pública da Igreja no Brasil (1952-2002): Jubileu de Ouro da CNBB*, São Paulo 2003, 149-214.

Bassini, P.F., "Conferência de Aparecida: e agora?" *VPast* 48 (2007) 15-19.

Baum, G. – *al.*, *Vida e reflexão: contributo da Teologia da libertação ao pensamento teológico*, São Paulo 1987.

Benedetti, L.R., "Igreja católica e sociedade nos anos 90", *REB* 53 (1993) 824-838.

_____, "Olhar sociológico para o documento de Aparecida", *VPast* 48 (2007) 3-9.

Beozzo, J.O., "A evangelização na América Latina. Uma visão histórica com vistas a Puebla", *REB* 38 (1978) 208-243.

_____, "Igreja do Brasil e Santa Sé", *Vozes* 75 (1981) 16-23.

_____, "A Igreja do Brasil – O planejamento pastoral em questão", *REB* 42 (1982) 465-505.

_____, "O Concílio Vaticano II vinte anos depois", in Id., ed., *O Vaticano II e a Igreja Latino-americana*, São Paulo 1985, 5-16.

_____, "Para uma liturgia com rosto latino-americano", *REB* 49 (1989) 586-605.

_____, "Indícios de uma reação conservadora. Do Concílio Vaticano II à eleição de João Paulo II", *ComISER* 9 (1990) 5-16.

_____, *A Igreja do Brasil. De João XXIII a João Paulo II. De Medellín a Santo Domingo*, Petrópolis 1994.

_____, "Medellín: inspiração e raízes", *REB* 58 (1998) 822-850.

_____, "Concílio Vaticano II (1962-1965): a participação da Conferência Episcopal Brasileira", in Inp, ed., *Presença pública da Igreja no Brasil (1952-2002): Jubileu de Ouro da CNBB*, São Paulo 2003, 71-147.

_____, "A recepção do Vaticano II na Igreja do Brasil", in Inp, ed., *Presença pública da Igreja no Brasil (1952-2002): Jubileu de Ouro da CNBB*, São Paulo 2003, 425-457.

_____, *A Igreja do Brasil no Concílio Vaticano II: 1959-1965*, São Paulo 2005.

_____ – J.P. Ramalho, "O momento eclesial brasileiro", *REB* 48 (1988) 672-676.

_____ - al., *Medellín: vinte anos depois*, *REB* 48 (1988) 771-915.

Berkenbrock, V., "CNBB: 50 anos de corajosa caminhada", *Sedoc* 35 (2002) 4-6.

Bernal, S., *CNBB – Da Igreja da cristandade à Igreja dos pobres*, São Paulo 1989.

Bingemer, M.C.L., "Da teologia do laicato à teologia do batismo", *PerspTeol* 19 (1987) 29-48.

_____, "A mulher na Igreja do Brasil" *Conc* 296 (2002) 400-408.

_____, "O documento não tem o profetismo e o sopro libertador que caracterizou Medellín e Puebla" [acesso: 23.08.2013], http://www.ihuonline.unisinos.br/index.php?option=com_content&view=article&id=1041&secao=224.

BOFF, C., "Uma análise de conjuntura da Igreja Católica no final do milênio", *REB* 56 (1996) 125-149.

_____, "Estatuto eclesiológico das CEBs", in Id. - *al.*, *As Comunidades de base em questão*, São Paulo 1997, 177-205.

_____, "Participação na vida da Igreja: um dos traços essenciais das CEBs", in ID. - *al.*, *As Comunidades de base em questão*, São Paulo 1997, 261-270.

_____, "Carismáticos e libertadores na Igreja", *REB* 60 (2000) 36-53.

BOFF, L., *Eclesiogênese. As comunidades eclesiais de base reinventam a Igreja*, Petrópolis 1977.

_____, "Puebla: ganhos, avanços, questões emergentes", *REB* 39 (1979) 43-63.

_____, "A colegialidade de todo o Povo de Deus", *REB* 46 (1986) 650-657.

_____, "A originalidade da Teologia da Libertação em Gustavo Gutiérrez", *REB* 48 (1988) 531-543.

_____, "Análise de conjuntura. Um projeto do Vaticano para a América Latina?", *Vozes* 83 (1989) 737-756.

_____ – BOFF, C., *Como fazer teologia da libertação*, Petrópolis 1993.

_____, "Contribuição da eclesiogênese brasileira à Igreja universal", *Conc* 296 (2002) 376-381.

BOZZETTO, E. - *al.*, "As lições de um mutirão", *FamCris* 70 (2004) 18-23.

BRÉSIL, "La parole est aux Églises", in SYNODE EXTRAORDINAIRE, *Célébration de Vatican II*, Paris 1986, 111-167.

BRIGHENTI, A., "Prospectivas para a Igreja no Brasil na aurora do terceiro milênio", in INP, ed., *Presença pública da Igreja no Brasil (1952-2002): Jubileu de Ouro da CNBB*, São Paulo 2003, 535-543.

_____, "A Ação Católica e o novo lugar da Igreja na Sociedade", *Conc* 322 (2007) 505-516.

_____, "Critérios para a leitura do Documento de Aparecida. O pre--texto, o con-texto e o texto", *Conv* 42 (2007) 335-353.

_____, "Diretrizes gerais da ação evangelizadora da Igreja no Brasil (resumo sintético)", *REB* 68 (2008) 671-688.

_____, *Para compreender o Documento de Aparecida: o pré-texto, o con-texto e o texto*, São Paulo 2008[2].

_____, *Aparecida em resumo: o documento oficial com referência às mudanças efetuadas no documento original*, São Paulo 2008.

Bibliografia

Brighenti, A., "O evento Vaticano II e sua recepção na Igreja local. O testemunho de Padres Conciliares da CNBB", *REB* 69 (2009) 162-174.

_____, "As novas Diretrizes de ação evangelizadora da Igreja no Brasil (2011-2015)", *REB* 71 (2011) 911-925.

_____, "Sinodalidade eclesial e colegialidade episcopal. A relevância ofuscada das conferências episcopais nacionais", *REB* 72 (2012) 862-886.

Bruneau, T., *O catolicismo brasileiro em época de transição*, São Paulo 1974.

Caldeira, R.C., "Um bispo no Concílio Vaticano II: Dom Geraldo de Proença Sigaud e o *Coetus Internationalis Patrum*", *REB* 71 (2011) 390-418.

Caliman, C., "A trinta anos de Medellín: uma nova consciência eclesial na América Latina", *PerspTeol* 31 (1999) 163-180.

_____, "CNBB: nova consciência eclesial à luz do Concílio Vaticano II", in Inp, ed., *Presença pública da Igreja no Brasil (1952-2002): Jubileu de Ouro da CNBB*, São Paulo 2003, 407-424.

_____, "A eclesiologia do Concílio Vaticano II e a Igreja do Brasil", in P.S.L. Gonçalves – V.I. Bombonatto, ed., *Concílio Vaticano II. Análise e prospectivas*, São Paulo 2004, 229-248.

Câmara, J., - al., "Manifesto do episcopado brasileiro sobre a ação social", *REB* 6 (1946) 479-484.

Cansi, B., "Imagens de Cristo nas Diretrizes gerais da ação evangelizadora da Igreja no Brasil (1995-1998) e as novas práticas", *REB* 56 (1996) 875-902.

Cardinal Suenens, *La coresponsabilité dans l'Église d'aujourd'hui*, Paris 1968.

Carranza, B., "Fogos de pentecostalismo no Brasil contemporâneo", *Conc* 296 (2002) 390-399.

Carvalheira, m.p., "Momentos históricos e desdobramentos da Ação Católica Brasileira", *REB* 43 (1983) 10-28.

Casaldáliga, P., – al., *Missa da Terra sem males*, Rio de Janeiro 1980.

Castanho, A., *Presença da Igreja no Brasil 1900-2000*, Jundiaí 1998.

Della Cava, R., "Política do Vaticano 1978-1990", *REB* 50 (1990) 896-921.

Chemello, J., "O contexto de Puebla", *Teocom* 9 (1979) 141-145.

CHEMELLO, J. "Tarefa do bispo no acompanhamento dos presbíteros", in Aa.Vv. O ministério Episcopal, São Paulo: Loyola, 1989, 31.

CHEUICHE, A., "Puebla: o homem e a cultura", *Teocom* 9 (1979) 269-277.

CIPOLINI, P.C., "Como verificar a veracidade da Igreja nas Cebs?", *REB* 49 (1989) 305-339.

_____, "A Igreja e seu rosto histórico. Modelos de Igreja e modelo de Igreja na cidade", *REB* 61 (2001) 825-853.

CITRINI, T., "La questione teologica dei ministeri", in G. ANGELINI - *al.*, *I laici nella Chiesa*, Leumann 1986, 57-72.

_____, " Il nome del laico", *Rat* 54 (2009) 197-204.

CODINA, V., "Três modelos de Eclesiología", *EstEcl* 58 (1983) 55-82.

_____, "Crônica de Santo Domingo", *PerspTeol* 25 (1993) 77-89.

_____, "A sabedoria das comunidades eclesiais de base da América Latina", *Conc* 254 (1994) 616-626.

_____, *Para comprender la eclesiologia desde America Latina*, Navarra 2002[4].

COLSON, J. L'épiscopat catholique. Collégialité et primauté dans les trois premiers siècles de l'Église, Paris: Cerf 1963.

COMBLIN, "Puebla: vinte anos depois", *PerspTeol* 31 (1999) 201-222.

_____, "Quinhentos anos de Brasil", *Conv* 35 (2000) 136-147.

_____, *O povo de Deus*, São Paulo 2002.

_____, "As sete palavras-chave do Concílio Vaticano II", in A. LORSCHEIDER – *al.*, *Vaticano II: 40 anos depois*, São Paulo 2005, 51-70.

_____, "O projeto de Aparecida", *VPast* 49 (2008) 3-10.

_____, "Caminos de Apertura en la V Conferencia del Celam", in *Cuadernos Movimiento Tambien somos Iglesia-Chile*, 07 [acesso: 12.09.2014], http://www.redescristianas.net/2006/12/09/caminos-de--apertura-en-la-v-conferencia-del-celam-p-jose-comblin-teologo.

CONGAR, Y.M.-J., *Jalons pour une théologie du laïcat*, Paris 1953.

_____, *Ministères et communion ecclésiale*, Paris 1971.

_____, "La "réception" comme réalité ecclésiologique", *RevSciPhilThéol* 56 (1972) 369-403.

_____, "Collège, primauté... conférences épiscopales: quelques notes", *EspV* 27 (1986) 385-390.

_____, *Igreja e Papado*, São Paulo 1997.

_____, *Mon journal du Concile*, I, Paris 2002.

Bibliografia

DALE, R., "Itinerário da pastoral de conjunto no Brasil", in id. – *al.*, *Pastoral de conjunto*, Petrópolis 1968, 9-24.

_____, ed., *A Ação Católica Brasileira*, São Paulo 1985.

DEELEN, G.J., "O episcopado brasileiro", *REB* 27 (1967) 310-332.

DEFOIS, g., "Structures de dialogue, participation et co-responsabilité dans l'Église actuelle", Études 334 (1971) 101-115.

_____, "Critica delle istituzioni e domanda di partecipazione", *CrSt* 2 (1981) 45-50.

DEMO, P., *Participação é conquista*, São Paulo 2009[6].

DIANICH, S. – NOCETI, S., *Trattato sulla Chiesa*, Brescia 2002.

DIAS, R.B., "Desafios de uma Igreja Participativa", *Conv* 33 (1998) 605-613.

DÍAZ BORDENAVE, J.E., *O que é participação*, São Paulo 1994[8].

DIDONET, F., "Movimento por um Mundo Melhor no Brasil", *REB* 21 (1961) 400-403.

_____, "A linha do Mundo Melhor no Brasil", *REB* 22 (1962) 672-675.

A DIREÇÃO, "Editorial", *EncTeol* 17 (2002) 5-9.

DOIG KLINGE, G., "Participación", *DicRMP*, 434-437.

DORTEL-CLAUDOT, M. L'évêque et la sinodalité dans le nouveau CIC, NRT 106 (1984) 641-657.

ELLACURÍA, I. – J. SOBRINO, ed., *Mysterium liberationis. Conceptos fundamentales de la teología de la liberación*, I-II, Madrid 1990.

ESQUIVEL, J.C., *Igreja, Estado e política: estudo comparado no Brasil e na Argentina*, Aparecida 2013.

ESTRADA, J.A., *Para compreender como surgiu a Igreja*, São Paulo 2005.

EYT, P. "Vers une Église démocratique?", *NRTh* 91 (1969) 597-613.

FAIVRE, A., *Naissance d'une hiérarchie. Les premiéres étapes du cursus clérical*, Paris 1977.

_____, *Os leigos nas origens da Igreja*, Petrópolis 1992.

FELICIANI, G., *Le Conferenze Episcopali*, Bologna 1974.

FERNANDES, L., "Gênese das CEBs do Brasil", in INP, ed., *Pastoral da Igreja no Brasil nos anos 70. Caminhos, experiências e dimensões*, Petrópolis 1994, 134-147.

FERNANDEZ ARRUTY, J.A., "La conferencia de los arzobispos metropolitanos en España", in *La synodalité. La participation au gouvernement dans l'Église. L'année canonique. Hors série*, I, Actes du VIIe congrès international de Droit canonique, Paris 1992, 391-395.

FERRARO, B., "Opção pelos pobres no Documento de Aparecida", *VPast* 48 (2007) 10-14.

FORNÉS, J., "Naturaleza sinodal de los Concilios particulares y de las Conferencias episcopales", in *La synodalité. La participation au gouvernement dans l'Église. L'année canonique. Hors série*, I, Actes du VIIe congrès international de Droit canonique, Paris 1992, 305-348.

FREI BETO, *Diário de Puebla*, Rio de Janeiro 1979.

DE FREITAS, M.C., "Planificación pastoral y colegialidad: el caso de la conferencia episcopal del Brasil", *PMVEst* 7 (1989) 30-36.

_____, *Uma opção renovadora. A Igreja no Brasil e o planejamento pastoral – Estudo genético-interpretativo*, São Paulo 1997.

_____, "A Igreja do Brasil rumo ao novo milênio", *PerspTeol* 29 (1997) 21-24.

_____, "Introdução", in INP, ed., *Pastoral da Igreja no Brasil nos anos 70. Caminhos, experiências e dimensões*, Petrópolis 1994, 9-14.

FROSINI, G., *Una chiesa di tutti. Sinodalità, partecipazione e corresponsabilità.* Bologna 2014.

FUSER, C., *A Economia dos bispos. O pensamento econômico da Conferência Nacional dos Bispos do Brasil CNBB (1952/82)*, São Paulo 1987.

GAILLARDETZ, R.R., "Eclesiología de comunión y estructuras eclesiásticas. Hacia la renovación del ministerio episcopal", *SelTeol* 34 (1995) 109-123.

GARCÍA RUBIO, A., *Teologia da libertação: política ou profetismo?*, São Paulo 1977.

GHIRLANDA, G., "'Munus regendi et munus docendi' dei concili particolari e delle conferenze dei vescovi", in *La synodalité. La participation au gouvernement dans l'Église. L'année canonique. Hors série*, I, Actes du VIIe congrès international de Droit canonique, Paris 1992, 349-388.

DE GODOY, M.J., "A CNBB e o processo de evangelização do Brasil", in INP, ed., *Presença pública da Igreja no Brasil (1952-2002): Jubileu de Ouro da CNBB*, São Paulo 2003, 387-405.

_____, "Espiritualidade presbiteral e Diretrizes gerais da ação evangelizadora da Igreja no Brasil", *VPast* 45 (2004) 16-24.

Goldewijk, B.K., "Consolidação ou crise de estruturas eclesiásticas de base? Novas estruturas eclesiásticas sem reconhecimento oficial", *Conc* 243 (1992) 727-735.

Gomes, P.G., "A autoconsciência eclesial do leigo nas CEBs", *REB* 43 (1983) 513-532.

Gómez de Souza, L.A., "A caminhada de Medellín a Puebla", *PerspTeol* 31 (1999) 223-234.

_____, "Nas origens de Medellín: da Ação Católica às CEBs e às pastorais sociais (1950-1968)", *Conc* 296 (2002) 327-333.

Gonçalves, P.S.L. – Bombonatto, V.I. ed., *Concílio Vaticano II. Análise e prospectivas*, São Paulo 2004.

González Faus, *Para qué la Iglesia?*, Quaderno 121, 14 [acesso em 12.10.2015], https://cristianismeijusticia.net/es/quaderns

Grootaers, J., "El laico en el seno de una Iglesia comunion", *PMVbesp* 106 (1986) 1-43.

Guillemette, M.F., "Les conférences épiscopales sont-elles une institution de la collégialité épiscopale?", *Stcan* 25 (1991) 39-76.

Guilmot, P., *Fin d'une Église cléricale?*, Paris 1969.

Gutiérrez, G., *Teologia da libertação: perspectivas*, Petrópolis 1975.

_____, "Os profetas de Deus" - Müller, G.L., "Praticar a verdade e não só dizê-la", in *L'osservatore Romano*, ano XLIV n. 36, Vaticano [edição em Português 08.09.2013] 8-9.

Hamer, J., *L'Église est une communion*, Paris 1962.

Hamer, J., "Les conférences épiscopales, exercice de la collégialité", *NRTh* 85 (1963) 966-969.

_____, "La responsabilité collégiale de chaque évêque", *NRTh* 105 (1983) 641-654.

Hebblethwaite, P., "The Vatican's Latin American Policy", in D. Keogh ed., *Church and Politics in Latin America*, London 1990, 49-64.

Henn, W., *The Honor of my Brothers: a short history of the relation between the Pope and the Bishops*, New York 2000.

Hoornaert, E., "A Missa dos quilombos chegou tarde demais?", *REB* 41 (1981) 816-818.

Hortal, J., "As eclesiologias de Puebla", *PerspTeol* 11 (1979) 83-96.

_____, "Panorama e estatísticas do fenômeno religioso no Brasil", in CNBB, *A Igreja Católica diante do pluralismo religioso no Brasil*, I, Est 62, São Paulo 1991, 9-24.

HOUTART, F., "Pastoral de Conjunto e Plano de Pastoral", *Conc* 3 (1965) 21-34.

KASPER, W., *Teologia e Chiesa*, Brescia 1989.

_____, "La Iglesia como comunión: un hilo conductor en la eclesiología del Vaticano II", *Comm* 13 (1991) 50-64.

KAUFMANN, L., "Sínodo dos Bispos: nem consilium, nem synodus. Fragmentos de uma crítica a partir da ótica do "movimento sinodal"", *Conc* 230 (1990) 494-505.

KLOPPENBURG B., "A perigosa arte de ser bispo hoje", *REB* 27 (1967) 257-288.

_____, "A segunda Conferência geral do Episcopado latino-americano", *REB* 28 (1968) 623-626.

_____, *A eclesiologia do Vaticano II*, Petrópolis 1971.

_____, "Eclesiologizações para oprimidos", *Comm* 7 (1988) 112-144.

_____, "Sobre o Magistério autêntico na Conferência Episcopal", *Comm* 7 (1988) 364-373.

KOMONCHAK, J., "O debate teológico", *Conc* 208 (1986) 713-724.

KRISCHKE, P.J., *A Igreja e as crises políticas no Brasil*, Petrópolis 1979.

KÜNG, H., *Structures de l'Église*, Paris 1963.

_____, "La participation des laics aux décisions dans l'Église. Une lacune dans de Décret sur l'apostolat des laïcs", in y. congar, ed., *L'Apostolat des laïcs*, Coll. Unam Sanctam 75, Paris 1970, 285-308.

LANNE, E., "La notion ecclésiologique de réception", *RThLouv* 25 (1994) 30-45.

LAURENTIN, R., *Pentecostalismo entre os católicos*, Petrópolis 1977.

_____, "A renovação carismática: renovação profética ou neoconservadorismo?", *Conc* 161 (1981) 39-48.

LEGRAND, H.-M., - MANZANARES, J. - GARCÍA Y GARCÍA, A., ed., *Natura e futuro delle conferenze episcopali: atti del colloquio internazionale di Salamanca (3-8 gennaio 1988)*, Bologna 1988.

LEISCHING, P., "Conferências Episcopais", *Conc* 230 (1990) 506-514.

LENZ, M., "Um balanço positivo", *FamCris* 72 (2005) 70-71.

LESBAUPIN, I., "As mudanças na Igreja Católica no Brasil:1960-1982", *Vozes* 76 (1982) 776-780.

_____, "O Vaticano e a Igreja no Brasil", *ComISER* 9 (1990) 17-32.

LESBAUPIN, I., "CEBs, poder e participação na Igreja", in C. Boff - *al.*, *As Comunidades de base em questão*, São Paulo 1997, 105-120.

LIBANIO, J.B., "Comunhão e Participação", *Conv* 12 (1979) 161-171.

_____, *A volta à grande disciplina. Reflexão teológico-pastoral sobre a atual conjuntura da Igreja*, Teologia e evangelização 4, São Paulo 1983.

_____ – VÁZQUEZ, U., "A instrução sobre a Teologia da libertação. Aspectos hermenêuticos", *PerspTeol* 17 (1985) 151-178.

_____, "Segunda Assembleia geral extraordinária do Sínodo dos Bispos", *PerspTeol* 18 (1986) 77-92.

_____, "O leigo na Igreja do Brasil. Tipologia de movimentos", *PerspTeol* 19 (1987) 69-80.

_____, *Teologia da libertação. Roteiro didático para um estudo*, São Paulo 1987.

_____, *Cenários da Igreja*, São Paulo 2000^2.

_____, "Pastorais nas megalópoles brasileiras", *Conc* 296 (2002) 358-368.

_____, "A Igreja que sonhamos construir", *REB* 65 (2005) 787-816.

_____, *Concílio Vaticano II. Em busca de uma primeira compreensão*, São Paulo 2005.

_____, "Concílio Vaticano II. Os anos que se seguiram", in A. LORSCHEIDER – *al.*, *Vaticano II: 40 anos depois*, São Paulo 2005, 71-88.

_____, "Conferência de Aparecida", *VPast* 48 (2007) 20-26.

_____, *Conferências Gerais do Episcopado Latino-Americano: do Rio de Janeiro a Aparecida*, São Paulo 2007.

_____, "Os 50 anos do Concílio Vaticano II: avanços e entraves", *VPast* 53 (2012) 11-18.

LIMA, L.G.S., *Evolução política dos católicos e da Igreja do Brasil. Hipóteses para uma interpretação*, Petrópolis 1979.

DE LIMA, M.C., *Breve história da Igreja no Brasil*, São Paulo 2004.

LOPES GONÇAVES, P.S., "Epistemologia e método do projeto sistemático da TdL", *REB* 60 (2000) 145-179.

LORSCHEIDER, A., "Nova forma de apostolado: a formação de comunidades", *REB* 16 (1956) 148-151.

_____, "Alocução introdutória aos trabalhos da III Conferência Geral do Episcopado Latino-americano", in Celam, *Evangelização no presente e no futuro da América Latina, Conclusões da Conferência de Puebla*, São Paulo 1979⁴, 47-53.

LORSCHEIDER, A., – al., "Testemunho dos bispos em apoio das CEBs", *REB* 43 (1983) 595-597.

_____, "Observações a respeito da "Instrução sobre alguns aspectos da Teologia da Libertação"", *REB* 44 (1984) 700-708.

_____, "A redefinição da figura do bispo no meio popular pobre e religioso", *Conc* 196 (1984) 754-757.

_____, "Le déroulement", in *Synode Extraordinaire, Célébration de Vatican II*, Paris 1986, 403-405.

_____, "Testemunho sobre o Sínodo extraordinário na luz do Vaticano II, passados 20 anos", *Conc* 208 (1986) 739-744.

LORSCHEIDER, A., "A instituição do Sínodo dos bispos. Retrospectiva e prospectiva", *PerspTeol* 23 (1991) 85-91.

_____, "Uma possível Conferência Nacional de Cristãos Leigos", *REB* 55 (1995) 515-524.

_____, "Cinquenta anos de CNBB: uma Conferência Episcopal em chave conciliar. Projetos de Evangelização. Tensões políticas e eclesiásticas e desafios", *Conc 296 (2002) 321-326.*

_____, "A colegialidade episcopal no interior da CNBB", *EncTeol* 17 (2002) 51-60.

_____, "A atual conjuntura eclesial neste início de novo milênio", *TQ* 1 (2002) 71-87.

_____, *A caminho da 5ª. Conferência geral do episcopado latino- -americano e caribenho: retrospectiva histórica*, Aparecida 2006.

LORSCHEITER, I., "Jubileu de Ouro da CNBB (1952-2002)", *Sedoc* 35 (2002) 97-108.

LUSTOSA, O.F., "Separação da Igreja e do Estado no Brasil (1890): uma passagem para a libertação", *REB* 35 (1975) 624-647.

_____, *A presença da Igreja no Brasil: história e problemas 1500- 1968*, São Paulo 1977.

MAINWARING, S., "A JOC e o surgimento da Igreja na base (1958-1970)", *REB* 43 (1983) 29-92.

_____, *A Igreja Católica e a Política no Brasil (1916-1985)*, São Paulo 1989.

MALVAUX, B., "Un débat toujours actuel: le statut théologique des conférences des évêques", *NRTh* 123 (2001) 238-253.

MARINS, J., "O "Movimento de Natal" encarna uma solução para o Nordeste brasileiro", *REB* 23 (1963) 781-783.

MARQUES, L.C., FARIA, R.A., ed., *Dom Helder Camara; circulares conciliares*, I – t.I, II e III, Recife 2009.

MARTIN, L., "The Call to do Justice: Conflict in the Brazilian Catholic Church, 1968-79", in D. KEOGH ed., *Church and Politics in Latin America*, London 1990, 299-320.

MATOS, H.C.J., *Nossa história: 500 anos de presença da Igreja Católica no Brasil. Período colonial*, I, São Paulo 2001.

_____, *Nossa história: 500 anos de presença da Igreja Católica no Brasil. Período imperial e transição republicana*, II, São Paulo 2002.

_____, *Nossa história: 500 anos de presença da Igreja Católica no Brasil. Período republicano e atualidade*, III, São Paulo 2003.

DE MELO, A.A., "Notas sobre a Igreja do Brasil", *REB* 36 (1976) 679-686.

_____, *A evangelização no Brasil. Dimensões teológicas e desafios pastorais. O debate teológico e eclesial (1952-1995)*, Roma 1996.

MELLONI, A., "O pós-concílio e as Conferências Episcopais: as respostas", *Conc* 208 (1986) 677-688.

MIRANDA, M.F., *Igreja e sociedade*, São Paulo 2009.

_____, "É possível um sujeito eclesial?", *PerspTeol* 43 (2011) 55-82.

_____, *A Igreja que somos nós*, São Paulo 2013.

MOOG, F., *La participation des laïcs à la charge pastorale*, Paris 2010.

MUÑOZ, R., "O capítulo eclesiológico das conclusões de Puebla", *REB* 39 (1979) 113-122.

_____, "As Conferências Episcopais numa eclesiologia de comunhão e participação", *PerspTeol* 26 (1994) 61-75.

MURAD, A., "Documento de Santo Domingo: princípios hermenêuticos de leitura", *PerspTeol* 25 (1993) 11-29.

NICHOLS, T.L., *That All May Be One: Hierarchy and Participation in the Church*, Collegeville 1997.

NOVOS ESTATUTOS DA CNBB, *Participação, Comunhão e co-responsabilidade*, São Paulo 2001.

ODULFO, F., "Pedro Fernandes Sardinha, primeiro bispo do Brasil", *REB* 1 (1941) 211-229;556-570.

DE OLIVEIRA, P.A.R., "Presença da Igreja Católica na sociedade brasileira", *Rel Soc* 2 (1977) 111-113.

DE OLIVEIRA, P.A.R., "Rumo ao Novo Milênio", *REB* 56 (1996) 930-934.

_____, "O catolicismo: das Cebs à Renovação carismática", *REB* 59 (1999) 823-835.

DE OLIVEIRA, J.L.M., "Fracasso do neoconservadorismo católico brasileiro", *REB* 73 (2013) 484-487.

ÖRSY, L., "The Conversion of the Churches: Condition of Unity. A Roman Catholic Perspective", *America* 166 (1992) 479-487.

_____, "Il popolo di Dio", *RAt* 54 (2009) 435-439.

_____, "Power to the Bishops", [acesso: 02.05.2013], http://www.thetablet.co.uk/article/5085.

PALÁCIO, C., "A Igreja na sociedade. Para uma interpretação da "consciência" e da "práxis" atuais da Igreja no Brasil", in ID., ed., *Cristianismo e História*, São Paulo 1982, 307-350.

_____, "Igreja e sociedade no Brasil. Elementos para uma interpretação", *PerspTeol* 14 (1982) 161-190.

_____, "Da autoridade na Igreja. Formas históricas e eclesiologias subjacentes", *PerspTeol* 19 (1987) 151-179.

_____, "A originalidade singular do cristianismo", *PerspTeol* 26 (1994) 311-339.

_____, "Deslocamentos da Teologia, mutações socioeclesiais. Caminhos recentes da Teologia no Brasil", *Conc* 296 (2002) 369-375.

PASTOR, F.A., "Eclesiologia neotestamentária e pluralismo constitucional", *PerspTeol* 5 (1973) 9-20.

_____, "Deus e a práxis. Consenso eclesial e debate teológico no Brasil", *PerspTeol* 17 (1985) 179-200.

_____, "Ministerios laicales y Comunidades de Base. La renovación pastoral de la Iglesia en América Latina", *Greg* 68 (1987) 267-305.

_____, "Que cristianismo?", *PerspTeol* 26 (1994) 389-402.

PEREIRA, A.S., "Participação dos fiéis nas decisões da Igreja à luz do Novo Testamento", *REB* 45 (1985) 678-690.

PEREIRA, A.S., "Participação dos leigos nas decisões da Igreja à luz do Código de Direito Canônico", *REB* 47 (1987) 771-802.

_____, "Participação dos leigos nas decisões da Igreja à luz do Vaticano I e II", *REB* 50 (1990) 93-116.

_____, "Participação dos leigos nas decisões da Igreja. Consciência e práxis das CEBs", *REB* 51 (1991) 65-84.

Bibliografia

Pié-Ninot, S., *Eclesiología. La sacramentalidad de la comunidad cristiana*, Salamanca 2009.

Piletti, N. – Praxedes, W., *Dom Helder Camara: o profeta da paz*, São Paulo 2008.

Poletto, I., "A CNBB e a luta pela terra no Brasil", in Inp, ed., *Presença pública da Igreja no Brasil (1952-2002): Jubileu de Ouro da CNBB*, São Paulo 2003, 333-352.

Pottmeyer, H.J., "Continuità e innovazione nell'ecclesiologia del Vaticano II", *CrSt* 2 (1981) 71-95.

_____, "A Igreja como mistério e como instituição", *Conc* 208 (1986) 759-770.

_____, *Towards a Papacy in Communion: perspectives from Vatican Councils I and II*, New York 1998.

Prates, L., *Fraternidade libertadora: uma leitura histórico-teológica das Campanhas da Fraternidade da Igreja no Brasil*, São Paulo 2007.

De Queiroga, G.F., *Conferência Nacional dos Bispos do Brasil, CNBB: comunhão e corresponsabilidade*, São Paulo 1977.

_____, "Experiência brasileira: a Conferência Nacional dos Bispos do Brasil (CNBB), como efetivação peculiar da colegialidade", *Conc* 230 (1990) 537-542.

De Queiróz, A.C., "Apresentação", in Cnbb, *Diretrizes gerais da ação pastoral da Igreja no Brasil 1987-1990*, Doc 38, 5-8.

_____, "O papel da Conferência Nacional dos bispos do Brasil", in Inp, ed., *Pastoral da Igreja no Brasil nos anos 70*, Petrópolis 1994, 40-45.

_____, "Compreendendo as diretrizes", *VPast* 49 (2008) 27-30.

Quinn, J.R., *Reforma do Papado. Indispensável para a unidade cristã*, Aparecida 2002.

Rabuske, A., "Notas abrangedoras a respeito do Concílio Plenário Latino-Americano", *Teocom* 88 (1990) 159-176.

Rampon, I.A., *O caminho espiritual de dom Helder Camara*, São Paulo 2013.

Rangel, P., "O último documento de Itaici. Introdução à leitura", *Atualiz* 13 (1982) 11-13.

_____, "Solo urbano e ação pastoral. Notas de pé de página", *Atualiz* 13 (1982) 147-16

Ratzinger, J., "As implicações pastorais da doutrina sobre a colegialidade dos bispos", *Conc* 1 (1965) 27-49.

Bispos do Brasil

RATZINGER, J., "La collégialité épiscopale, développement théologique", in Y. CONGAR, ed., *L'Église de Vatican II*, Unam Sanctam 51c, Paris 1966, 763-790.

_____ – MAIER, H., *Democracia na Igreja*, São Paulo 1976.

_____, *Il nuovo popolo di Dio*, Brescia 1984[3].

_____, *Rapporto sulla fede*, Milano 1985.

TER REEGEN, O., "Direitos do laicado", *Conc* 38 (1968) 15-25.

REGAN, D., *Igreja para a libertação. Retrato pastoral da Igreja no Brasil*, São Paulo 1986.

REGIS DE MORAIS, J.F., *Os Bispos e a política no Brasil: pensamento social da CNBB*, São Paulo 1982.

REMY, J., "Innovations et développement des structures. Les problèmes que pose l'institutionalisation", *LV.F* 24 (1969) 201-228.

RIBEIRO, A.L.V., "Motivações bíblicas do documento de Diretrizes da ação pastoral da Igreja no Brasil (1987-1990)", *RevCultBib* 33 (1990) 107-119.

RICHARD, P., *A Igreja latino-americana. Entre o temor e a esperança*, São Paulo 1982.

RÍO, M.P., "Ekklēsía", *DEc*, 601-607.

ROCHA, Z., ED., *Dom Helder Camara; circulares interconciliares*, II – t.I, II e III, Recife 2009.

ROLIM, F., "Neoconservadorismo eclesiástico e uma estratégia política", *REB* 49 (1989) 259-281.

ROXO, R.M., "A opção pelos pobres", in B. DOS SANTOS - al., *Puebla: Análise, Perspectivas, Interrogações*, São Paulo 1979, 59-67.

RUBERT, A., "Os bispos do Brasil no Concílio Vaticano I", *REB* 29 (1969) 103-120.

_____, *Igreja no Brasil. Expansão territorial e absolutismo estatal (1700-1822)*, III, Santa Maria 1988.

_____, *A Igreja no Brasil. Galicanismo imperial (1822-1889)*, IV, Santa Maria 1993.

SALES, E.A., "Uma experiência pastoral em região subdesenvolvida (Nordeste brasileiro)", *RCRB* 10 (1964) 129-136.

SÁNCHEZ Y SÁNCHEZ, J., "Conferências episcopais e cúria romana", *Conc* 147 (1979) 898-907.

SANTINI, C., "O Concílio Plenário Brasileiro", *REB* 1 (1941) 14-32.

Dos Santos, B. - *al.*, *Puebla: Análise, Perspectivas, Interrogações*, São Paulo 1979.

_____, *Libertação: análise da "Instrução sobre a liberdade cristã e a libertação"*, São Paulo 1986.

_____, "Diretrizes gerais da ação evangelizadora da Igreja no Brasil", *CultTeo* 11 (2003) 71-79.

Dos Santos, C.C., "Superar a miséria e a fome: desafio às Igrejas do Novo Milênio", *GSin* 56 (2002) 559-577.

_____, "A Conferência de Aparecida: chaves de leitura", *REB* 68 (2008) 300-325.

Scherer, O.P., "A eclesiologia das Diretrizes gerais da ação evangelizadora da Igreja no Brasil (CNBB)", *CultTeo* 12 (2004) 129-141.

Schillebeeckxy, E. Por uma Igreja mais humana, São Paulo 1989, 304-207.

Schumacher, J., "Sobre a problemática da teologia da libertação", *Comm* 7 (1988) 197-221.

Scopinho, S.C.D., "O laicato na Conferência Episcopal Latino-Americana de Puebla", *REB* 73 (2013) 276-302.

Scopinho, S.C.D., "O laicato na Conferência Episcopal latino-americana de Aparecida", *REB* 74 (2014) 78-102.

Scudeler, L.G., *A consciência eclesial da fome e da situação dos famintos nos documentos da Conferência Nacional dos bispos do Brasil*, Roma 2003.

Secretariado Nacional da cpt, *A luta pela terra. A Comissão Pastoral da Terra 20 anos depois*, São Paulo 1997.

Sella, A., "Compromisso pela justiça: constitutivo ou não da evangelização?", *GSin* 56 (2002) 579-592.

Senado Federal, *CNBB – 50 anos. Comemoração no Senado*, Brasília 2002.

Serbin, K., *Diálogos na sombra. Bispos e militares, tortura e justiça social na ditadura*, São Paulo 2001.

Sesboüé, B., *Le magistère à l'épreuve. Autorité, verité et liberté dans l'Église*, Paris 2001.

_____, *De quelques aspects de l'Église*, Paris 2011.

Sholl, D., "Regimento gera polêmica entre os bispos da CNBB. Progressistas criticam imposições de Roma que tolhem autonomia de conferências", *Jornal do Brasil*, 24.06.01., [acesso: 27.05.2014], http://www.adital.com.br/site/noticia2.asp?lang=PT&cod=1150.

Bispos do Brasil

SIGRIST, J.L., *A Juc no Brasil: evolução e impasse de uma ideologia*, São Paulo 1982.

DA SILVA, A.A., "Elementos e pressupostos da reflexão teológica a partir das comunidades negras – Brasil", in Soter e Ameríndia, ed., *Caminhos da Igreja na América Latina e no Caribe: novos desafios*, São Paulo 2006, 391-412.

DA SILVA, J.B., "As diretrizes da ação evangelizadora da Igreja no Brasil 2011-2015", *VPast* 52 (2011) 3-6.

DA SILVA, J.F., "A situação agrária e a posição do movimento sindical dos trabalhadores rurais", *Vozes* 75 (1981) 105-112.

DA SILVA, M.A., "Rumos e encruzilhadas de Aparecida", *Espaços* 15 (2007) 121-134.

SOBRINO, J., "Latin America and the Special Rome Synod", in D. KEOGH ed., *Church and Politics in Latin America*, London 1990, 82-94.

DE SOUZA, I.L., "Congresso dos Religiosos do Brasil", *REB* 14 (1954) 385-391.

DE SOUZA, L.A.G., *A JUC: os estudantes católicos e a política*, Petrópolis 1984.

_____, "As Cebs vão bem, obrigado", *REB* 60 (2000) 93-110.

SPINELLI, L., Responsabilità partecipata dei laici al Consiglio Pastorale, in *La synodalité. La participation au gouvernement dans l'Église. L'année canonique, Hors série*, II, Actes du VIIe congrès international de Droit canonique, Paris 1990, 827-831.

STEINER, L.U., "Apresentação", in Cnbb, *Diretrizes gerais da ação evangelizadora da Igreja no Brasil 2011-2015*, Doc 94, 9-12.

STRAGLIOTTO, O., "A presença da CNBB nas macrorregiões: o Sul", in INP, ed., *Presença pública da Igreja no Brasil (1952-2002): Jubileu de Ouro da CNBB*, São Paulo 2003, 311-330.

SUESS, P., "A luta por direitos modernos e ancestrais. Os 30 anos do Conselho Indigenista Missionário", *Conc* 296 (2002) 343-350.

SUESS, P., "Quo vadis, ecclesia? Discernimentos sobre o rumo da Igreja no Brasil a partir das Diretrizes gerais da CNBB (2011-2015)", *REB* 71 (2011) 788-801.

_____, *Dicionário de Aparecida: 42 palavras-chave para uma leitura pastoral do Documento de Aparecida*, São Paulo 2007.

TABORDA, F., "Santo Domingo Corrigido. Comentário às modificações romanas do Documento de Santo Domingo", *REB* 53 (1993) 640-666.

Bibliografia

Teissier, H., "As Conferências Episcopais e sua função na Igreja", *Conc* 208 (1986) 771-778.

Teixeira, F.L.C., *A gênese das CEBs no Brasil. Elementos explicativos*, São Paulo 1988.

_____, *Os Encontros Intereclesiais de Cebs no Brasil*, São Paulo 1995.

Tihon, P., "Être d'église à la fin du XXe siècle", in B. Sesboüé, *Histoire des dogmes. Les signes du salut*, III, Paris 1995, 537-561.

Tillard, "O relatório final do Sínodo de 1985", *Conc* 208 (1986) 725-738.

Torres, S., ed., *A Igreja que surge da base: eclesiologia das comunidades cristãs de base*, São Paulo 1982.

Tudyka, K., "A importância da democracia hoje", *Conc* 243 (1992) 622-634.

Valentini, D., "CNBB: 50 anos de compromisso social", *EncTeol* 17 (2002) 29-50.

Valle, R., – Pitta, M., *Comunidades eclesiais católicas: resultados estatísticos no Brasil*, Petrópolis-Rio 1994.

Velasco, R., *A Igreja de Jesus: processo histórico da consciência eclesial*, Petrópolis 1996.

Vital, J.D., *Como se faz um bispo: segundo o alto e o baixo clero*, Rio de Janeiro 2012.

Wanderley, L.E.W., "A formação do povo brasileiro", *Conc* 296 (2002) 305-311.

Whitaker, F., "A respeito do artigo publicado nesta revista: 'Igreja do Brasil – o planejamento pastoral em questão'", *REB* 43 (1983) 135-140.

_____, "A contribuição da Igreja Católica do Brasil para a democracia participativa", in I. Lesbaupin – J.E. Pinheiro, ed., *Democracia, Igreja e cidadania: desafios atuais*, São Paulo 2010, 75-86.

A marca FSC® é a garantia de que a madeira utilizada na fabricação do papel deste livro provém de florestas que foram gerenciadas de maneira ambientalmente correta, socialmente justa e economicamente viável.

Este livro foi composto com as famílias tipográficas Calibri, Segoe e Times New Roman e impresso em papel Pólen Bold 70g/m² pela **Gráfica Santuário**.